网络创新治理与社会发展论丛

2020

媒体融合

理论与案例（2020）

王学成　侯劭勋　等 ◎ 著

中国出版集团 东方出版中心

图书在版编目（CIP）数据

媒体融合：理论与案例. 2020 / 王学成等著. —
上海：东方出版中心, 2023.6
ISBN 978－7－5473－2198－0

Ⅰ.①媒… Ⅱ.①王… Ⅲ.①传播媒介—研究 Ⅳ.
①G206.2

中国国家版本馆 CIP 数据核字(2023)第 095553 号

媒体融合： 理论与案例（2020）

著　　者　王学成　侯劭勋等
责任编辑　王　婷
装帧设计　钟　颖

出 版 人　陈义望
出版发行　东方出版中心
地　　址　上海市仙霞路345号
邮政编码　200336
电　　话　021－62417400
印 刷 者　上海万卷印刷股份有限公司

开　　本　710mm×1000mm　1/16
印　　张　15
字　　数　203千字
版　　次　2023年11月第1版
印　　次　2023年11月第1次印刷
定　　价　78.00元

网络创新治理与社会发展论丛

丛书主编：王伯军

丛书副主编：侯劲勋　王松华

丛书编委会成员：桂　勇　刘长喜　王学成　王鲁峰

佘承云　都晓琴　李　雪　张　玲

作者团队

王学成　侯劲勋　蒋　松

杨浩晨　许梦晨　张娇娇

张　谦　范嘉琳　严亚楠

高　唯　杜伦慧

丛 书 序 言

近年来，迅猛发展的互联网已经渗透到人们工作、生活与学习的方方面面，深刻地改变着人们的行为方式和思维模式，同时也给社会信息传播及舆论生态增加了复杂性和可变量，给社会治理和社会发展带来了新的挑战和命题。过去一段时间，由于网络管理的规范化、制度化、科学化的配套建设未能随着网络的快速发展而得到及时补充与完善，甚至制度建设还相对落后，以致网络戾气蔓延、情绪悲观、思潮跌宕、谣言四起、犯罪高发。在某种程度上，这些负面能量误导社会公众，诱发社会不安，严重影响网络空间有序发展和现实社会稳定进步，部分内容甚至与社会主流价值观和主流意识形态背道而驰。

面对互联网发展的滔滔洪流，国际竞争越来越多地转向互联网人才、技术以及应用素养的竞争。为有效应对网络发展带来的严峻挑战，增强国家间竞争的核心能力，我国于2014年2月正式成立中央网络安全和信息化领导小组，并相继出台了一系列制度与规定，以进一步加强网络空间的管理和建设。这标志着中国向网络强国目标迈进的国家战略予以制度化确立，并给网络空间注入了规则意识与发展活力，让国内互联网空间逐步成为弘扬主旋律、激发正能量、培育和践行社会主义核心价值观的主阵地。

为适应互联网变化发展的新形势、新特征、新趋势，以便更好地认识、探索与运用网络规律，上海开放大学信息安全与社会管理创新实验室规划出版系列丛书——《网络创新治理与社会发展论丛》。这套丛书将关注网络热点话题，特别是有关医疗、卫生、教育、环保、食品安全等的民生议题，以及有关网络形势、网络空间治理与网络社会发展等的宏观问题。具体来讲，一是关注互联网发展最新业态、特征与规律；二是关注互联网发展对相应制度建设与管理工作带来的机遇与挑战；三是关注互联网变化发展对网络应用群体提出的技能与素养要求；四是关注应用互联网开展教育实践工作的探索与经验等。

这些内容是上海开放大学信息安全与社会管理创新实验室作为一个专业化的互联网研究机构对相关领域、相关问题进行分析和研究梳理的成果，以及对相关人员开展培训的实践探索成果。这些成果在一定程度上反映了网络发展以及实践探索工作的最新动态、特征和规律。我们希望本套丛书能够给广大读者提供认识互联网的新视角，能够更好地把握互联网变化发展的新常态和内在规律，更加纯熟地掌握和使用互联网应用技巧，以此来服务我们的工作、生活和精神世界，也期望能够启发读者的思考，以新思维和新模式来认识网络、运用网络。

王伯军

上海开放大学副校长

目 录
Contents

下篇：案例分析

绪　　论

一、研究背景与意义

互联网的兴起极大地改变了传媒市场的竞争格局，在传统媒体中，报业最先感受到互联网带来的巨大冲击。2004 年，喻国明认为中国报业已经进入了一个"拐点"；2005 年，京华日报社社长吴海民提出了报业"寒冬论"，互联网对报业带来的巨大冲击成为业界和学界讨论的热点。

如今，国内媒体融合已经历了近 20 年的发展，以互联网为基础的新媒体也经历了从 PC 端到移动端的阶段，正在从移动端向云端和可穿戴设备终端方向发展。在门户网站时期，传统媒体已经远落后于商业互联网公司的发展。在移动端时期，硬件生产商和平台运营商具有一体化的趋势，并可能进一步形成在新一轮融合发展中的主导地位。那么，新旧媒体融合的内在逻辑是什么？传统媒体融合的路径与得失如何？在新的竞争与融合中，传统媒体未来发展的方向与出路何在？这些都成为业界和学界不能回避的重要问题，构成了本研究的背景。在这一背景下，本书的研究具有重要的理论与现实意义。

（一）现实意义

（1）探讨媒体的融合发展是关乎传统媒体在融合背景下如何成功转型的一个重要战略问题，对于传统媒体在融合发展中的策略选择具有现实的参考意义。

（2）媒体的融合与转型不仅是一个微观层面的经营问题，而且是一个事关报纸、广播电视等传统媒体在国家社会发展中的功能和地位的宏观政治经济学问题，因此对这一问题的研究具有极其重要的现实意义。

（二）理论意义

（1）从技术-经济的视角对媒体融合进行技术、业务、市场的分析，这种系统的分析有助于揭示媒体融合的概念层次和演绎过程，把握媒体融合的内在逻辑。

（2）基于对包括报业在内的媒体融合的技术、市场逻辑的分析，可以在更深的维度上理解传统媒体融合发展的实践逻辑，反思传统媒体实践是如何符合或偏离了新媒体的发展逻辑或媒体融合的逻辑，这种对媒体融合逻辑的揭示可以应用到传统媒体未来发展趋势之上，从而使其具有理论演绎的意义。

二、研究目的与方法

（一）研究目的

（1）揭示媒体兴衰演化背后的深层逻辑。本书的研究目的不在于呈现传统媒体最新的发展状况和相关数据，这是很多研究咨询机构统计调查的主要工作。本书着重探寻新旧媒体融合的内在逻辑，试图以此超越对媒体融合的表面描述，也就是不仅要描述传统媒体融合的现状，而且要挖掘其兴衰演变的原因、动力与路径。

（2）探索传统媒体发展的路径、方向与趋势，为媒体的融合发展提供策略参考和行动路径。本书试图通过对媒体融合的技术逻辑与市场逻辑的揭示，结合传统媒体市场发展的历史与现状，探讨传统媒体未来发展的方向与趋势，为业界的决策提供参考。

（二）研究方法

1. SCP 框架分析

SCP 理论，即"市场结构—市场行为—市场绩效（Structure – Conduct –

Performance）"，是产业组织理论的研究框架。它将经济体分解为特定的市场，利用"结构—行为—绩效"框架对其进行局部均衡分析。传统的产业组织理论中的哈佛学派认为，市场结构决定了市场中企业的行为，而企业的行为又决定了市场绩效的各个方面。而芝加哥学派则认为，技术和自由进入是决定市场结构的两个根本因素。新产业组织理论以博弈论为基础，通过对寡占市场中企业策略行为的研究建立起了不完全竞争市场的分析框架。

从本书的研究来看，由于新媒体技术的发展打破了传统媒体在信息传播渠道上和内容生产上的垄断，引进了市场上的新进入者并导致传媒产品供给的增加，从而引起了市场结构的变化。在此情况下，传统媒体必然会采取相应的行为来应对市场的变化。本书以此为框架来分析在媒体融合的背景下，作为企业经营的媒体组织与新媒体公司的策略行为对传媒业演化的影响。

2. 案例研究法

本书将实证调查融入具体的个案研究中，运用案例研究的方法，选取在上海、广州、浙江、湖南等地的报纸和广播电视作为研究案例，通过理论与实证相结合的方式窥探我国传媒业的融合发展。

此外，传统媒体的发展固然与政治、经济和文化环境有关，但也受到技术环境、市场环境的很大影响，本书选取了一些国外大报、新媒体新闻资讯公司以及自媒体的融合发展案例，以便对我国媒体发展提供参考。

3. 调查访谈法

对中国传统媒体发展的研究不能没有对传统媒体组织经营的深入调查了解，为此，本书采用了调查访谈法，对样本研究对象进行了深入的调查与访谈。访谈主要采用半结构性访谈的方式，允许访谈者根据访谈时的实际情况灵活调整，随机提出与本书相关的或需要了解的其他问题。为保证访谈的效果，由本书负责人或主要成员确定访谈对象并与对象进行比较深入的访谈。

三、研究的基本思路与主要内容

（一）研究的思路

本书认为，媒体融合背景下中国传统媒体的发展趋势具有内在的动力与演变逻辑。这种变化的逻辑主要由三个因素决定：① 新媒体技术的逻辑；② 市场的逻辑；③ 传统媒体外部环境因素的影响。中国传统媒体的发展方向基本上是由这三种影响与制约因素的博弈所决定的。

据此，在文献资料整理与分析的基础上，本书首先将对新媒体的技术特性、经济特点和融合的历史进行分析，探索媒体融合的演变过程及其融合规律；其次，对"媒体融合"背景中传统媒体市场结构的变化、传统媒体与新媒体之间的策略互动进行分析，探究传统媒体市场行为的决策依据、影响因素与传统媒体组织、采编业务等的演化过程。

（二）研究的主要内容

本书主要分为上篇、下篇两个部分。上篇为理论篇，主要对媒体融合以及传统媒体的融合发展作技术、经济的分析；下篇为案例篇，主要是对国内外主要报纸、报业集团、广电集团、新媒体公司的融合发展进行研究。基本结构如下。

上篇主要对媒体融合进行技术与经济的分析。媒体技术特性分析是对新媒体和网络技术的特性进行分析，探讨媒体技术特性所内含的发展规律。媒体技术及融合的经济学分析探讨媒体技术的经济学意义和产业影响，并从网络效应、维基经济、长尾现象、网络经济学等角度考察新媒体技术所蕴含的经济特点。媒体融合的历史分析基于新旧媒体融合的历史，探讨传统媒体与新媒体兴衰变化的过程与路径，总结出媒体融合的演变规律。

下篇主要分为国内报业融合和国外报业融合、广播电视媒体融合以及新媒体融合三个部分，主要采用案例分析的方式。在国内报业融合实践样本中，选取上海报业集团、浙江日报报业集团作为研究对象；广播电视媒体融合样本中，选择芒果 TV 和上海广播电台的阿基米德 FM 作为研究对象；自媒体样本中，以吴晓波频道和"罗辑思维"为研究对象，从微观角度研究上述传统媒体与新媒体之间的融合策略以及自媒体在融合背景下的市场行为。在国外样本中，选取《华盛顿邮报》以及新媒体出身的《赫芬顿邮报》作为研究对象，对其融合的历史路径、具体策略等进行深入分析。

上篇：理论篇

第一章　媒体融合的技术-经济分析

自 20 世纪 90 年代互联网进入商业应用以来，以信息增值为特点的网络技术成为媒体技术史上发展最快、渗透性最强、扩散能力最快、经济价值规模增长的技术。这一被美国未来学家阿尔文·托夫勒称为"第三次浪潮"的技术革命使互联网空间成了传媒市场的中心地带，并显著地改变了传媒业的生产方式、产品传播销售和传媒市场的格局，催生了诸如网络电视、SNS 网站、在线即时通信等一系列新媒体的出现。近年来，互联网和智能移动终端的广泛普及和以大数据、区块链和 5G 技术为代表的新兴互联网技术的出现进一步抹平了传媒业的技术门槛。在网络技术的冲击下，报纸、广播、电视等传统媒体产业生产值下降、市场竞争能力减弱、受众资源减少，在这一背景下，"媒体融合"成了专业媒体生存发展的关键和传媒业发展的主题词。

作为一种新的生产力，媒体技术改变了媒介内容生产和传播的方式，带来了媒介内容生产方式、组织形态的变化，并最终改变了传媒市场格局。然而，技术何以引起媒体市场格局与媒介内容生产规模的变化？传统媒体为何衰落？新媒体如何兴起？新旧媒体兴衰的内在逻辑是什么？新媒体历经几十年的发展，学界对这些不能回避的问题还缺乏系统的分析。为此，本书将基于"技术-经济"的视角，从媒体技术与内容生产、产品营销以及市场格局变化三个角度进行阐释。

第一节　网络技术与传媒生产

一、网络互联技术与多元化生产

（一）网络互联技术与生产垄断的打破

长期以来，传媒市场的进入壁垒与垄断特性是其内容生产与外部经济效益得以实现的重要保证，换句话说，除了严格的政治壁垒之外，传媒市场还存在着市场进入壁垒，只有拥有一定资本实力与市场地位的媒体或媒体集团才能在媒体市场的竞争中生存，而互联网的兴起则完全颠覆了这种传统的市场进入法则。

网络技术极大降低了生产者的生产成本以及市场进入门槛，"当成本迅速下降并且市场快速成长时，新进入者往往能够通过技术跨越来克服垄断厂商的成本优势。即使市场份额最大的厂商在任何时候都拥有成本优势，如果市场每年以40%的速度增长，市场格局仍会很快发生变化"[①]。并且，由于网络媒体的"开放性"，在兴起之初还没有形成新的进入壁垒，在匿名和科层制消失的环境下，每个人都可以平等地生产、消费、流通信息，而不受专业化、单极式生产源的禀赋垄断权的限制，这便打破了传统媒体的生产垄断，导致了生产主体的增多，从而改变了网络产品供需的平衡。

这种由于技术革新所导致的生产垄断的打破和新进入者的增加是如何实现的？对此，可以从两个方面来理解。

1. 终端的功能"聚合"，以及由此带来的终端的生产工具化

传播终端的"功能聚合"融合了传媒技术的传播功能与生产功能，在传统媒体中，终端只是一个信息接收工具；而以互联网为基础的个人电脑不仅是一

[①] ［美］哈尔·R.范里安、约瑟夫·法雷尔、卡尔·夏皮罗：《信息技术经济学导论》，韩松、秦安龙、姜鹏译，中国人民大学出版社，2013，第23页。

个信息接收工具，也是一个信息生产、发布工具。这也就是说，对于个体用户而言，以网络为基础的 PC 和移动终端组成了新闻资讯内容生产的基本工具。这种传播终端从信息接收工具向生产和接收功能融合的转变以及终端的"低成本"改变了人们对生产资料的占有和运用能力，从而打破了专业传媒组织对信息内容生产的垄断。

2. 终端的低成本降低了生产者的进入门槛

"网络经济发展直接肇因于信息网络的进步。互联网有三条重要的定律：摩尔定律、吉尔德定律和迈特卡尔定律。摩尔的预期是集成电路的复杂度（可被间接理解为芯片上可容纳的晶体管数目）每 18 个月增长一倍。吉尔德定律（Gilder's Law），即主干网带宽的增长速度至少是运算性能增长速度的三倍。而主干网的网络带宽的不断增长意味着各种新的网络应用方式的出现和网络用户的使用费用的不断降低。"① 从经济学的角度来看，企业作为产品提供者以生产要素（劳动、资本、土地、设备等）来生产物品和劳务，个体则主要通过出售劳务成为企业的生产要素。然而，由于技术降低了生产要素占有的成本，甚至于到了难以想象的低端化和平民化，普通个体也能够通过电脑、移动终端等从事信息内容的生产。

（二）网络"互联性"与社会化生产的形成

媒体内容生产的多样性首先取决于网络的互联性以及由此形成的媒体生产者身份的边界模糊。从网络技术的"互联"特性出发，人与人的关系不是一对一或一对多的简单线性发散式的传统形态，而是变成了多对多的层次复杂的网络形态。网络化社会关系的形成，对于现代技术环境的生产具有极其重要的意义。

基于虚拟关系的网络化，信息内容生产者的身份实际上并没有清晰的界定。由于网络的传播是所有人对所有人的传播，因此并不存在严格意义上的媒体生

---

① 王晔：《网络经济环境下传统型企业策略转变分析》，《科技管理研究》2007 年第 9 期。

产者与消费者。消费者进入生产领域，并自发地从事内容创新，颠覆了传统媒体严格的生产线流程，网络"自媒体"的兴盛毫无疑问也是媒体受众们集体的产品。因此，自媒体的兴起与网络技术平台的便捷性增加了媒体资源的内容，同时也打破了媒体生产的精英主义与主流化原则，媒体资源内容的提供因主体的增加而呈现爆发式增长的趋势。

网络与媒体技术的发展对传媒生产具有重大影响。电脑终端成本的降低与普及，使得人人都可成为互联网上内容的生产者与提供者。由此构成了信息内容生产主体的多元化，促使网络信息的生产从传统媒体的"精英化、专业化、垄断化"生产向"大众化、草根化、非专业化、多元化"生产与精英化、专业化生产共存的生产方式转变。

（三）网络技术改变内容生产的经济学意义

从经济学理论的角度说，以互联网为基础的新媒体技术至少在两个方面改变了传统经济学的假定，并由此带来了生产力和生产关系的变化。

首先，根据经济学的基本理论假设，市场决策是由企业和家庭这两个基本单位组成，企业作为购买者购买劳务并生产产品，而家庭作为消费者购买企业的产品并出售自己的劳务。在传统媒体经济中，个体是媒体内容产品的消费者和受众，而在网络经济中，每个个体可能既是内容的供给者也是消费者或受众，即既是购买者也是生产者，这种每个个体都可成为媒介内容提供者的变化极大地改变了传统经济学对生产者和消费者的界定。

其次，传统经济学假定企业以"利润最大化"为原则，然而，与传统经济学的假定不同的是，网络内容提供者中，很多个体并不是出于营利的目的进行内容生产，而是由于个体心理、情感、价值追求等方面的因素。从 SNS 到 Twitter，从 YouTube 到 Slashdot，各类网络媒体的成功很大程度上得益于庞大的生产群，而这个生产群可能仅仅因"偏好"或"声誉"等因素聚集起来，而非仅考虑经济目的或经济效应。

二、网络技术与协作式生产

网络互联性带来的另一个重大变革是基于互联网的共享与协作生产模式的产生，这种协作生产的一个典型表现就是维基经济。维基（英文名 Wiki）是互联网上一种开放性的协同创作的超文本系统。"Wiki 之父"沃德·坎宁安（Ward Cunningham）将 Wiki 定义为"一种允许一群用户通过简单的标记语言来创建和连接一组网页的社会计算系统"。

维基的开发性、协作性使之不仅是一种网络上的超文本系统，也成为一种新的商业模式和企业运营模式，并产生了一种新的维基经济现象。从技术的角度看，"维基经济学"的产生，是突破性的技术思维在商业领域的应用。维基经济的原则包括开放、对等、共享、全球协作。网络技术在维基经济形成中的作用可以从以下几个方面来看。

网络的互联性与全球性生产、协作：在维基社会运行的世界中，新的大规模协作的形式正在全球范围内改变着发明、生产、销售和分配商品与服务的方式。它以开放、对等、共享、全球协作为基础法则参与各类经济活动。以"维基经济"的视角来看，媒体内容生产的多样性同样也来自大规模协作生产模式的流行，而主导这种生产模式的背后动力，正是现代技术在生产方式的"网络化"功能中的体现。

网络的开放性与维基经济的开放、协作：从传统媒体的生产环境而言，差异性、不对等、封闭的生产原则往往受直线型的生产关系影响，生产的专业化导致分工明确，以生产主体为中心的媒体内容往往和受众的需求存在一定的时间差与不一致性。这意味着传统媒体内容生产往往只能提供主流的、有限的媒体内容。而在互联网时代，人与人的社会关系已经转为多对多的立体化的网络形态，这种社会关系的转型包括了媒体内容生产领域的生产关系的转型。从单一到多元，从集中到分散，从竞争到协作，集体的协作式生产方式可以在网络技术平台上运用得淋漓尽致，丝毫不受传统生产规律的限制。网络的互联性使

13

得大规模协作成为可能，既改变了原有的媒体内容生产方式，同时也源源不断地利用知识和能力进行价值创新和创造。

网络的互联性与维基经济的分享、协作：技术环境的网络互联特性使"分享与合作"原则的普遍通行成为可能，从而催生了网络主体在分享利益方式上的转变。而全球工厂概念的兴起与本地化生产的衰落，使得媒体内容生产在虚拟环境中实现新闻产品、知识、资本和人员在新市场逻辑中的自由流动。"维基经济"的成功，说明了合作式生产与分配成为新技术环境下的主要生产机制，媒体内容生产也不例外。

三、网络互联、复制技术与复制性生产

（一）复制技术与信息内容的再生产

传播终端的"生产工具化"和"低成本"以及网络"互联技术"是"社会化生产"的技术前提，"人人皆可生产"带来了生产主体的增加。"生产主体"和"市场主体"的剧增必然会提高供给，并打破原来的市场均衡。然而，生产主体的增加以及互联网内容的增殖不仅源于新媒体技术和网络技术对生产力的提高，也同样归功于"复制"技术的运用。

从经济学的意义上来说，传媒内容产品的生产包括两个部分：一是初始产品或"原版"的制作，二是对原版的批量生产或复制，比如报纸的印刷、电视节目的拷贝等。前者构成了传媒产品的初始成本，而初始成本与复制成本一起构成了传媒产品的生产成本。

虽然批量复制在传媒经济中非常重要，但在网络经济中，数字化的复制与传统媒体的复制已经有了很大的不同。这些不同主要表现在以下几个方面。

（1）原品与复制品之间的区别几乎没有，产品的质量或信息几乎无损耗。

（2）复制几乎是无成本的。传统意义上的复制技术成本较高，而互联网环境下数字形式的网络信息复制成本基本为零。

（3）复制主体的转移。复制的零成本使得每一个网民都可以进行复制，"用

户复制"成为一种新的网络现象。相较于传统的内容复制行为，"用户/网民复制"是一种颠覆性的变化。在传统媒体经济中，复制的主体是作为内容生产商的报社，作为一种再生产形式，复制主要是由内容生产商主导的，否则就有可能是侵权和盗版。但是在网络经济中，复制的主体不再是生产者，而是消费者、用户或商业竞争者。这也就是说，产品"再生产"的主体发生了变化。这种"复制主体"的转移具有重要的经济学意义，它意味着"复制"从传统媒介经济学意义上的"生产"范畴中分离出来，"复制"不仅是内容提供商的"再生产"行为，而且是网民、用户的传播与消费行为，用户/网民的每一次复制行为都是一次传播或消费，当这种复制行为直接或间接地对最初产品的生产商产生回报的时候，生产商意义上的销售和消费方意义上的消费就完成了。由此可以说，传统意义上的"再生产性复制"与"传播和消费""同步"或"合一"了。

（二）网络复制、互联技术与规模经济

根据经济学理论，规模经济是指"当生产或经销单一产品的单一经营单位所增加的规模减少了生产或经销的单位成本时而导致的经济"①。理论上说，规模经济要成为现实依赖于几个条件：一是生产能力；二是经营能力；三是市场环境，如消费市场是否够大、产业市场发展状况是否完善等。也有学者将规模经济分为两种：生产性规模经济和经营性规模经济。"生产规模经济单是就企业内生产环节而言的，是通过生产能力的改变，逐步地扩大规模时成本递减的现象。"② 从生产能力的角度看，生产的专业化分工、标准化以及高效率生产设备的使用都能为企业带来规模经济效应。因此，"规模经济理论上含有速度经济的内容，因为规模经济既依靠规模——额定生产能力，又依靠速度——利用生产

---

① ［美］小艾尔弗雷德·D. 钱德勒：《企业规模经济与范围经济：工业资本主义的原动力》，张逸人等译，中国社会科学出版社，1999。
② 张辉锋：《传媒业中的规模经济与范围经济》，《国际新闻界》2004 年第 6 期。

能力的强度"①。从经营的角度看，企业产量扩大带来采购成本的降低，以及与企业规模相应的发行网络带来的销售成本的降低等都是规模经济形成的原因。而从技术-经济的视角看，任何高初始成本、低边际成本的产品或产业都存在着"规模经济"特征，其目的在于以规模的方式摊薄产品的初始成本，传媒产业尤其如此。传媒经济与传统产业经济的一个不同之处在于：与其他产品相比，传媒产品"复制"和"传播"的边际成本极低，而网络复制更是以零成本而优于传统媒体的复制效率和成本。由于"复制技术"的运用极大地提高了网络媒体的内容再生产能力，我们可以说，网络复制技术可以为内容生产商带来技术和成本优势，这构成了"规模经济"的基础。

企业规模经济的实现既有技术、生产与管理能力的原因，也有外部环境的原因。如从外部环境因素看，产品生产能力只有在拥有用户/受众规模的前提下才具有意义。在一个充分竞争或高度成熟的市场，产品的数量和规模的扩大可能因缺乏足够的用户/受众而产生过剩，从而带来规模不经济。因此，规模经济又可分为"规模内部经济"和"规模外部经济"。规模内部经济即企业的平均生产成本随生产规模扩大而下降产生的经济性；而在规模外部经济中，单个企业的平均生产成本下降与其生产规模无关，但与整个行业的规模有关。当由于企业数量的增加导致整个行业或产业的产量扩大时，该产业中的各个企业平均生产成本都下降，这就是规模外部经济。因此，如果说生产和经营能力构成了企业实现规模效应的内部条件，那么市场环境则构成了企业实现规模效应的外部条件。从技术与生产能力提高的角度看，互联网上生产与复制技术的应用极大地降低了信息文化产品的成本，并极大地提高了信息文化产品的生产能力，构成了"规模经济"的内部条件。另一方面，生产能力与市场范围和规模的结合才能产生规模经济，而"复制技术"、网络互联形成的"网络虚拟市场"使之成为可能。"网络互联"技术对时空的压缩促成了全球市场的形成，并极大

---

① ［美］小艾尔弗雷德·D. 钱德勒：《企业规模经济与范围经济：工业资本主义的原动力》，张逸人等译，中国社会科学出版社，1999。

地降低甚至消除了原来的仓储、物流等成本，也降低了发行、营销成本，构成了"规模经济"的外部市场条件。

规模经济现象不仅存在于传媒内容产品中，也存在于网络产品中。随着互联网经济的兴起，"需求方规模经济"成为一个独特的现象。"需求方规模经济是指一项产品或服务的价值是由这项产品或服务的需求者的人数决定的，采用某项产品或服务的人数越多，这项产品或服务的价值就越大，反之亦然。"① 范里安指出，"由于许多软件产品也显示出供给方规模报酬递增，正反馈效应可能特别强烈：越多的销售量使得单位成本越低，同时对新顾客吸引越大。一旦厂商用某种特别的产品确立了市场统治地位，那就很难撼动它了"②。因此，在传统的"生产方规模经济"和信息或网络经济中表现的"需求方规模"之间具有某种程度的内在联系。"对于生产方规模经济，平均成本随着规模的扩大而递减；而对于需求方规模经济，则是平均收益（需求）随着规模的扩大而递增。"③ 虽然"需求方规模经济"主要探讨的是用户收益随着规模扩大而递增，"生产方规模经济"探讨的是"企业"平均成本随着规模扩大而递减，但在网络经济中，网络产品的生产者同样会因产品用户规模的扩大而摊薄其产品开发的成本，因此，"需求方规模经济"与传统的"生产方规模经济"并不是对立的。

（三）从生产方规模经济到需求方规模经济的转变

既然传统媒体的内容产品及网络产品都存在着生产方规模经济，为何需求方规模经济取代生产方规模经济似乎成为互联网时代的突出现象？这可以从生产方规模经济和需求方规模经济的视角分别考察。

从生产方规模经济的角度看：

---

① 杨锋、尹莉：《对网络经济几项特征的再认识》，《经济与管理评论》2006 年第 2 期。需要说明的是，这里的"需求方规模经济"也就是经济学所谓的"网络效应"。

② ［美］哈尔·R.范里安、约瑟夫·法雷尔、卡尔·夏皮罗：《信息技术经济学导论》，韩松、秦安龙、姜鹏译，中国人民大学出版社，2013，第 32 页。

③ 同上书，第 30 页。

（1）生产技术和复制的零成本虽然从理论上能够带来规模效应，但对于具体的传媒公司和网络公司来说，只有当这种批量复制技术是建立在技术垄断的基础上时才可能成为传媒公司的竞争优势。然而，生产和复制技术的共享性和普及性决定了它较难构成某个或某些企业所独占的优势。

（2）从传媒内容产品的层面看，传媒内容的差异性、独特性及高品质的要求与复制技术本身存在着矛盾。从技术的层面看，技术的迅速更新决定了厂商的技术优势会弱化，以技术为基础的规模效应很难持久，传媒公司只能依靠不断的技术或产品创新来加强其优势；然而，在网络经济时代，技术更新速度非常快，新媒体、新平台代相更替，而报纸在内的传媒公司恰恰在技术创新方面不具有优势，这就决定了传统媒体难以形成由技术革新带来的规模经济竞争优势。

（3）销量的增加使得单位成本降低这一规模经济现象不管在内容产品还是在网络产品中都同样存在。然而，由于再生产或批量生产的成本为零以及内容免费模式的原因，传媒内容产品产量的增加与其成本减少之间不能呈现出直接的联系，即总体传媒内容产量和销量的增加不能直接带来产品平均成本的下降。因此，虽然间接的回报或由于边际成本为零带来的收益增加依然存在，如用户量的增加能带来更多广告或者产生用户数据价值，但理论上的规模效应在实践中并不明显。

从需求方规模经济的角度看：

（1）传媒"内容产品"和"网络产品"具有不同的性质和特点。传媒内容产品主要是其产品自身的使用价值，而网络产品除了自身使用价值之外，还具有"协同价值"。"产品使用价值"强调的是产品与每个个体用户或消费者之间的单向联系，它是一种"纵向"的联系，而"协同价值"则强调了产品与用户之间的多元联系，它必须以用户之间的"互联"为基础，这种建立在"互联"基础上的"协同价值"是网络产品更容易产生"马太效应"并迅速形成规模经济的一个重要原因。

（2）网络互联技术使得网络共同体中人际、个人与组织、组织与组织之间的沟通与协作成为可能，并催生了以实现沟通、协作为核心的网络产品的蓬勃发展，这就导致了传媒产品的发展从内容产品中心向网络产品中心的转移，与网络产品相应的"需求方规模经济"成为一种重要的网络经济现象。

四、大数据技术与网络互联技术

（一）大数据技术与定制化生产方式的兴起

规模经济是一种"生产者主导"的经济，它面对主流市场，强调的是"产量"的增加带来的平均成本的降低。与规模经济的批量生产相应的是个性化和"定制化"生产，它面向的不再仅是传统意义上的大众市场，而是在主流市场之外开辟了专门为更细分的单个客户或客户群提供小批量个性化信息产品的服务。

在互联网产生之前，规模经济具有边际成本低、生产效率高等特征。然而，这种"生产方规模经济"也存在以下几个方面的不足。

（1）在生产方规模经济中，生产商对市场需求方的信息获取不够准确和方便。由于市场需求方反馈的滞后性和有限性，传统生产方规模经济中的企业不能及时获取需求方的信息，即便能够获取一定数量的用户信息，也往往具有滞后性和不准确性。

（2）规模经济容易在一定程度上形成市场垄断，而垄断竞争市场中生产方的强势使其不必过于重视需求方的偏好，也就是说，市场属于"卖方市场"，这一点在传统媒体市场中同样存在。如媒体人士所言："市场的格局改变以前，我们是用传统媒体的力量在发行，这是一个卖方市场，我们是主角，在市场上占有很重要的一席之地。现在不是了。"[①]

（3）占有"规模市场"的成本比较高。在传统媒体市场中，虽然个性化、差异化的需求在总体上可能是巨大的，但由于空间限制以及生产和需求之间没

---

① 李玉霄：《市场变了，世间已无纯媒体》，http://www.neweyeshot.cn/archives/17275。

有直接的沟通反馈，传统媒体公司缺乏恰当的技术手段、渠道或条件将零散的、碎片化的需求集聚成具有一定规模的市场。即使能够集聚起规模市场，其成本也远大于网络构建的"虚拟市场"。并且，由于传统媒体主要是通过广告模式实现盈利的，难以实现以很高的价格提供个性化的服务。因此，当市场不能形成一定的规模时，生产、开发个性化、差异化产品的成本无法通过与"规模"相关的收费或广告收入进行弥补，或者说无法弥补投入与收益之间的巨大差距。因此，内容生产商在面向大规模人群或用户的时候，往往只考虑和重视用户的主流特征，而多元化、个性化与差异化的产品由于难以形成"规模"而被传统媒体以及其他传媒公司忽视。

如果说，传统媒体时代的个性化、定制化生产受到各种条件的制约，那么，以大数据和算法推荐为代表的互联网技术的发展为个性化、定制化生产的出现提供了可能。

（1）市场高度竞争使得对内容和产品的纵深挖掘与横向开发成为必要。互联网新媒体技术降低了市场进入门槛，导致了市场竞争主体的增加，从而改变了市场竞争的格局。生产主体多、进入门槛低、技术成本低使得信息文化产品的提供从原来满足大众市场向同时面向"小众市场"发展。原来的规模效应面临边界约束，单一和特定产品市场趋于饱和，规模经济转变为规模不经济，由此，通过新产品的开发占有市场成为传统媒体公司向范围经济和多元化产品发展的动力。

（2）网络互联和数据挖掘与分析技术的产生使得对零散用户的整合成为可能。这些零散或小众的需求能够被转化为现实的、可以被触及的市场，传统意义上的"小众"也具有了"规模"市场特征，即使得对"非主流"和"小众市场"的开发成为可能。根据约瑟夫·派恩的研究，个性化定制产品和大规模生产融合产生的大规模定制是现代内容产业主要的经济范式①。网站服务就是典型的以内容提供类型供受众自由选择的定制。网络信息内容的消费者可以根

① ［美］B.约瑟夫·派恩:《大规模定制》，中国人民大学出版社，2000，第45页。

据自己的喜好登录网站寻找所需内容，网站同时提供检索、链接，包括用户个人中心的应用服务，从而满足不同个体在信息价格和内容类型等方向上的差异化需求。这种定制化服务不断集中起来同样也会产生规模效应。

（3）大数据技术的运用使得对用户的精确把握成为可能，并由此带来对用户或消费者多元需求的发掘与利用。在市场开发中，有两个核心要素：一是对消费者或者是用户需求的发现，二是对消费者需求的开发。由于传统上对消费者需求的调查和研究是单向度的，往往是先在地以特定产品的需求为出发点，调查用户/消费者对特定产品的需求与满意程度，所以企业和传媒业缺乏对消费者或用户的综合性、立体性、多元性需求的了解与发现，也难以开发出与其原有产品生产和供应不太相关的产品类型。在以互联网为基础的新媒体时代，数据挖掘与分析技术的运用带来了几个方面的变化：

首先，大数据技术兴起之前，具有新闻价值的内容资源虽然大量分布于互联网空间内，对全社会开放，但是这些作为媒体生产潜在资源的数据缺乏整合和分析手段而难以具有实际意义，技术门槛限制了对这一资源的利用。而大数据技术的产生和发展使得对用户信息、消费行为等数据的追踪、记录与分析技术可以精确分析用户信息、偏好，这种对用户需求的多元、准确把握成为生产商生产、开发产品的基础，生产商可以基于对用户需求的了解和自身的资源优势，开发能够满足受众个性化、多元化需求的产品，"定制式"信息服务由此产生。

其次，作为对互联网空间数据进行收集、整合、分析和呈现的技术，大数据技术的发展、应用水平对媒体内容生产产生了重要影响。内容聚合与推送技术可以为网民或用户提供不同主题与类别的内容，且其成本极低。以数字技术为基础的内容生产，在提供大量信息的基础上，还能够快速、有效地配置不同时空的数据、信息，从而组合出满足多元化需求的媒体内容，进而增加媒体与信息内容的种类和数量。

第三，定制式服务价格的制定和规则不同于传统媒体产品统一化标准，在媒体产品的传播营销环节就表现出免费策略、捆绑销售、二次销售、体验服务等各类新网络营销方式。同时，这种内容的定制与推送只是信息产品的重新组合或简单改造，完全可以通过技术分发的方式进行，并不需要重新生产和人工的分发与投递，因此可以以极低价格甚至免费的方式进行销售。

（二）定制化生产与范围经济

对于规模经济的分析是从生产与供给角度进行的经济阐释。从经济学的角度说，规模经济描述的是"产品数量的增加"导致"平均成本的下降"[①]；范围经济描述的是"产品种类的增加"导致"总成本的节约"。"前者所导向的是以增加投入、扩张规模为特征的外延性增长方式，而后者所导向的则是以投入要素的综合利用和产出机构间的协同效应为特征的内生式增长方式。"[②] 在新媒体背景下，如果说网络互联、复制及应用技术极大降低了生产与流通的成本，提高了生产效率，使得规模经济成为网络经济中的一个重要特征，那么，网络互联技术、对用户数据的分析与追踪等技术，不仅使得定制化生产成为一种重要的生产方式，也同样是范围经济的推动因素。

从经济学的意义上看，规模经济向范围经济发展的原因在于以下几个方面：

首先，规模经济和范围经济虽然是两个不同的概念，但从企业和产业发展的角度来讲，这两者其实是具有一定的联系的。企业在成长的开始往往是通过不断地扩大单一产品的产量来获取规模经济效益，随着企业产品规模的扩大，"企业在生产两种或两种以上的产品时，能够综合利用企业的资源（有形的和无形的）、管理、技术等，以实现比这些产品单独生产时更低的生产成本"[③]，这也就是说，企业规模的不断扩大意味着企业在进行生产时享受范围经济的可能性更大。

其次，对单一产品的规模和数量的追求发展到一定程度的时候有可能转变为规模不经济，在这种情况下，企业应该向追求产品经营范围的扩大转变，这

[①] 规模经济可以分为产品规模经济、企业规模经济，又可分为"规模外部经济"和"规模内部经济"，此处指的是"产品规模经济"。

[②] 吕春成：《范围经济：区域经济发展新动力》，http://theory.gmw.cn/2012 - 10/12/content_5341423.htm。

[③] 李敬：《企业成长中的规模经济和范围经济》，《湖南大学学报（社会科学版）》1998 年第 4 期。

是企业开发新产品市场或者是占据新兴市场的必然选择。"媒介经济既是规模经济又是范围经济，前者表现在同一家媒介的产品要具备规模，而范围经济则表现在媒介集团中，一个媒介集团不能只依靠一个媒体打天下，必须是多家媒体、多项业务（包括非内容服务的其他业务如会展、配送等）共同发展，走多种媒介的联合经营，为客户提供解决方案，以提高其对于客户的个体占有率。"①

第三，从规模经济和范围经济的发展动力角度来看，不管是在规模经济还是范围经济中都存在着平均成本降低的现象。规模经济成本的降低来自产品数量增加或企业规模扩大带来的经济性，范围经济成本的降低来自产品生产、组装、管理、品牌营销等方面的协同与互补带来的经济性。这种协同性所带来的经济性包括几个方面：一是生产的标准化、通用化。在新媒体时代，机器人写作新闻使得这种特征变得更为明显。二是产品本身具有多种组装可能。在传媒经济中，传媒产品的同一素材可以通过加工改编成不同的表达形式或产品类型，存在着"一鱼多吃"的现象。三是传媒企业无形资产的充分利用，比如可以节约管理成本，可以将传媒的品牌影响和声誉转化为企业产品的影响和声誉等。

五、AI 技术与智能化生产

人工智能（Artificial Intelligence，简称 AI）技术是计算机科学的一个分支，它是指研究、开发用于模拟、延伸和拓展人类的智能的理论、方法、技术以及应用系统的一门技术科学。②"互联网+"是指借助互联网技术和平台实现互联网与一些传统产业的融合，从而开创出新的技术及其应用领域，同时实现传统产业的转型发展。"互联网+"人工智能这一理念在我国最早由国家发改委、科技部、工信部、中央网信办等于 2016 年在《"互联网+"人工智能三年行动实施方案》中提出。它是指基于互联网将人工智能技术与计算机相结合并开发出一

---

① 喻国明：《从规模经济到范围经济——现阶段传媒竞争策略的新趋势》，《当代传播》2007 年第6 期。

② 百度百科：人工智能词条。

系列智能化程序用于优化互联网产业的工作质量和效率，从而进一步加速传统产业的转型发展进程。对此，美国斯坦福大学人工智能专家杰瑞·卡普兰指出，"人工智能对于互联网而言，就像是鱼和水的关系，鱼当然要在汪洋大海中畅游"①。

人工智能技术在"互联网+"的时代背景下产生并得以迅速发展，人工智能与互联网的深度融合也为正在经历融合转型的传媒生产领域带来了一系列显著变化，深刻地影响着传媒内容生产的各个环节：内容采集、写作、编辑以及分发。当下"互联网+"人工智能在传媒生产中的应用主要体现在机器人新闻采写、智能编校和算法推荐式内容分发这几个主要方面。

（一）机器人新闻采写

新闻采写是传媒生产的关键环节，它对产品最终呈现效果起到决定性的作用。传统的新闻采写环节以记者为主体，以记者亲临现场采访、出席新闻发布会和查阅参考资料等方式完成内容的采集，再通过记者对这些信息进行分析和整合并完成新闻稿的写作。美国《华盛顿邮报》于2013年投入使用的Truth Teller系统能够基于其系统内部的庞大历史资料库完成对公共人物所发表的信息的比对，从而对这些信息的可信程度作出评估。2016年，湖北广电开始在两会报道中使用其推出的机器人记者"云朵"，它具有自动寻找符合条件的采访对象、与采访对象进行简单交流的功能，成为记者开展采访工作的重要助力。

在写作环节，"互联网+人工智能"技术的主要应用形式为自动写作程序。1994年，美国《洛杉矶时报》通过将信息嵌套入格式化模板的形式发布了第一条自动新闻。此后，传媒业为实现新闻内容生产的自动化而不断努力。我国的一些专业媒体和互联网公司纷纷开发出运用于这一领域的智能化新闻写作程序，如新华社的"小新"和今日头条的"小明"，这些程序在自动化写作的基础上对原有的格式化模板进行了扩展和丰富，在确保新闻产品准确性和专业化程度的同时力求以更为生动化的语言进行呈现，以适应用户的阅读习惯。

---

① 艾华：《"互联网+"人工智能的应用与发展》，《电脑知识与技术》2017年第11期。

（二）智能化内容编校系统

内容的编辑校对一直以来都是传媒生产环节的重要组成部分，在编校领域实现自动化既有利于提升内容产品的精确度，也有助于提升传媒内容生产的效率。早在 20 世纪末至 21 世纪初，以《经济学人》为代表的世界知名媒体就开始进行自动编校的尝试。随着人工智能技术的快速发展，以 AI 技术为驱动的智能化编校程序在自动化的基础上与互联网深度融合，不断更新其系统中的数据库，在字体、栏目编排等方面进行智能化处理，以不断适应用户需要。

（三）以算法推荐为基础的智能化、多元化内容分发

在以大数据为驱动力的算法程序和"互联网+人工智能"技术产生之前，大众传播仍然是传媒建立与用户之间关联的主要方式。而随着社会分众化、多元化的形成与发展，在互联网空间内以志趣和观点态度为主要划分标准的网络社群逐渐形成并不断扩大。在这一形势下，传统的新闻分发模式已难以适应当下社会的需要，而"互联网+人工智能"技术与大数据技术的有机结合使得以计算机算法为核心的智能化、多元化内容推送得以实现，通过对海量用户数据的系统分析，破解用户匿名性、分散性为多元化生产带来的挑战。基于对每个用户兴趣偏好的数据分析，传媒可以自动为用户打上智能化标签，并以此为依据向不同用户进行推送，实现了内容分发由"用户寻找内容"到"让内容主动找到用户"的转变以及传媒与用户在内容生产领域的双向互动。

第二节　技术对传媒生产流程与产品形态的再造

一、移动互联技术对传媒生产流程的优化

自从人类社会进入互联网时代以来，传媒业借助计算机等工具、利用移动

通信技术，从根本上改变了传统媒体时代的信息生产和传输方式。5G 技术作为当前最新的移动通信技术，其峰值速率高、时延低等特点使其各项性能远超 4G 技术，这一技术上的革新，伴随着 5G 商用时代的到来，势必会对传媒业内容生产的各个环节产生深刻影响，从而在整体上实现对传媒生产的优化。

首先，自从智能手机得到广泛普及以来，以智能手机为载体的"两微一端"已成为相当一部分人群获取新闻的首选。与此同时，随着碎片化阅读时代的到来，图片和视频在新闻产品中发挥着越来越重要的作用，逐渐取代了原先以文字为主的新闻产品样式。在原先的网络技术条件下，新闻素材的传输受到网络速率、时延和信号覆盖范围的限制，而在图片和视频的传播过程中，这一限制体现得尤为明显。在 5G 技术背景下，这一信息采集传输的环节将能得到全方位的优化：在 5G 传输速率下，传媒工作人员可以在一秒内传输数百张高精度的新闻图片，从而在节约信息采集所需时间成本的同时显著提升新闻内容的时效性。而 5G 远大于 4G 的信号覆盖范围则突破了地域的限制，有助于解决新闻发源地位于偏远地区时信息传输难、传输慢的问题，同时在人流量密集、流量需求较大的地域也不会影响 5G 网络的传输速率，这些优化使 5G 加持下的传媒生产活动真正实现新闻素材的"即摄即传"。

其次，传统新闻生产分为信息采集、整合写作和编校等多个环节，而单个环节如信息采集也需要采访记者、摄影记者、策划等多个岗位人员的协同工作。而 5G 技术背景下，新闻生产流程在很大程度上得到了简化。以新闻采访环节为例，在 5G 技术加持下，记者通过智能手机一人就可以承担采访、拍摄和信息传输等工作，不再需要多人完成。5G 高效化的特征使新闻生产工作的多元化人才需求向复合式的从业人员团队转型：在多元化岗位需求减少的同时，5G 技术的应用要求从业人员具备更为过硬的采编水平以胜任更快的工作节奏和更为密集的工作频率，同时从业人员还需要具备一定的移动通信知识基础以应对设备故障等突发情况。在 5G 商用时代，融合性生产成为传媒产品生产的一个重要特征。

二、新媒体技术与传媒产品形态的变化

（一）大数据技术与数据新闻

在媒体融合成为传媒业发展主题的背景下，大数据技术作为互联网和计算机科学领域的产物，对媒体内容生产的影响尤为显著。近年来成为学界研究热点的数据新闻是大数据技术应用于新闻生产的产物。数据新闻是利用计算机程序对数据进行收集、分析并以可视化形式呈现的报道方式和新闻品类。它以大数据技术为基础，突破了传统新闻报道形式，深受业界的青睐，有可能成为推动新闻发展的最具潜力领域之一。[①] 作为一种新兴的媒体生产方式，数据新闻简化了媒体的生产流程，提升了内容生产效率以及内容对媒体用户的吸引力，实现了媒体内容生产的智能化和多元化。

首先，在内容采集这一环节中，传统媒体的生产方式主要采用记者实地参与式的采集手段，主要形式有记者现场采访、举办访谈和参与新闻发布会等。网络技术的发展改变了信息内容采集的物质条件和硬件基础，然而互联网信息的海量和无序性使得对它的采集和使用面临巨大挑战。大数据技术的产生和发展使媒体生产的内容采集流程发生了革命性的变化，Sqoop、ETL 和网络爬虫等工具能够以更高的效率和准确度完成内容来源的收集和初步整合，实现了由人工操作向智能化的转型。

其次，内容的制作和呈现是媒体生产的核心环节，直接影响到媒体新闻产品的社会效益和经济收益。数据新闻的制作和传统内容生产的不同点在于：① 制作手段上，大数据技术产生前，媒体主要采用人工写作和编辑，计算机程序以辅助的形式间接参与内容的写作和编辑；而数据新闻采用计算机程序对内容进行分析和处理，直接参与到内容的生产中。② 传统的媒体内容制作以文字呈现为主，将数字、图片、视频作为配合文字呈现内容的手段；数据新闻的生

[①] 沈浩、谈和：《数据新闻时代新闻报道的流程与技能》，《新闻与写作》2015 年第 2 期。

产则以图片和视频为主要呈现手段，大量引用数字直观呈现新闻内容。这一计算机程序深度参与、以图片和视频为主要呈现形式的内容生产模式颠覆了媒体长期使用的文字叙事模式，被称为"数据可视化"。它既是数据新闻的呈现形式，也是它的制作模式，实现了内容制作的智能化与表达手段的多元化。

（二）5G 技术背景下的新兴传媒生产形态：短视频与沉浸式新闻

1. 5G 技术下的短视频传播

随着社会节奏的加快以及人们日常生活与互联网空间的深度结合，碎片化阅读已经成为人们获取信息、了解社会最新动态的主要模式。在 3G 和 4G 时代，图文结合和纯图片取代了纯文字，成为新闻产品的主要样式。在 4G 技术不断成熟并逐步向 5G 过渡的时期，尤其是抖音、快手等短视频平台产生以来，视频传播成为传媒产品中的一支新兴力量。视频以其事实还原度高、易于理解和消费时间成本低迎合了人们碎片化的阅读习惯和生活节奏。央视、《人民日报》等专业媒体以及《新闻联播》等一批知名传统媒体新闻节目在各大短视频平台开通账号并以视频的形式传递信息，这标志着视频传播已经成为当前传媒市场重要的新闻产品样式。

由于 4G 技术的覆盖范围和速率、时延的限制，视频传播还难以突破空间地域的限制，涉及领域仍集中于低时效性的软新闻领域。5G 移动通信技术的加持有助于传媒突破上述限制，使视频传播实现"即摄即传"和快速发布。与此同时，5G 环境下，人们的工作和生活节奏将进一步加快，对视频传播的需求量大幅增加，从而进一步推动图文为辅、视频为主这一"泛视频传播"形态的实现。同时，相较于图文等传统新闻样式，视频传播的主体不仅包括专业媒体，还包括广大社会公众。"人人拥有麦克风""人人拥有摄像头"是视频传播的常态。5G 环境下，高速率和低时延的网络环境为更多人制作、发布视频化新闻产品提供了技术条件，从而强化了公众在技术赋权下在互联网空间内发布视频的意愿。

2. 5G 技术与沉浸式新闻

沉浸式新闻是指传媒借助虚拟现实（VR）技术、增强现实（AR）技术等技术手段营造出基于现实但完全虚拟化的视觉、听觉体验，从而使受众置身于与新闻事件相关的信息环境中的新闻样式。在这一信息环境中，体验者能够以第一人称体验并感受新闻事件的始末，从而产生与阅读传统新闻产品时不同的浸入式体验。相较于传统新闻样式，沉浸式新闻主要有两大特点。一是非线性的叙事模式。传统新闻一般按照时间、地点等线索展开叙事。从传播学角度来看，这一传播方式在很大程度上是单向的。而沉浸式新闻则能够达到使用户站在山峰顶端或置身于大洋深处的效果，有利于产生更多互动性思考。二是以受众为中心的信息环境。传统新闻产品在很大程度上以传者为中心，受众自主选择的空间较少。而 VR 技术下的沉浸式新闻则能够使受众自由掌控获取信息的方式，跳出传媒组织所营造的新闻框架，产生更多独立思考。

4G 技术下网络速率和时延等关键性能的局限性使沉浸式新闻的应用空间和范围受到了一定的限制。而 5G 技术下沉浸式新闻将拥有更为广阔的发展前景，从而使这一全新的生产形态在传媒市场占据重要地位。

首先，5G 技术的应用将使沉浸式新闻的制作更为简单便利。5G 网络下，传媒工作人员仅需要手势等简单动作就可以精准操控无人机等设备做出更多动作，从而在现实环境下捕捉 VR 沉浸式新闻所需的素材。以体育领域中足球新闻的制作为例，5G 网络下，无人机的工作效率和拍摄精度都将得到大幅提升，既提升了沉浸式新闻的产品质量，也节约了多机位所需要的各项成本。

同时，5G 技术下 VR 沉浸式新闻的用户体验将得到显著优化。由于 4G 通信技术固有的不足和网络环境的不稳定，容易在使用中产生卡顿、重影等技术问题，使用户产生眩晕等不适感。5G 在网络通信性能上的大幅进步则能够有效弥补这一技术上的短板，从而为用户真正提供全景式、沉浸式的新闻场景体验。而且 5G 网络下虚拟现实环境的分辨率显著提升，在使用户感受到更为清晰的信息环境的同时也使头盔式显示器等笨重设备不再成为沉浸式新闻的必需品，从而进一步提升用户体验。在这一趋势下，沉浸式新闻将能够得到更多的认同和接受，为它的逐步普及奠定了用户基础。

第三节　媒体技术与内容产品的传播、销售

新闻产品是传媒生产活动的产物，它的传播与销售关系到其能否通过商品交换实现使用价值与价值之间的转换，从而维持传媒组织的运作与发展。经济学原理指出，产品通过从生产者向消费者的转移实现向商品的转化，这一过程需要经过市场这一环节，因此，产品的流通必须要关注"市场"。而对传媒业来说，作为消费者的受众构成了传媒产品的市场。因此，要探讨传媒产品的传播与销售，首先必须要探讨互联网技术对传媒产品的市场造成了何种影响。

一、技术对时空的消解与传媒产品市场空间的拓展

从移动通信技术的升级到大数据技术驱动的算法程序，近年来不断涌现的新兴互联网技术以各种方式对传媒产品市场的各个方面施加影响。但是这些因素的产生与作用都建立在一个不可或缺的前提因素——由网络技术和新媒体技术建构的互联网空间之上。互联网空间的发展以及它与社会、个人结合紧密程度的提升使媒体融合成为当前传媒业发展的主题，同时也是当前传媒市场的主要场域之一。

（一）互联技术、"空间"与营销市场的扩展与细分

技术对传媒内容产品的营销产生了何种影响？这一问题可以从以下几个方面进行理解。

1. 互联网扩大了传媒营销的空间

网络互联技术突破了地理意义上市场固有的"空间障碍"，消解了地理

"空间"的限制，从而极大地拓展了传媒产品传播与销售的市场空间。这种"虚拟空间"的构建意味着全球市场的形成，也意味着传媒业竞争范围的扩大。

2. 互联网提升了传媒营销的效率，降低了传统营销的成本

网络技术对时空的压缩，加快了媒介产品市场销售的时间与效率。从经济学的意义上分析，它以其低成本和高效率超越了传统媒体的实体销售网络。

3. 互联网改变了营销市场划分的方式

网络应用技术细分了传播与销售"空间"，改变了原有的市场划分体系。即传统的媒体市场主要是以"时间和空间"为主的划分方式，而新媒体市场则发展出了以"偏好"为主的划分方式；传统的报业市场是以"主流"为核心的市场划分方式，而以互联网为基础的媒体产品传播与销售则不然，"非主流"也成为市场争夺的焦点。这种市场划分方式的变化与营销方式的变化都源于技术的影响。

4. 互联网改变了传媒营销的方式

网络的"聚合性"改变了传统上生产者与消费者以及消费者之间的联系方式，从而带来了营销上的变化。

由于全球市场通过虚拟空间联合在一起，网络的"聚合性、互连性与互动性"使得建立庞大的用户群成为可能，这也就是"消费者网络的形成"。这种"消费者网络"与传统媒体时代之不同在于以下几个方面。

首先，传统媒体时代内容商与消费者之间是单向的关系，而网络时代的供需之间是双向关系，即具有互动性，这种互动性也带来了营销的互动性。

其次，传统媒体时代消费者之间是分散的、无联系的，而网络时代，消费者之间具有"虚拟联系"，更容易借助于各种平台、渠道与载体形成联系，这种联系使得病毒式营销、口碑营销等成为可能。

（二）互联网空间与长尾经济的发展

互联网发展不仅消解了时间、地理变量对媒体产品供需的限制，更进一步允许不断增加的市场主体在庞大的网络平台中进行媒体产品的传播与销售，即

以创新与技术融合的方式将传统大规模的主流市场细分为无数个专业化、分散化并面向特定消费者偏好的小市场，也可以称之为"利基"市场。① "由于网络可以把分散的需求集中起来"②，于是厂商愿意生产原来由于地理因素等限制造成的需求量少的产品。由此，在网络技术的推动下，以消费者偏好及其排序为中心的受众需求曲线出现了逐渐向右延伸的趋势。克里斯·安德森将这种需求曲线的转移和扩展称为"网络长尾现象"。简单来说，我们的文化和经济中心正在加速转移，从需求曲线头部的少数大热门（主流产品和市场）转向需求曲线尾部的大量利基产品和市场③。

在长尾现象的分析中，三种力量不可忽视：生产普及、传播普及、供需相连。所谓生产普及，是指生产工具的普及，如软件、博客及各种应用平台的开发，在基于技术的平台上，媒体内容的生产者有能力将原先的专业化内容成倍地扩大，为消费者提供更大的选择空间。而另一方面，网络供应商们则提供平台服务，搭建可供媒体内容产品传播的平台，并快速低廉地形成成熟的产品供应链。另外，搜索工具的应用，极大地降低搜索成本，使网络媒体产品的消费变得轻而易举，由此，长尾市场体现的需求曲线就显得越来越长、越来越扁平化，并将媒体产品的消费选择从热门推向更多的利基市场。

具体来说，长尾市场的出现仍然是通过网络信息技术，来创新搭建各类庞大的数据库与网络平台，允许网络生产者与消费者在成熟的互联网供应链上出售产品，同时通过搜索引擎等信息过滤器的作用将受众需求与生产供应的缺口弥合起来，从而实现网络长尾市场的价值。因此，技术更新推动的网络平台搭建，使媒体产品的网络市场拥有了包括长尾在内的丰富而专业化的传播与营销体系，使传统的单一化、线性模式的供销方式转变为互联式、发散型的网络集成。无论对于媒体的生产者还是受众消费者，互联网的便捷性使其能在每一个节点中发现信息内容的价值，这也是现代媒体产品传播和营销方式得以解放的关键。

---

① 菲利普·科特勒在《营销管理》中给"利基"下的定义为：利基是更窄地确定某些群体，这是一个小市场并且它的需要没有被服务好，或者说"有获取利益的基础"。
② 王健伟、张乃侠：《网络经济学》，高等教育出版社，2004。
③ ［美］克里斯·安德森：《长尾理论》，中信出版社，2009，第51页。

（三）网络技术、时空与媒体市场划分方式的转变

1. 为什么传统上会形成以"时空"为主的市场销售体系？

在传统的营销方式中，传媒通过时空来界定特定人群的主流特征。比如，报纸的市场可以从时间上进行划分，分为早报和晚报市场。广播电视根据"时间"可以分为黄金时间和非黄金时间等。而从"空间"上来说，报纸分为全国性报纸和地方性报纸，广播电视亦然。这种以空间为基础的划分体系与中国的地理行政区划相结合，便形成了中央、省、市、区县级报纸和广播电视。

报业以及广电媒体之所以将"时空"作为市场划分的主要方式，是因为时空是界定人群的主要方式，特定人群的活动总是在一个特定的时空中进行的。因此，定位于特定人群的销售与内容传递需要符合特定的时间与场域。这些分类都是为了使媒体的内容消费或营销能够符合受众的生活、行为或消费习惯，符合目标受众群体的空间分布。当然，在以"时空"为基础进行市场划分之外，也存在着其他的市场划分方式。比如，对受众进行分类，分成大众市场和专业市场、主流市场和非主流市场；根据受众的受教育程度和收入进行市场划分；电视台经营中的频道专业化以受众的偏好、类型为划分标准等。这也就是说，其他的市场划分方式实际上已经存在，不是说在互联网时代才出现了从时空划分方式到受众偏好划分方式的转变。

2. 为什么从时空偏向到消费者偏好方向转移成为可能？

在传统的营销中，虽然产品的生产和营销最终取决于消费者的需求与偏好，生产者会根据消费者的需求偏好进行产品的生产和销售，但是这一过程要经历几个环节。

首先，传统媒体内容生产者要了解受众的需求偏好，这是实现产品定位的前提。然而，要了解受众的需求与偏好，内容生产者需要触及受众，以便确定哪些用户应该被纳入其产品的用户市场，也就是目标市场的确定。为此，生产者需要通过市场调查等手段来确定其目标市场用户的地理分布、活动的时间与空间、消费习惯等。

　　其次，传统媒体需要建立相应的营销发行网络。在确定目标市场，对目标用户的地理分布、消费习惯等有了了解之后，就要据此建立发行与营销网络。如报纸的订阅是通过邮政发行或自建发行网络以送报上门的方式来触及受众，而零售则是在目标用户活动频繁的主要网点设置报刊零售点。上述调查、营销网点的建设大多是以比较简单的市场调查甚至是直觉的方式确定的。

　　这种对受众"需要与偏好"的了解至少具有以下几个方面的局限。

　　（1）"目标用户或受众在空间上的离散性"使得生产商和广告商难以直接、迅速地触及用户，生产者和消费者之间难以进行直接的联系和沟通。而在"虚拟空间"中，虽然对目标用户的触及依然需要借助于渠道与营销手段，内容生产和营销主体面临着以何种方式竞争用户的注意力的问题，但接触用户的成本极大地降低了。

　　（2）"受众偏好的复杂性"以及技术手段的缺乏使得传统媒体的营销不像互联网那样能够直接、真实、准确地反映消费者的信息、需求状况以及其对产品的体验反馈，从而难以精确、精准定位目标用户。

　　（3）市场调查、用户反馈、建立发行网络等营销成本远高于互联网。传统媒体在产品定位、市场调研、发行网络建立时存在着受众接触成本高、调查与分析成本高、物流与传播成本高以及营销成本高等问题。

　　与报纸及其他传统媒体的营销相比，互联网环境下的营销具有传统媒体所不具有的优势。主要表现为以下几个方面。

　　（1）网络应用技术可以精确定位、追踪与分析用户的行为，用户需求和偏好可以被准确度量。互联网发展和媒介融合进程的推进加深了媒体内容生产和分发两个环节之间的联系。而大数据技术在媒体内容分发中的应用则在这一基础上扩大了内容分发对生产环节的反向影响。互联网加速了以兴趣和偏好为中心的网络社群的形成，同时也使受众这一模糊的概念具体化：在互联网空间内，受众不再是一个笼统的整体性概念，而是具有多元化观点和态度的个体集合。大数据技术使媒体获取用户的兴趣和偏好成为可能。"算法推荐"这一旨在使内容"主动找到"用户的分发模式被广泛应用于各大资讯平台和新闻类软件。

这一以受众为中心的内容分发模式也使传统以媒体为中心的内容生产发生了改变：在浏览量、点击量决定新闻产品效益、关乎媒体生存发展的互联网空间中，多元化的受众需求要求媒体推动多元化的内容生产以满足不同用户社群的需要。而大数据技术及其在内容分发环节的应用作为媒体获取用户多元化需求的技术手段，在这一转变中发挥了重要作用。

（2）网络的互联、交互性使得用户与产品生产者之间的反馈和互动更为直接、有效，"消费者通过互联网设计和定制产品，使得营销探测具有了互动性，商家既是信息的收集者，更是信息的接受者；传统营销探测主要面向消费者群体，定性描述消费者行为，而互联网营销探测转向消费者个体，建立数据库，进行顾客关系管理"[1]。在各大互联网平台上，借助搜索引擎搜索自己感兴趣的信息已经成为用户消费新闻以及其他产品的主要方式。以大数据技术为驱动的智能化算法程序基于用户搜索词、浏览历史记录等数据向用户推荐相似内容，在满足受众相关需求的同时也聚合了以相似兴趣和观点为基础的网民群落，从而为新媒体提供了广大的消费者和潜在消费者群体，打开了新媒体营销的市场空间。

（3）空间的突破使得对用户的接触变得更容易，其成本也远低于现实空间中的受众调查和市场调查。

由此可见，传统媒体的局限性决定了在对受众的触及方面，只能通过特定的空间和时间这样一个主流人群集中的限制条件进行内容的传播和销售。这就决定了传统媒体的受众接触、互动与反馈存在两个问题：一是"时间和空间约束"；二是由时空限制所带来的"成本约束"。而互联网的产生则打破了上述传统营销的时空限制，推动传统上以时间和空间为标准的传播和销售方式向以消费者需求和偏好为核心的传播和销售方式转变。

这种从"时空偏向"到"消费者偏好方向"的转变可以基于经济学视角作出以下解释：

---

[1]　程美丽：《网络营销与传统营销的比较》，《太原城市职业技术学院学报》2008 年第 1 期。

从单个媒体产品的传播营销来看，我们可以假设存在这样的受众需求 Q（q，m，t，p，k），并受一组变量因素的影响，其中 q 代表产品消费者偏好、m 代表其他产品的替代效用、t 表示时间约束线、p 表示地理约束线、k 表示收入约束线。在传统的媒体营销过程中，对受众需求的研究仍然主要集中在产品销售的时间与空间范围内，如电视节目的黄金档、报纸早晚报的区别以及都市媒体提供的地方化、通俗化的新闻产品。由于 t、p 两个因素作为影响受众需求的主要变量，传统的媒体产品供给函数也可以简单假设为 S（t，p），即以时间、空间的限制作为媒体产品传播考量的重要维度。

网络技术营造的虚拟环境，对于媒体传播环境的改革是毋庸置疑的。传统媒体产品的传播，媒体产品供应商们考察的是受众需求在时间、空间方面表现出的"主流特征"。在传统传播中，尽管仍然就受众需求的因素进行适当分析，但媒体产品供应者仍然需要直接考虑时间约束线 t 与地理约束线 p 对内容销售的影响。而在网络虚拟环境中，区域性、地方性的媒体传播环境全部转变为以超链接技术为核心的互联式的全球传播。因此，对受众需求和媒体产品供应函数的测定，时间约束线、地理约束线这两个变量就变得不那么关键。同样，根据奥兹·谢伊论证，消费者偏好也受到网络外部性影响①。与之相应，以消费者偏好为中心的需求函数与产品供应函数可以转变为 Q（q，l，m）、S（Q）。其中，受众需求主要受产品消费者偏好 q、口碑传播中其他消费者的偏好排序 l，以及其他产品的替代效应影响，而媒体产品供应则以消费者需求函数变量为主导。

二、网络技术与传媒产品营销方式的变革

技术不仅带来了营销市场的变化和营销成本的降低，也带来了营销方式的变化。媒介产品的传播与营销方式的转变，其实是将"过剩问题"的解决作为

---

① ［美］奥兹·谢伊：《网络产业经济学》，张磊等译，上海财经大学出版社，2002，第21—26 页。

出发点（另外就是考虑媒体技术对消费环境及消费偏好的影响），"供给者"的剧增与互联网内容的过剩使得产品的差异化、个性化成为内容生产者的选择，而"技术"恰恰又为差异化、个性化与"定制化"的生产与营销提供了可能。在技术环境转变的情况下，传统独立部门的媒体产品传播与销售不得不经历规模化、差异化与个性化定制服务等营销模式的改变，这种营销模式转变源于媒介产品"技术驱动因素"下的需求转变。

（一）从"以产品为中心的营销"转向"以用户为中心的营销"

受众需求和偏好的重要性，意味着媒体内容产品营销的核心命题就是发现甚至跟随消费者各种可能的偏好。在传统的报纸营销中虽然也有对受众偏好的调查研究，但由于技术上的限制，无法实现网络营销的精准化。因此，网络传播中对目标用户的精确定位与测量从表面上看是一个营销技术上的变化，其核心却是对传播对象把握能力的增强。在此基础上，受众反馈机制和对受众习惯的监测使得网络媒体可以根据受众或用户的偏好进行内容的生产，也可以实现更为精准的营销，给广告商提供更有针对性的目标客户，这便推动了传媒内容产品的生产与供给从以产品中心向以客户中心转变，这种转变同时带来了"营销上的转变"，即营销从"以产品为中心"向"以用户为中心"转变。

（二）从"以媒体为中心"的营销到"以关系为中心"的营销

在传统媒体中，载体是被控制在媒体手中的，营销主要是通过大众传媒。而在网络经济中，网络平台是网络链接中的节点，网络的互连性使得每一个人都成为传播的载体，每一个网民都是各个传播节点中运动的分子，由此导致了包括病毒式营销、口碑营销等以虚拟空间中人际传播为特征的"关系营销"的兴起。在关系营销中，主体就是互联网中的个体或网民，或者也可以说是主体取代了载体，营销的实现借助于载体化了的人与人之间的关系。关系营销不仅借助于传统意义上人与人之间的关系或者说人这个主体，而且借助于特定的平台和渠道，比如通过微博、微信等新媒体、自媒体平台进行传播。

（三）从"模糊营销"到"精准营销"

如上文所言，由于报纸、广电等传统媒体受到"时空"和技术的限制，接触受众并获取反馈的成本很高，也很难准确、全面地掌握受众的消费习惯和偏好，而网络互联技术以及对网民/用户的追踪、分析技术使得对受众或用户的准确定位与分析成为现实，它不仅推动了网络媒体生产从"主流市场"向"个性化、定制化市场"的转变，也在营销上推动网络媒体从"模糊营销"到"精准营销"的转变。① 以腾讯网与《重庆商报》合作开发的"大渝网"为例，在2006年创办之时，大渝网与其他报纸将纸质内容向互联网延伸的做法看起来并无不同，但大渝网却充分利用了网络技术的优势，在进行广告投放的时候，按照 IP 地址段寻找富人区，向目标区域定向发布广告，这就是网络广告的精准投放。

综上所述，"以用户为中心的营销"和"以关系为中心的营销"的兴起也同样源于技术的驱动，包括病毒式营销、口碑营销在内的关系营销的成功正是网络信息技术时代偏好产品主导市场需求的重要体现。以"病毒式"传播为理论基础，人际交往的互动性、互联性与网络化对媒体产品影响力的作用之所以发生革命性的转变，同样离不开技术更新的主体。对于个体消费者而言，对媒体产品的选择不仅仅发生在个体兴趣偏好的范围内，且往往受社区范围内相似偏好消费者对媒体产品的评价与排序的影响。这样的"互动式"偏好影响，恰恰增强了媒体消费者需求函数中"偏好"因素的作用，无论是个体的偏好还是集体的偏好，个性化需求的体现在媒体产品供应主体看来，变得不可或缺。而符合大众口味的媒体产品传播的实现既容易又困难。一方面，技术导致的"过剩"与偏好体系复杂化，造成对消费者需求特征的难以判断；另一方面，以偏好排序为特征的受众需求扩大了媒体产品的外延市场，甚至主导消费者偏好的

---

① 需要说明的是，本书在谈及从传统媒体到新媒体生产、营销方式的转变时，并不意味着新媒体的营销方式完全扬弃了传统的营销方式。新旧媒体融合的逻辑意味着，传统媒体的生产与营销方式是被"包容"在互联网媒体中，而不是完全被取代。

技术的掌握，也会给予媒体产品传播营销新的生命力，比如搜索引擎与竞价排名的出现。

第四节　媒体技术与传媒市场变革

一、媒体市场格局的调整：新媒体的兴起与传统媒体的衰落

（一）新媒体何以兴起？

新媒体革命是一场与以往传媒史上的革命完全不同的革命。这场革命的意义在于：

首先，从传媒史的角度看，原来传媒新技术的变革主要表现为通过新媒体相应的新的内容提供占据旧媒体的市场，并由此形成新的市场。这种新的市场生成是一个市场重新分配的过程。而网络时代的变化则是，新媒体市场的生成不仅是对传统媒体市场的一个瓜分过程，而且是一个"吸纳"过程，它促进了传统媒体向网络媒体市场转移。

其次，如果说网络时代前的媒体变革主要是在传媒业中进行的，并对社会、政治、经济形成了巨大影响的话，那么网络技术带来的变革则是将社会、政治、经济等领域都纳入网络系统中，形成了一个"网络社会"。"网络社会"与"现实社会"之间的关系越来越紧密或融合化，世界在某种意义上不是一个"独立于"网络之外的世界，这一点决定了网络经济完全跨越了传统媒体的界限，不仅推动了传统产业的网络化、数字化，而且形成了一个将各个产业包容在其中的互联网新媒体产业。这一建立在互联网上的新媒体产业是一个以网络化过程中软硬件建设为核心的产业，它不是传统媒体意义上的内容产业，而是包括任何个人、群体、公司、组织以及社会之间的信息传递与交流的媒体产业，传统的内容产业只是整个互联网产业中的一个部分。在网络社会形成的过程中，所有与网络化、数字化相关的业务和产业都会得到极大的发展，这是一个新型社

会兴起过程中必然的结果。这意味着以软硬件为核心的基础设施建设是基础，而传统媒体以内容生产为核心的业务不能在整个网络社会形成的过程中发挥主导作用，传统媒体作为一个垄断了传播载体的主导性产业的时代已经结束了。

从技术-经济的角度讲，新媒体的兴起是因为其具有技术优势带来的生产、传播上的优势。

（1）在市场进入方面，新媒体的技术特性使其打破了传统媒体的垄断市场，媒体组织的市场结构受新媒体进入的影响而发生改变。在传统媒体时代，我国专业媒体占据社会信息发布主导权，这一方面是源于国家相关政策赋予它们的社会和市场地位，另一方面则是源于传媒业固有的技术和资源壁垒。而互联网技术的发展、成熟逐渐解构了专业媒体长期以来所依赖的资源和技术优势，为社会资本介入传媒业提供了客观条件，自媒体、民营媒体进入传媒领域并参与新闻生产和发布各环节。从市场的意义上说，新媒体对传统媒体市场的突破是在与原来传播模式相应的市场垄断无法覆盖的地方打开了缺口，主要表现为通过与新媒体形式相应的内容提供瓜分传统媒体的市场。比如，广播电视在诞生之后形成了一个新的独立于报纸和杂志的市场，但却并不能把报刊完全包容进去。而网络时代的变化则是，新兴媒体打破传统媒体市场的方式不是直接进入传统媒体市场，而是通过建立一个与传统媒体市场不同但又生产、销售相同或相似内容产品的虚拟市场的方式挑战传统媒体市场。由于这个"虚拟市场"对应于"现实市场"，所以它与传统媒体竞争的是同一个市场；由于这一"虚拟市场"是存在于网络空间之中的，它又是一个与"现实市场"相对的"平行市场"。这一新的市场具有逐步将传统或原有市场吸纳进入新市场空间的能力。因此，新媒体实际上是通过建立一个新的市场的方式消解了传统媒体市场的进入壁垒。

（2）在市场竞争方面，新媒体具有以下几个方面的优势。

① 新媒体技术具有更高的生产效率。媒体的效率包括生产、传输、交易等方面。在传统媒体效率的经济表现上，2005 年被业界视为我国报业发展史上的"寒冬"或"拐点"之年，"2005 年的统计数据显示出了报业和互联网之间的

效率反差是何等巨大。按照媒介经济学的基本结论，传媒业的广告能够放大GDP 的波动，即当 GDP 快速增长的时候，传媒业广告收入以超过 GDP 的速度增长；反之，传媒业广告收入则会以大于 GDP 的速度下滑。这一年的 GDP 增幅超过 10%，但是报业广告收入增幅仅仅达到了 6.9%，并没有享受到经济快速增长带来的红利，甚至连水涨船高式的增长都没有实现；相反，互联网广告却获得了超过 30%的增幅"①。

　　从新媒体的生产效率角度看，从互联网 1.0 到移动通信技术发展使微博、微信公众号得以迅速普及并吸纳一大批社会个体参与其中，这种社会化生产方式极大提升了新闻信息生产的数量与效率。另一方面，技术不仅通过改变生产方式提升了整个产业的生产效率，而且在微观上也提高了传媒内容生产的效率。如"互联网+人工智能"使新闻资料的采集得以实现智能化。这些智能程序的运行范围不再仅限于对相关材料的简单收集，而是可以通过关键词输入等简单方式在短时间内完成所需材料的精准收集，在此基础上，智能化的计算机程序会自动对新闻素材进行处理，从而为新闻采写环节节约大量时间成本。这种基于"互联网+人工智能"开发出的采访辅助程序已经被广泛应用于新闻采访中。从新媒体的传播与交易效率角度看，新媒体的信息与内容传输是在一个"虚拟空间"中进行，依靠"比特"进行传输，在以数字技术为核心特征的新媒体经济中，媒体产品的信息内容被统一编制为"比特"存在于网络世界，比特信息在网络技术的传输下毫不费力地达到了迅速、快捷的效应，基于网络技术的这种特性，网络媒体组织才能够迅速组织内容生产、降低交易成本、传播信息内容、挖掘受众资源，并在第一时间抢占网络这块新兴市场。因此，其传输的速度远高于传统媒体，而其传输的成本又远低于传统媒体，"传输质量"也更高。这意味着新媒体经济能够快速有效地配置媒体资源，从而降低网络经济活动的成本，增加社会净剩余。

　　② 新媒体具有低成本优势。这种低成本优势主要表现在以下几个方面：一

---

① 朱春阳、谢晨静：《传媒业集团化 17 年：问题反思与发展方向——以上海报业集团组建为基点的讨论》，《新闻记者》2013 年第 12 期。

是从信息、内容产品生产的角度看，新媒体在生产效率更高的同时，生产成本也更低。主导网络经济运行的一个重要规律：信息生产的边际成本近乎为零，为信息需求者与信息生产者提供了一个十分便捷廉价的交易平台。"黑格尔（J. Hagel）和阿姆斯特朗（A. G. Armstrong）认为，网络经济活动中的剩余将更多地转移到消费者。网络经济的'新经济特征'是'网络外部性'和'数字产品的边际成本递减规律'的融合。"[①] 二是从市场交易的角度看，网络技术的实时性与交互性改变了传统媒体市场的交易规则，媒体信息的搜索、协调与传递能够在低成本的前提下进行。三是从信息内容的传输角度看，新媒体的信息传输成本更低。以移动互联网技术为例，4G 技术向 5G 技术的跨越进一步降低了新闻生产和传播的门槛，使任何人在任何时间、任何地点以图文、短视频等形式制作和传播新闻成为可能，极大地降低了新媒体信息生产与传播的时间和经济成本。四是从消费者角度看，网络技术或新媒体的交互性与便捷性，降低了消费者对信息内容的搜索成本、购买成本等。

③ 新媒体具有"先发优势"。在技术与市场演进过程中，先进入市场的主体将首先拥有市场主导的权力，从而形成新的"利益分割"图谱或格局。新媒体在网络技术的开发与应用方面比传统媒体具有明显的"先发优势"，在网络市场的竞争中取得了"先机"，等传统媒体意识到其巨大的发展力和速度之时，新媒体已经获取了垄断性市场地位，成为互联网渠道和平台资源的主导者。

④ 新媒体具有更强的创新能力。与技术相伴而生的网络媒体具有更强的创新能力，包括生产、营销、服务等领域的创新。从技术创新的角度看，依照摩尔定律[②]，网络技术改变了传统经济的变化速度，一种网络产品在 3—5 年里就会达到主流饱和状态。在信息技术高速更新的压力下，新媒体的增加实际上也伴随着新的媒体产品的兴衰交替。跳跃式的技术发展不断产生新的媒体内容和服务，同时也催生了复杂的新媒体资源提供的主体结构。与新媒体技术的竞争

---

① 张丽芳、张清辨：《网络经济与市场结构变迁——新经济条件下垄断与竞争关系的检验分析》，《财经研究》2006 年第 5 期。

② 张蕊：《中国网络经济发展理论与实证研究》，西南财经大学出版社，2010。

和革新相比，传统媒体的发展与革新非常缓慢，长期形成了以"内容"为中心的生产模式，没有产生以"技术和服务革新"为中心的平台与服务创新模式。

（二）传统媒体何以衰落？

传统媒体衰落的原因比较多，本书仅从"技术-经济阐释"的角度对此进行分析。从技术的视角看，深层意义上的传播方式的"技术稀释"是传统媒体难以挽回衰败局面的主要原因。所谓"技术稀释"，是指媒体价值链环节中所需的内容资源、传播渠道资源、受众资源与广告资源受新媒体技术的入侵与瓜分，诸多媒体资源的份额不断减少从而影响传统媒体的竞争能力甚至生存能力。

首先，专业媒体在传统媒体时代占据传媒市场垄断地位，主导社会信息发布话语权的格局并在很大程度上依赖于传媒业较高的准入门槛，这一门槛建立在专业媒体对电视广播频道等稀缺社会资源的占有和对新闻采访权的垄断基础之上。而自媒体借助于互联网、移动互联网等新媒体技术的普及以较少的资源使用完成新闻的采集和发布，从而实现了对传媒业进入门槛的突破。信息产品供给的增加既是由于新的市场主体的增加，也是由于新的生产主体的增加。[①]这种对原来市场垄断和供需市场均衡的打破带来了至少两个方面的结果：一是新进入者的加入导致内容的无限增殖。内容的增殖主要来自三个方面：一是传统媒体内容的"复制性"与不同程度的再加工形成的增殖；二是新的市场主体的加入所致的内容增殖；三是新的生产主体的增加所致的内容增殖，所谓的UGC即是此类。这种增殖并不一定是原创性增殖，而是包括了生产性和复制性增殖。这种增殖的结果是市场"供求关系"的变化，即内容由渠道与内容一体化的或者说可控性的并且是盈利模式较为清晰的方式转变为免费的、缺乏盈利模式的、多渠道发散性不可控的传播，并由此形成了所谓的网络信息的"海量"。

目前，新媒体内容资源因技术的裂变式增长而不断挤压传统媒体内容提供

---

① 市场主体的增加是指以营利为目的的新媒体内容提供商的介入；生产主体的增加是指以个体为主，当然也包括组织性的，不以营利为目的的内容提供者的进入。

的空间，有价值的媒体信息提供既取决于专业化的采编技术，也取决于大量高效的信息传递，而传统媒体在后者上的资源不断遭到新媒体的蚕食。

其次，市场均衡的打破导致了"稀缺"的变化，即信息生产的内容已经不再稀缺，从而导致了网络内容在产业链上的下降，而由于网络上的内容在很大程度上是一种"复制性内容"，而复制的资源又主要来自传统媒体，所以其结果是直接导致了传统媒体作为内容提供商在产业链上价值的降低，并引发了报业试图通过"联盟"的方式对网络新媒体进行抵抗。

第三，受新媒体技术个性化、交互性的信息传递方式的影响，传统媒体的受众资源已经出现从原有市场转移到新媒体市场的趋势。经论证成立的长尾效应同样在小众市场上为新媒体赢得诸多受众资源，而这部分受众同样可能因接触媒体的便捷性而发生转移。如当前自媒体的传播主体广泛、多元，相较于专业的新闻从业人员，他们更接近社会各领域，因此在社会热点事件中往往能够借助移动设备和无线网络先于专业媒体对信息进行披露，从而使专业媒体在新闻素材的收集上处于被动地位。同时，自媒体平台以及其他民营媒体平台具有更强的自由性和灵活性，能够借助算法推荐等技术手段掌握受众群体兴趣和态度的变化并灵活调整内容生产，更容易获得用户的关注，从而导致传统媒体受众群体向私有新媒体平台的大量迁移，对专业媒体形成了巨大挑战。

最后，大多数传统媒体以广告收入为主导的盈利模式获得市场地位的存续，广告资源的优化配置往往与版面大小、广告客户资源、广告效果、受众资源等变量正相关。然而，新媒体技术引起的受众资源的转移往往也伴随广告客户资源的转移，这种资源的转移不仅是受众资源转移的结果，同时也是渠道、平台增多导致的传统媒体渠道资源价值下降的结果，相比互联网不受版面限制的最大化广告效果，传统媒体的广告资源的附加值也在不断降低。

至于渠道资源方面，由于新媒体技术开发的多样化、立体的渠道空间，传统媒体传播与发行所占有的渠道价值不再具有稀缺性价值，并构成相对的渠道资源占有量的减少。而原有的渠道管理所需的成本费用不断上升，使得传统媒体对渠道资源的占有从分化转为集中配置，而一些附加值较低的渠道资源则不得不放弃。渠道资源的价值降低，受众资源转移，而在新的渠道与平台竞争中又失去了话语权，传统媒体的竞争能力堪忧。而另一方面，新媒体在渠道竞争中却占据了诸多优势。多维立体化媒体市场空间的展现，在一定意义上绕开了单一媒体传播渠道的垄断，而在新的平台上获得了新的发展。

二、互联网技术对传媒市场边界的重塑

新旧媒体融合中传媒市场边界的模糊是互联网通讯与新媒体技术融合发展的结果，在这一进程中，媒体技术的发展使传媒业的进入门槛不断降低，互联网企业打破了传统专业媒体在内容生产上的垄断地位，获得了占据传媒市场一席之地的契机。虽然近年来传统专业媒体加快媒体融合进度、迅速打造新媒体平台，但是在技术方面原创性工作较少，在数据采集、应用开发等方面多依赖于与互联网企业之间的合作。但是在当下传媒市场中，除了大量作为个体的社交平台自媒体外，互联网企业也在以开发新闻软件、打造资讯平台等方式介入新闻生产这一环节。这些企业多拥有专业的计算机科学研究和开发部门，在大数据技术的研发和应用上处于领先地位且在大数据技术领域拥有多项专利成果。这些使互联网企业在运用大数据技术从事新闻生产的领域时具有固有和先发优势，从而成为打破专业媒体内容生产垄断地位的重要推动力量。

由技术更新引致的新媒体勃兴成为媒体市场一支革命性的力量，它不仅打破了传统媒体的市场垄断，改变了原有的市场格局，也改变了原来媒体市场的产业边界。根据产业组织理论，信息产业边界可分为技术边界、业务边界和市场边界三个层次[1]（见表1-1）。

---

① 许道友：《信息通讯产业融合下的产业边界和市场结构分析——以电信、广播电视、出版三大产业融合为案例》，《科技和产业》2007年第9期。

表1-1　产业边界分类

分　类	依　据	指　标
业务边界	产品或服务的功能特性、满足消费者的需求不同	产品服务替代性
技术边界	生产销售产品的技术手段、运作方式、网络平台不同	技术平台专用性
市场边界	市场需求、竞争关系和范围不同	市场范围和结构

　　在互联网产生之前，传媒业有其清晰的边界，报刊、广播电视都有其独立的技术边界。这种独立的边界表现在：从信息传输的载体或终端来说，各传媒产业所赖以形成的终端技术是独立的，"用户只能用专用的终端设备来接受相应的信息"[①]。报纸以纸张为载体，广播以音频设备为载体，电视以广播发射设备和电视接收终端为载体。从信息传输的网络上来说，报刊借助于实体的发行网络进行传播，广播借助于无线频率通过模拟信号进行传输，电视亦然。从信息传输的符号来说，报纸主要以文字和图片为传播符号，广播以声音进行传播，电视以文字、声音和图像多种符号进行传播。这些不同形成了基于不同终端、网络的业务形态和产业边界。

　　因此，"终端"不仅决定了内容的传播方式，也在一定程度上影响了内容的呈现方式。不同的信息内容"只能在特定分配网络和终端机间传送，并形成各自不同的信息产品"[②]。不同媒体之间在信息传输方式上存在着不同的标准，"尽管电视台和无线广播电台的广播讯号、语音讯号、照片和文字都可以转化成模拟电子讯号，但由于输入与输出终端机缺乏智能，各个特定载体的信息无法互相进行转换"[③]。然而，数字媒体改变了这一状况。自哈佛大学的阿奈特奥尼·欧丁格（Anltaony Oettinger）将文字、音乐、文件、图像等信息转换为数字后，所有上述内容都可以通过同一终端机和网络进行传输以及呈现，实现了

---

　　①　陶喜红、王灿发：《产业融合对传媒产业边界的影响》，《新闻界》2010年第1期。
　　②　郭鸿雁：《产业边界漂移：信息产业合作竞争中的产业融合》，《改革与战略》2008年第5期。
　　③　许道友：《信息通讯产业融合下的产业边界和市场结构分析——以电信、广播电视、出版三大产业融合为案例》，《科技和产业》2007年第9期。

"数字化"的传输，这便形成了媒体"融合"的技术基础。

近30年来，人类社会发展史一再证明了移动通信技术与媒体技术之间的关联性，而传媒产品也随着两者之间的深度结合、不断发展而呈现出迭代式发展：在3G背景下，微博和微信等社交媒体平台崛起，改变了传统专业媒体时代传媒产品以报刊、电视节目为主的局面；4G时代下，视频网站异军突起，视频传播开始广泛为社会所接受。而在5G技术背景下，移动通信技术的高效性和稳定性进一步提升，能够为视频传播提供更便捷、更稳定的环境，同时5G技术也将使传播形态再次迎来变革，打通虚拟现实在新闻报道中常态化应用的"最后一公里"。

由此可见，通信技术和新媒体技术的进步在使新闻生产流程得到一定优化的同时也会模糊传媒产品的边界，进而导致传媒格局发生显著变化。产业边界的模糊首先表现为"技术边界"的模糊，技术边界的模糊促成了"业务边界"的模糊，并最终导致了产业边界的模糊。

三、融合与扩张：新旧传媒的发展路径

从上文分析可知，产业融合是传媒的发展趋势，而这种融合由于是在模糊或打破产业边界的情况下进行的，必将加剧原来不同产业之间的竞争，而这种竞争的结果将是市场边界与企业边界的扩大，产业市场的扩张与企业的跨界经营。

（一）网络技术与媒体市场的扩张

媒体技术发展对产业边界的突破使得新旧媒体之间的扩张不仅是原有的产业或经营边界之内的扩张，而且是产业之间的扩张，这种扩张也就是我们所谓的"媒体融合"。"媒体融合"是以产业间融合为核心的融合，包括广电、出版、网络等媒体形式。欧洲委员会"绿皮书"将产业融合定义为"产业联盟和合并、技术网络平台和市场等三个角度的融合"。媒体生产方式的转变、传播营

销环境的革命以及新旧媒体市场格局的交替等一系列变革，都是在技术环境的变迁与创新的过程中慢慢发生的。生产效率、市场需求以及组织绩效的要求，在技术升级的条件下朝着媒体融合的方向发展。这意味着，随着媒体规模扩张冲动的诱导、媒体边界的模糊与整合以及技术环境的更新，媒体融合与扩张的趋势将日益广泛和深化。

媒体的融合与扩张可以从以下两个方面来看。

（1）互联网技术以革新的方式创造了一个以数字信息传输及连接为基础的"虚拟市场"，这一"虚拟市场"构成了与传统"实体市场"相对存在的"平行市场"。① 网络意义上的"虚拟市场"与传统的"实体市场"之间具有两种关系：一是"替代"关系，二是"互补"关系。其"替代性"表现在，在报纸上传播的内容都可以在网络上获取，网络媒体内容完全可以替代和满足读者对报纸内容的需要。其"互补性"表现在，虽然网络媒体对报纸内容具有替代性，但其并没有完全"取代"传统媒体市场，在某种程度上它具有"互补性"，满足了那些不使用报纸获取内容的读者的需要。所以，从报业的角度看，同时发布纸质版和网络版是并行不悖的。

另一方面，"虚拟市场"具有强大的吸纳能力，从长期来看，虽然"虚拟市场"不能完全取代"实体市场"，但却形成了"实体市场"向"虚拟市场"不断转移的趋势。由不断的创新所推动的虚拟市场自身具有强大的扩张动力，而新旧媒体之间的替代、互补进一步推动了产业以及企业的市场扩张与融合。

（2）网络新媒体技术对生产效率的提高与需求市场的放大推动了网络媒体的融合发展。

从技术与经济的视角来看，技术对传媒生产、传播与营销的影响表明，技术本身的发展是进一步推动规模经济和范围经济发展的重要动力。生产、复制技术提供了"规模生产"和"社会化生产"的能力，这种生产能力极大地提高了信息或内容产品的"供给"；而"网络技术"突破了时空限制，形成了全球

---

① 这里"平行"意为两者同时存在，但并不意味着两者是无关的。

性虚拟市场，从而放大了传媒内容的"需求"市场。这种网络时代"生产"与"供给"能力的增强，以及"需求"的放大必将导致产业的扩张。

技术对传媒业以及作为经营主体的传媒企业的融合与扩张的影响表现在两个方面：一是在微观上推动了传媒业内部的融合与扩张；二是在宏观上推动了传媒业与其他相关产业之间的扩张与产业融合，由此产生了"无边界企业"现象。

因此，从经济学的意义上说，"在产品具有网络外部性特征且上下游均为双寡头的市场结构中，上游厂商具有很强的纵向兼并下游厂商动机，纵向兼并后的企业使得产品质量大幅度提高，产品价格却降低。纵向兼并不仅提高了消费者和厂商的福利，而且提高了社会总福利"[①]。比如，在互联网领域，谷歌作为一个搜索引擎公司，不仅进入了 ROM 领域，也进入了移动终端、社交媒体等领域，对硬件、移动终端、可穿戴设备、操作系统、搜索、应用甚至内容生产等进行"垂直整合"。因此，谷歌实际上是通过"无边界扩张"打造了一个完整的生态系统，并通过内部化的方式建立了完整的价值链。

（二）市场博弈下的新旧媒体融合

技术如何推动了传媒的融合或传媒产业形态的融合？我们可以从以下几个方面来看。

（1）新媒体技术具有旧媒体所不具有的生产效率，并极大降低了新媒体企业的经营成本。在此情况下，旧媒体具有通过更新或升级新媒体技术设备的方式来提高生产率并降低运营成本的需要。而对于新媒体来说，由于报纸等传统媒体的"内容"与其载体和"渠道"的绑定效应，新媒体必定要通过新的渠道和平台来传输"内容"，尤其是在新媒体发展之初，在没有找到适应新媒体形式的"内容"之前，必须与作为内容提供者的旧媒体建立"供需"关系，这也决定了新旧媒体之间的融合。

[①] 孙武军、程贵孙、陈宏民：《网络外部性与企业纵向兼并分析》，《中国管理科学》2005 年第 6 期。

（2）如果说第一阶段是旧媒体对新媒体技术的适应和新媒体对旧媒体"内容"的移植的话，第二阶段就表现为新旧媒体之间相互的市场进入。对于新媒体来说，"内容"生产并非新媒体的优势，同时，在新闻资讯提供方面，新媒体面临着严格的政策壁垒，在短期内很难进入"内容"提供商的行列，只有采用与报纸、广电等传统媒体合作的方式。而对于旧媒体来说，由于对新媒体经营的不熟悉，在新媒体迅速发展的巨大压力下，旧媒体往往会采用两种策略：一种是上述所说的"市场进入"，另外一种则是"市场关闭"。所谓"市场进入"就是进入对方的市场，而"市场关闭"则是向对方关闭自己的市场。市场进入的方式有几种：一是自办新媒体；二是收购新媒体或采取参股、控股的方式；三是建立战略联盟或合作关系。而"市场关闭"在媒介发展史上也屡见不鲜，往往是旧媒体对新媒体威胁的最初和直接反应。比如，报业"联盟"封锁对新媒体的"内容供给"等。而这种行为往往会迫使新媒体更快地进入"内容供应"市场以求不受"卖方市场"的威胁，而其结果则是传媒组织的"纵向扩张"与融合。

（王学成）

第二章　新媒体平台危机与平台融合

随着各种新媒体平台的兴起，"平台之争"成为传统媒体新媒体市场竞争的主战场，建立平台型媒体成为业界近年来探索的重点，亦有学者认为平台化是传统媒体转型的唯一出路。本书认为，互联网平台融合是对新旧媒体平台运营模式的包容并蓄，是开放与封闭、单一与多元的统一，传统媒体早期封闭的新媒体运营方式固然存在着路径依赖和模式单一的问题，但平台化同样不应该仅仅是开放的、无所不包的平台模式。对此，本章将基于新媒体平台融合的路径及传统媒体融合实践进行探讨，并提出报纸新媒体平台运营的策略。

第一节　新媒体平台的定义与类型

一、什么是新媒体平台？

（一）平台的概念

从计算机技术的角度看，平台的概念包含三个方面："第一种是基于快速开发目的技术平台；第二种是基于业务逻辑复用的业务平台；第三种平台是基于系统自维护、自扩展的应用平台。技术平台和业务平台都是软件开发人员使用的平台，而应用平台则是应用软件用户使用的平台。"[1]

---

[1]　汪伟：《招标虽易，实施不易，且行且珍惜（3）——"信息系统"三要素》，《CAD/CAM 与制造业信息化》2014 年第 7 期。

在本书中，新媒体平台主要是指以互联网为基础，包括新闻资讯、人际交流等信息在内的内容平台，也包括其他平台，如交友平台、游戏平台、交易平台等。从传播学的角度看，平台具有"聚合性"，包括对内容的聚合以及对用户的聚合。从经济学的意义上说，平台也就是市场，是信息、产品展示与交易的场所，是信息供求方汇聚的空间。

（二）平台融合的定义

媒体融合包括载体融合、内容融合等方面。"媒体和媒介是有区别的：媒介是信息传播所需要的载体、介质或通道。媒体是媒介+内容体系的组合，拥有后端内容架构、生产流程、编读互动等系统支撑。"学界和业界探讨的一般都是载体融合和内容融合，很少有人探讨平台融合。如果说，媒体融合在最原始的意义上是指新旧媒体之间终端和载体功能的"汇聚"，那么，"平台融合"则是系统、应用软件意义上的功能汇聚，以及与之相应的内容表达形态的汇聚。比如，论坛、博客、微博、微信都是一种新的媒介形态，又是一种传播平台，每种新媒体形态在软件功能以及功能约束下的内容表达等方面对旧的平台功能都有继承，这种新旧媒体平台功能的继承与聚合称为"平台融合"。

二、平台融合的类型

从内容平台的业务类型看，内容平台主要有三种：一种是自己不生产内容，但却以技术的方式搭建公共信息与资讯的聚合平台。如国内的"今日头条"和早期门户网站都是这种发展模式。第二种是只提供自产内容的平台，这种平台类似于传统意义上的"渠道"。报纸的新媒体平台在初期经营阶段基本上都属于这种模式。第三种是"混合模式"，即以"开放性"的方式集成了 PGC（Professionally-generated Content，专业生产内容）和 UGC（User-generated Content，用户生产内容）的平台，如国内上海报业集团的"界面"新媒体项目、国外的《赫芬顿邮报》等。

从平台的运营模式看，平台主要有"开放性"平台和"封闭性"平台两种。平台开放包含两个层面：一是内容平台的开放；二是系统平台的开放。内容平台的开放是指每个人都可以进入到这个平台从事内容的生产与提供；系统的开放是指每个人都可以进入到系统平台的建构和应用开发之中。"平台性媒体通过打造一个良性的开放式平台去重新构建传播生态，其特征是去中心化和开放连接"①，只有内容或系统开放的新媒体平台才能说是"平台化"运营，而封闭性平台则是以"内容"为本位的，主要起到了内容展示与传播功能，也就是传统媒体意义上的"渠道"。

开放性平台具有以下几个方面的优点。

（1）它可以聚合内容和人才资源，通过引入外部资源，以低成本的方式集成 PGC 和 UGC，丰富内容产品的形态。

（2）它能通过内容资源的多样化聚合吸引更多的用户和流量，扩大平台的影响力。

（3）它能通过对内容和用户的聚合生产出网络时代最重要的资产——用户数据。同时，通过"内容资源"和"用户资源"的聚合实现"资源积聚、产品集中、交易集成"，使各种资源生成多重价值，这些资源价值的产生并不仅仅是通过传统的直接、单一的售卖模式实现，而是通过对资源的反复与交叉利用。

当然，开放性平台也有其不足之处，主要表现在以下几个方面。

（1）难以掌控内容的质量，对内容品质的控制要付出较大的审核与管理成本。

（2）内容量的增加可能造成内容的芜杂，从而提高用户的选择成本。

（3）如无法保证内容品质可能会降低用户的黏性。

与开放性平台的不足相比，封闭性平台的优点在于，可以控制自己的内容与平台，更好地保障内容的质量。

---

① 喻国明、何健、叶子：《平台型媒体的生成路径与发展战略——基于 Web3.0 逻辑视角的分析与考察》，《新闻与写作》2016 年第 4 期。

第二节　新媒体平台融合的路径

与媒体融合一样，平台的发展与演变也是一个融合过程，平台融合过程也包含两个方向：聚合与分化。如果说，媒体融合在最原始的意义上是指新旧媒体之间终端和载体功能的"聚合"与"分化"，那么，"平台融合"则是系统、应用功能以及相应的内容表达形态上的聚合与分化。所谓"聚合"是指每一级的母平台都聚合了大量的"子平台"；而"分化"则是指子平台继承了母平台的生成逻辑，不管是在系统或基础性平台上，还是在次级的"母平台"上，不断有新的平台产生，这种不断生成构成了互联网的"扩展性"，也是网络平台"无边界"和"延展性"的体现。比如，论坛、博客、微博、微信都是一种新传播平台，每种新媒体平台在软件功能以及功能约束下的内容表达等方面对旧的平台都有所继承，或者是对母平台的特定功能与表达形态的"强化"。"传媒的分化可以分为很多种，既有传媒形态的分化，也有传播渠道的分化，还有盈利模式的分化。"①

因此，平台的分化和聚合是基于相对的视角：如果从向上归属的视角，我们可以说它是"聚合"，如果从向下生成的视角，我们可以说它是"分化"。从这个角度，我们可以把集成了许多子平台的母级平台称为"大超市模式"，如媒体中的门户网站和商业平台中的亚马逊、淘宝网都是此类；也可以把以独立平台或母平台中独立子平台运营的模式称为"专卖店"或"直营店"模式。子平台可以是单一的、封闭的，也可以是开放的，平台都具有内生次级子平台的能力，但是否以开放的方式容许次级传播或销售子平台的生成取决于母平台运营者的战略决策。同样，母平台和子平台的概念也是相对的，相对于母平台，子平台就是次级平台，而相对于更次级的平台，则此次级平台就是母平台。

---

① 陈国权：《分化是传媒发展的趋势——"融合论"质疑》，《新闻记者》2010 年第 3 期。

从新媒体信息内容平台演变的历史来看，门户网站—论坛—博客—微博—微信的发展过程即是一个平台融合的过程。其融合路径可以从以下几个方面来理解。

（1）在内容生产或提供主体方面，经历了从传统媒体的精英生产内容到自媒体的草根生产内容的发展过程。

（2）在内容的类型方面，经历了从"新闻信息"到"新闻娱乐信息+人际交流信息"等的变化，也就是内容从公共性向私人性、社交性"延伸"。

（3）在内容的组成元素方面，经历了从"图文结合"到"视频文字"到"短视频+短文字"等的变化，也就是内容从可读性向可视性再到娱乐性的"延伸"。

（4）从内容的传播方式来看，经历了从单向传播到讨论、交流、反馈、互动等多元传播的过程。

要说明的是，这三个方面的变化并不是一个线性和排他性的过程，而是一个聚合与分化同时进行的过程，所谓聚合即新的平台把旧平台的功能、内容和传播形式都继承并包容在其中；所谓分化是指新媒体平台并非继承和"包容"了旧媒体平台的所有功能和形态，而是强化发展了特定功能与定位的平台形式。

第三节　媒体平台融合中的挑战与探索

一、传统媒体在新闻平台竞争与融合中面临的挑战

在传统媒体时代，内容和渠道是传媒经营的两大分类，两者具有不可分离的关系。在这两者的关系中，"内容"往往具有更大的市场力量。首先，虽然没有渠道内容也无法传播，但在两者的关系中，渠道的唯一价值即在于传输内容，而且是用于专业内容的传播，同时，内容生产商也是硬件设备的唯一购买

方，因此，内容生产商拥有更大的市场力量。其次，企业在竞争中天然具有垄断倾向，内容在传媒业中的主导地位决定了在纵向一体化的追求中，内容商往往是传媒业一体化经营的主导者。

然而，在互联网时代，以内容为中心整合渠道和网络的格局发生了巨大的改变，并在事实上形成了内容商对系统、平台运营商的依附。其原因主要有以下几点。

（1）载体和硬件的购买已经不再是传统的专业内容生产商，包括所有的个人用户，在这种情况下，新媒体成为一个内容生产商无法左右的市场。传统媒体的传播方式是一种单向的、点对面的传播，媒介系统内部和外部基本上是封闭的。而网络的"聚合性"构建了一个网络化社会，每个个体或组织都可以通过互联网进行信息传递、交流与交易，这使得互联网不再像传统媒体那样仅仅是一个精英的新闻、娱乐、广告信息发布平台，而且是所有个体、组织进行的个人的、社会的、商业的或非商业的联系、沟通与交易的复杂平台。这使得媒体从传统意义上单一的、单向的、封闭性的"新闻信息发布平台"向多元的、多向的、开放的"信息交流、交易"平台转变。

（2）硬件生产商和系统、平台运营商具有先天的联系，很容易形成一体化的结构，改变了原来对传媒内容提供商的依附性，在一定程度上形成了"卖方市场"，对内容生产商具有一定的支配性。

（3）在互联网时代，网络运营的垄断地位已经形成，传统媒体由于缺乏技术优势和先发优势，很难在新媒体领域重获往日荣光。因此，传统媒体在互联网时代的竞争主要不是与新媒体技术开发及系统运营商的竞争，而是与众多网络平台的竞争。

（4）互联网的到来也伴随着新闻学教育规模的急剧扩张，传统媒体对于新闻学人才的垄断被打破，对于高质量内容的垄断也被打破，媒体之间的内容竞争愈发激烈，不得不依附平台提升竞争水平。

因此，在平台成为网络经济时代竞争的重要领域之际，传统媒体在平台占有上并未能占得先机，传统媒体在目前的平台竞争中面临着很大的挑战。主要表现为以下几个方面。

（一）网络平台的扩展性对传统媒体新媒体平台单一性的挑战

从平台内容的角度来看，以内容为核心的平台建构如果没有建构者的内容经营实力，这个平台很难发展起来，传统媒体在内容生产上的优势使其能很容易搭建起这样一个平台。然而，传统媒体的新媒体平台是一种以"内容为中心"的平台经营，与非传统媒体出身的新媒体平台模式具有很大的不同。新兴网络平台自身并不生产内容，但却通过将传统媒体内容及 UGC 纳入自身平台的方式创建内容运营平台。这种重大的经营区别决定了两者战略发展方向的不同。

新媒体平台的延展性与扩张性打破了新闻资讯的传播形式与表达形态，对传统媒体新媒体平台单一性、稳定性的产品形态形成了冲击。这种冲击表现在两个方面：一是在新闻资讯内容形态的范围内，新媒体能够不断创造出新的媒体形态以及与之相应的内容呈现方式。二是新媒体能够突破传统媒体以新闻资讯为核心的业务形态，向跨越新闻产品边界的广义信息服务产品发展，而传统媒体的新媒体平台往往固守着传统的新闻资讯生产方式。例如，与传统媒体不变的新闻资讯形态相比，门户网站先后推出了网络论坛、博客、微博等新媒体平台和内容形态，而传统媒体只能不断地追随新的媒体平台，在平台业务类型上没有突破传统新闻资讯产品的边界。

（二）网络平台的"创新性"和"变动性"对传统媒体"平台追随"和"平台依附"的挑战

从"平台"的兴衰演变来看，与传统媒体时代相比，网络产品的生命周期大大缩短，平台处于快速的兴衰变化之中，这使得新产品的开发变得尤为重要，从门户网站到论坛、博客、微博、微信等新兴媒体的发展皆是基于创新迅速创造和占领新的市场。搜索引擎通过"技术创新"在一定程度上解决了网民信息选择的困难；社交网站、QQ、微信等社交工具通过技术与理念创新，解决了网民的社会交往需要。与新媒体平台发展"创新驱动"带来的市场"变动"不居相比，传统媒体市场是一个相对稳定的市场。在从传统媒体的相对"稳定"市场向网络新媒体环境下"动态"和"不平衡"市场格局转变的过程中，以内容提供为核心的传统媒体难以适应技术的快速发展，更无法做到引领新媒体技术和平台的发展，只能被动适应新的平台的变化，并依附于新媒体平台。

以报纸的移动终端战略为例，在手机应用商店中下载应用成为各大应用平台运营商的一个重要盈利来源。报社开发的收费新闻 App 软件会以一定的比例与苹果、安卓等应用商店分成。如苹果与应用开发者的分成比例是三七开，"安卓市场的应用开发者需注册并一次性支付 25 美元申请费，之后便可销售自己的应用，并提取 70%利润。360 手机助手、百度应用市场的分成比例大体为五五开"①。这些利润分成抽取了报社收入的较大比例，但报社新闻客户端对这些移动平台运营商平台的依附性使其很难主导利润的分配。

（三）网络平台的开放性、低进入门槛给传统媒体新媒体平台带来的影响力危机

传统媒体时代，"渠道"是一种稀缺资源，而在互联网时代，新媒体技术开发了多样化、立体性的渠道空间，绕开了单一媒体传播渠道的垄断，在新的平台上获得了新的发展。传统媒体传播与发行所占有的渠道价值不再具有稀缺性，并构成渠道资源占有量的相对减少。而原有的渠道管理所需的成本费用不断上升，使得传统媒体对渠道资源的占有从分化转为集中配置，而一些附加值较低的渠道资源则不得不放弃。如果说传统媒体渠道面临新媒体平台的巨大冲击，那么，在平台竞争领域，传统媒体的新媒体经营再次面临巨大压力。这种压力主要表现为网络的开放性、低门槛使得平台的创建层出不穷，数量众多的"平台"使得传统媒体的新媒体平台的影响力竞争变得非常激烈，很难形成新的具有品牌影响力的内容平台。

---

① 梁智勇、郭紫薇：《中国新闻类 App 的市场竞争格局及其盈利模式探讨》，《新闻大学》2015 年第 1 期。

（四）网络平台的商业性、娱乐性给传统媒体的新媒体平台带来内容选择危机

传统媒体时代，媒体只需要关注每天发生了什么重要事件并向受众传播，选题严格遵循新闻价值标准，较少关注内容的娱乐属性与盈利性。而在互联网时代，随着媒体面临的竞争压力不断增加，传统媒体的新媒体平台不得不考虑迎合平台用户趣味，改变内容选择标准，追求娱乐效果，争取更大流量。例如，在《四川日报》《乐山日报》等媒体的抖音号上，不仅仅会发布民生新闻、社会新闻等传统内容，还会发布美食制作、"打卡网红景点"、广告等内容，这说明在巨大的竞争压力下，传统媒体的新媒体平台不得不依附于网络平台并随之进行调整与改变。

二、传统媒体在平台竞争与融合中的实践探索

从经营战略的角度来看，传统媒体的新媒体平台的根本意义有三：一是保护内容；二是竞争用户；三是形成和提升品牌影响。以报业为例，由于报业的危机在根本上表现为"平台危机"，所以为解决内容危机，报业的第一反应就是新媒体的占有与适应，随着媒体融合的深化，又探索了终端开发、新媒体孵化等新媒体经营战略。

（一）新媒体平台的创建与适应

新媒体的生产与传播优势导致传统媒体的受众向互联网平台的迅速转移，形成了一个与传统媒体市场并行的网络市场。面对这种受众的转移，传统媒体不得不通过创办新媒体平台的方式将传统媒体的内容向新媒体平台上转移。如在门户网站时代，报纸也创办自己的新闻资讯门户网站。随着论坛的兴起，报纸也纷纷创办了网络论坛。在微博、微信兴起之后，许多报纸都建立了微博发布平台和微信公众号。伴随着移动互联网的发展，App 新闻客户端又成为传统

媒体竞争的新平台。而随着抖音、快手等短视频平台的爆火，掀起了一股媒体入驻短视频平台的狂潮。

传统媒体的新媒体平台在创建过程中存在的主要问题可以归纳为：一是缺乏平台思维，平台经营模式过于单一，不符合网络融合的开放逻辑；二是重视内容品质，但忽视了平台的"用户体验"；三是传统气息过浓，与网络平台的格调存在反差。这三个问题产生的原因与传统媒体的内容优势和技术劣势具有直接的联系。

首先，从平台内容的角度来看，以内容为核心的平台如果没有内容经营实力，这个平台很难发展起来，传统媒体在内容生产上的优势使其很容易搭建起这样一个平台。然而，新兴的新媒体平台自身并不生产内容，但却通过将传统媒体内容及 UGC 纳入自身平台的方式创建内容运营平台。这种巨大的经营区别决定了两者战略发展方向的不同。因此，传统媒体以内容为中心的封闭式、自产式平台经营模式源于传统媒体内容经营优势所带来的经营思路上的"路径依赖"。

其次，从技术的视角来看，新媒体以其技术创新不仅突破了传统媒体的市场垄断，而且以其技术优势形成了新的垄断性市场。门户网站通过借用传统媒体的内容，已经成为以"内容"和"资讯"服务为主的网络媒体中的"强者"，形成了新浪、搜狐等几个垄断性的门户网站，并培养了习惯于免费获取内容的网民通过几大门户网站获取新闻资讯的习惯。而在最新的 App 市场大战中，报纸的新闻客户端依然处于劣势。这种劣势再加上大公司和组织所具有的创新和适应慢的特点，造成了报业在平台竞争中的困境。

（二）阅读终端和系统开发

在对内容危机的探讨中，本书曾经指出，传统媒体内容危机的主要原因是"渠道"和"平台"失控引发的危机，面对"渠道"与"平台"失控，通过开发新传播终端的方式实现对内容的掌控便成为传统媒体突破困境的一个路径选择。

以报业为例，如果说"平台追随"主要表现为报业对新媒体平台的被动适应，那么，"终端开发"在一定程度上可以说是报业的"主动战略"。报纸阅读终端开发的目的是通过载体与终端开发重新获得对"内容"的控制权，防止内容的流失与转移。载体、终端开发的尝试经历了从"硬件"意义上的终端到应用软件意义上的客户端的发展过程。在硬件意义上的终端开发方面，解放日报报业集团曾经开发过报纸阅读终端，北青报报业集团也开发过"北青Pad"，并为北青Pad开发了专属的应用系统。

从应用软件的角度看，随着苹果、安卓应用商店的兴起，报业放弃了对载体或硬件意义上的"终端"的开发，转向对软件技术意义上的"新闻客户端"的开发。如上海报业集团开发的澎湃、界面、上海观察等新媒体平台项目。

对于报纸来说，电子阅读器的优点在于可以实现收费阅读，"建立自己掌控的传播渠道，进行垄断式的经营"等①。然而，报纸在电子阅读终端和系统开发上的探索基本上以失败告终。其原因有以下几个方面。

（1）终端和系统开发成本很高，报纸阅读终端如果对用户免费会有很大的成本压力，而收费的话则会因用户成本的提高导致其购买意愿的降低。

（2）在移动终端智能化和功能"融合化"的趋势下，报纸的阅读终端与手机、平板等移动终端存在着"兼容"的问题，无法替代其他移动终端，当人们可以通过手机、平板等智能终端浏览报纸内容时，没有理由再多使用一个专门的报纸阅读终端。并且，从用户体验的角度说，即使不考虑成本和兼容因素，用户也比较难以接受在手机等移动终端之外再携带一个报纸阅读终端。

（3）互联网的创新逻辑决定了载体、终端技术总是在不断的变化与更新中，这也就意味着，即使报纸开发出了具有兼容性、综合性的智能阅读终端，也无法在"终端技术"的竞争中占据较高的市场地位。按照大众网总编辑潘子江的看法，"电子阅报器只是一个过渡产品，现在，手机的屏幕在扩大，笔记本电脑的屏幕在缩小，这使得电子阅报器这种载体的生存空间很小。而且，它还有两

---

① 赵金：《新媒体与传统媒体的融合与发展——专访大众网总编辑、总经理潘子江》，《青年记者》2009年第31期。

个先天不足的缺陷，一个是成本太高，一个是传输不方便，这使它的发展受到很大局限"①。

（4）报纸的阅读终端在一定程度上是想复制 Kindle 在电子书阅读领域里的成功模式，但 Kindle 电子书与报纸不同的地方在于，电子书具有较强的保存价值，且其版权保护优于新闻产品，因此，它能够建立通过直接售卖获取收益的盈利模式。与之相对，新闻资讯具有很强的时效性，往往是一次性阅读，在互联网免费阅读的文化中很难建立起有效的直接收费模式。

（5）随着用户选择的增加，报纸阅读终端想要取代手机等移动端在新闻获取中的地位或者从中分一杯羹，必须拥有自身的核心竞争力并且在性价比方面与移动端相似或超越移动端，否则用户很难仅仅因为对于报纸的忠诚度而"莽撞"地接受报纸阅读终端。就目前而言，报纸阅读终端的开发程度显然无法满足以上条件。

（三）新媒体孵化

面对平台困境，传统媒体的实践者在长期的探索中得出结论，目前的探索之所以不成功是因为缺乏互联网思维，没有以新媒体的逻辑运营传统媒体的新媒体项目。由此，一些传统媒体开始以新的方式来运营新媒体。以浙江日报报业集团为例：2014 年，浙江日报报业集团举办了创新孵化大赛，试图以创新竞赛带动新媒体的创新与融合。通过路演、决赛及综合评定，最终将 17 个项目列为首批孵化、扶持对象。经过半年的发展，"17 个首期创新孵化项目从 19 万的用户基数（很多甚至是零起点），发展到 220 多万的用户总数，平均用户增长达到 350%，其中用户增长率最高的项目超过了 2 400%"②。

浙江日报报业集团新媒体孵化实践取得成功后，我国新媒体孵化事业开启了新的篇章。2015 年 12 月 18 日，招商启航、暨南大学新媒体研究所、蛇口电

---

① 赵金：《新媒体与传统媒体的融合与发展——专访大众网总编辑、总经理潘子江》，《青年记者》2009 年第 31 期。

② 张德君、周艳梅：《永远在路上——浙报集团内部创新孵化实践与心得》，http://www.mediadreamworks.net/index.php?m=content&c=index&f=show&catid=48&l=1&id=1135。

视台联合打造的新媒体专业孵化平台在深圳蛇口建立，这是国内第一个新媒体孵化器。新媒体孵化是传统媒体应用新媒体的经营逻辑来开发、创办新媒体的一次重要尝试，上海报业集团在合并之后也同样提出要用互联网的思维去创办新媒体，并强调将政府补助与市场资本分开，用市场的方式去运作新媒体项目。新媒体孵化的问题主要在于：一是如何实现新媒体项目与报社或报业集团主营业务的关联性？二是如何将所孵化新媒体项目的市场及用户资源与报社自身的资源进行整合，使之成为报社或报业集团自身的资源建设的一部分，在整体上扩大报社的资源和市场实力？三是如何建立真正的激励机制？如在报社内部新媒体项目的孵化上，如何实现股权、收益等方面的激励，以真正激发创业者的积极性等。

（王学成）

第三章　融合逻辑与传统媒体转型

第一节　媒体融合的基本路径

一、媒体融合的定义与分类

"媒体融合"包括媒介形态、媒介功能、传播手段、资本所有权、组织结构等要素的融合。"它既指各种融合的结果，也涵盖各方融合的过程。"[①] 技术融合是其他层面融合的基础，而产品、组织、市场等层面的融合则是技术融合在组织、制度与市场上的反映。从媒介史的角度来说，在以数字化、网络化、移动化、智能化为特征的今天，媒体融合不再是简单的更迭交替，而是囊括过去所有交流媒介的特性，并将其重新整合为新的复合媒介的过程。因此，"聚合"与"分化"是媒体融合的本质特征，贯穿于媒体融合过程的始终。

本书认为，媒体技术的发展与变革是媒介变革的直接动力，因此，媒体融合首先是一个技术层面的概念。它包括三个方面：一是载体与终端融合；二是系统与功能融合；三是渠道与平台融合。而业务融合、组织融合等是载体、渠道、终端与平台融合在组织、制度与市场上发挥作用的结果。由于技术层面的融合是媒体融合的基础，因此，本书拟从技术层面的融合概念分析出发，探讨媒体融合的逻辑，系统分析技术融合是如何影响、催生其他层面的融合，并从

---

① 徐沁：《媒介融合：新闻传播业的新趋势》，《东南传播》2008 年第 6 期。

融合的内在逻辑视角检讨我国媒体融合转型的实践。

从逻辑上说，媒体融合首先表现为载体、终端融合。载体和终端融合包含两个层面，第一个层面是硬件层面，第二个层面是系统软件和应用软件层面。系统软件是指控制和协调计算机及外部设备，支持应用软件开发和运行的系统，是无须用户干预的各种程序的集合，主要功能是调度、监控和维护计算机系统，负责管理计算机系统中各种独立的硬件，使得它们可以协调工作。应用软件是用户可以使用的各种程序设计语言，以及用各种程序设计语言编制的应用程序的集合，分为应用软件包和用户程序。应用软件包是利用计算机解决某类问题而设计的程序的集合，供多用户使用。在此，硬件是媒体运行的物理基础，而软件是硬件得以运行的规则与指令系统。比如微软操作系统及手机的苹果、安卓操作系统等。智能手机、掌上电脑等移动端电子媒介的普及，不仅仅改变了纸媒时代人们的媒介使用方式，而且打破了台式计算机时代的时空限制，给予了信息载体与信息终端更多可能性，迫使传统媒体借助"两微一端"等智能应用，不断朝着便捷化、即时化与可视化的方向发展。

二、媒体融合的方向与路径

从媒体融合的"内容或内涵"可以看出，不管是载体还是业务层面，媒体融合都主要包括两个方向："聚合"和"分化"。

"聚合"是通过对旧媒体传播功能与特点的继承与创新形成新媒体形态。"分化"就是从旧媒体中产生新的载体、终端和传播形态等。聚合的主要特点是"集成"。"分化"的主要特点是对旧媒体功能与特点的"强化或差异化"。而"聚合"与"分化"又分别体现在多个层面：载体与终端、内容表达、平台、市场以及盈利模式等的聚合与分化。

媒体融合所表现出来的"聚合与分化"可以概括如下。

（1）从"聚合"的角度看，媒体融合在技术与终端层面上是一种"技术集成"以及与之相应的"功能集成"，是新媒体汇聚了旧媒体的功能与特点。从

"分化"的角度看，是新媒体创新或强化了旧媒体的某些功能与特点。因此，如果说"聚合"强调的是新媒体对旧媒体功能的"兼收并蓄"，那么，"分化"则是对旧媒体特定功能的"强化"、发展或完善。

（2）技术集成的前提是各种媒体技术的独立发展，也就是媒体技术的"分化"。从融合历史的角度看，"分化"可以被描述为"一系列不同类型的技术在现代纷纷出现，以便执行非常相似的任务集"，各媒体技术的"分化"发展虽然不具有目的论意义上的"聚合"指向，但不同的媒体"分化"发展到一定阶段就使得"聚合"成为必要和可能。如电视之于广播，互联网之于广播电视。

（3）媒体的"聚合"与"分化"是一个相对的概念。站在新媒体的视角看旧媒体，融合是一个新媒体"聚合和汇聚"旧媒体的过程；站在旧媒体的角度看新媒体，融合也可以说是一个从旧媒体"分化"出新媒体的过程。

（4）媒体的聚合与分化不是一个线性过程，并不遵循"分化—聚合"的线性时间和逻辑顺序，而是一个可以同时进行或者说并行不悖的过程（见图3-1）。

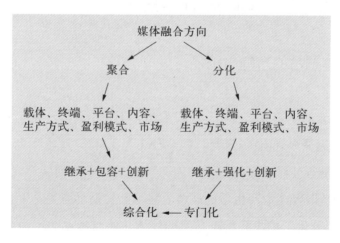

图3-1　媒体融合方向

（5）从经营的角度看，"聚合"可以说是一种综合化、集成化、平台化的发展方向，通过功能的"汇聚"满足大众化、多元化的需求；"分化"则可以说是一种专业化、细分化的发展方向。在分化中，"新的媒介属性被强化，或某一媒介的独特优势获得高度发展"，以满足个性化、差异化的需求。

媒体的聚合与分化主要包括以下几个方面。

（1）载体、终端的聚合与分化。从载体与终端的"聚合"来看，电视是对广播媒体的"聚合"，电脑是对广播、电视的聚合，而手机终端从通讯功能向智能终端的发展则可以说是媒体功能"聚合"的过程。从"分化"的角度看，从台式机到笔记本电脑再到平板电脑等移动智能终端的发展可以说是终端和载体分化的过程。

（2）内容表达形态的聚合与分化。从媒体内容、传播形态等角度看，新媒体会继承旧媒体的功能和内容形态。比如，电视"汇聚"了广播的声音传播形式，电脑"汇聚"了报纸和广播电视文字、声音、图像、视频的表达形式。而从分化的角度看，电子报纸可被视为纸质报纸内容表达形态的分化，网络电台则可被视为广播和互联网内容表达形态的分化。

（3）平台的聚合与分化。与传统媒体不同的是，互联网不仅是一个渠道，也是一个平台。以互联网为基础的新媒体平台的发展是一个不断分化、衍生出新的子平台的过程。从"聚合"的角度看，整个互联网是一个汇聚了无数大大小小的应用平台的一级平台或母平台；从"分化"的角度看，所有以互联网为基础的平台都是从母平台或一级平台"分化"出来的"次级到 N 级子平台"。平台的"分化"使得平台的扩展与延伸成为可能。

（4）生产方式的聚合与分化。传统媒体的生产方式是一种专业化、机构化的生产方式，互联网的兴起使得草根化、社会化生产成为可能。从聚合的角度看，新媒体融合是专业生产与社会化生产的结合。从分化角度看，不同的新媒体又可以定位于不同的内容生产方式，如社交网站起初主要是"用户生产内容"为主的交流平台。

（5）盈利模式的聚合与分化。媒体平台、生产方式的差异直接影响或决定了媒体产品形态、盈利模式的不同，而不同的产品形态与盈利模式又会形成相应的市场。因此，从"聚合"的角度看，互联网不仅分别继承了报纸、广播、电视的盈利模式，也创造了包括以"分享"为特征的新盈利模式；从"分化"的角度看，不同的媒体和平台仍然可以采取适合其产品及经营理念的盈利模式。因此，"传媒的分化可以分为很多种，既有传媒形态的分化，也有传播渠道的分化，还有盈利模式的分化"。①

（6）市场的聚合与分化。媒体融合不仅是技术、内容、传播形态的融合，也是产业和市场的融合。比如，手机电视就是大众媒体、电脑和电信技术几种不同市场融合的结果。从"分化"的角度看，定位于或开发出特定市场的新媒体产品会形成分化性市场。

第二节　媒体融合的内在逻辑

从上述的分析可以看出，"聚合"与"分化"带有三个层面的意义或逻辑：继承、创新、包容，而开放又构成了继承与创新的基础与前提。

一、新媒体对旧媒体功能与特点的"继承"

"继承"即新媒体将旧媒体的产品形态、内容呈现方式以及市场、盈利模式都延续下来。当旧媒体的所有功能都被"继承"在新媒体中时，可以称之为"媒体聚合"。当旧媒体的部分功能被"继承"在新媒体中时，或者当旧媒体中的某些功能被特别强化时，可以称之为"媒体分化"。因此，正如 DNA 复制一样，无论是"分化"还是"聚合"都有对旧媒体功能与特点的"继承、复制与延续"。

媒体融合过程中新媒体对旧媒体的"继承"逻辑决定了新媒体产品必定对传统媒体的产品具有一定程度的替代性，这种替代首先是产品功能的替代，其次是产品的替代，然后是市场的替代，其结果就是旧媒体市场向新媒体市场的转移，这种"替代"与转移构成了对原来产品、市场、用户资源的威胁。

二、新媒体相对于旧媒体功能的"创新"

媒体融合并不仅是对旧媒体功能、形态等的简单汇聚，而且是以继承与包

---

① 陈国权：《分化是传媒发展的趋势——"融合论"置疑》，《新闻记者》2010 年第 3 期。

容为基础的创新与发展，这种创新同样表现在媒体融合中的"聚合"与"分化"上。如果说"聚合"强调的是新媒体对旧媒体功能的"兼收并蓄"，并对旧媒体有所创新，那么，"分化"则是对旧媒体特定功能的强化，或者对旧媒体所不具备的功能与特点的创新。比如，从广播电视到互联网的融合过程可以说是一种"聚合性创新"。在移动终端领域，手机从通话设备向智能移动终端的发展过程也是如此。而从分化的角度看，笔记本电脑是对 PC 机的"分化"，这种分化中体现了在移动性功能上的创新；以 iPad 为代表的平板电脑相对于笔记本电脑是分化，它同样创新性地发展了笔记本的便携性功能。因此，"聚合"形成了"以继承、包容或集成为基础的创新"；"分化"则形成了"以继承、强化或优化为基础的创新"。

三、新媒体对旧媒体功能与特点的"包容"

新媒体的发展既继承了旧媒体的功能、特点，又具有一定程度上的创新，这种对新旧媒体的"继承"与"创新"的聚合本身就体现了融合中的"包容性"，即对新旧媒体不同功能、特点、传播方式的兼收并蓄，它使得旧媒体成为新媒体的"内容"。正如麦克卢汉所说："任何媒介的'内容'都是另一种媒介。文字的内容是言语，正如文字是印刷的内容，印刷又是电报的内容一样。"① 此外，需要注意的是，不管是在媒体融合还是在应用软件的更新层面，都存在着新系统对旧系统的"向下兼容"。新版的应用软件往往可以兼容旧版，但旧版往往不可以兼容新版。在媒体融合过程中，新媒体能够继承和"包容"旧媒体的特点与功能，但旧媒体却难以完全兼容新媒体。因此，媒体融合所具有的"融合、汇聚、包容"不是一个简单的汇聚，而是一种"创新性继承"或"叠加性升级"。从传统媒体或旧媒体的角度看，新媒体所具有的创新性因素与旧媒体有着很大的不同，传统媒体转型需要跳出传统的模式与经营逻辑，但从

---

① ［加］马歇尔·麦克卢汉：《理解媒介：论人的延伸》，何道宽译，译林出版社，2011，第 18 页。

新媒体的角度看，旧媒体的逻辑也被包含在新媒体之中，是新媒体逻辑的一部分。

四、新媒体在系统、内容与功能上的"开放"

如果说继承、包容与创新是媒体融合的显性逻辑的话，那么，新媒体显性逻辑的背后是推动其生长和发展的"隐性逻辑"——开放。

新媒体的"开放性"表现在几个层面：一是系统或平台架构设计层面；二是应用层面；三是内容层面；四是用户数据层面。在系统或平台架构设计层面，以互联网为基础的新媒体具有开放、分享的特性，如门户网站以开放的方式将新闻资讯、社交、游戏等纳入自身的平台之中，通过平台的开放实现了专业生产和社会化生产内容的兼收并蓄；在应用层面，新媒体平台能够通过开放引入社会化的应用软件，从而丰富用户体验；在内容层面，新媒体将 UGC 和 PGC 多元生产内容包含其中；在用户数据层面，新媒体可以通过开放用户数据创新盈利模式，以及为政府决策、企业产品生产与营销等提供支持。

"开放性"是新媒体"继承、包容与创新"旧媒体的重要基础。开放意味着建立一个系统架构，这个架构容许异质或不同类型媒体形态的进入。因此，开放是媒体融合的逻辑前提，没有开放就没有融合过程中的"包容或兼容"。

第三节　媒体融合逻辑与融合悖论

一、继承、包容逻辑与传统媒体的市场困境

从经济学的角度说，媒体融合的"继承"逻辑在市场上的表现就是对旧媒体产品形态的"替代"，这种替代性产品的出现意味着竞争的加剧，当新的"替代品"具备足够的优势时，就可以形成对旧媒体产品的"市场替代"，其结

果就是旧媒体市场向新媒体市场的迁移。当然,这种"替代"并不一定是完全的替代,只要旧媒体的功能与特点还没有被新媒体全面超越,还能够满足特定的需要,它就可能还有存在的价值。比如,电视没有完全取代广播,不仅是因为电视是一种视觉媒体,广播是诉诸听觉的媒体,也是因为电视是一种家庭媒体,广播是一种移动媒体,这是由载体形态意义上功能的不同所决定的。此外,即使新媒体对旧媒体功能、产品、传播形态有完全的替代与超越,这一市场替代与转移的过程也不是马上发生的,新旧媒体产品和用户市场将在一定时间内平行存在,直到转移和替代过程完成。

二、继承、包容、创新逻辑与传统媒体的融合困境

媒体融合的困境主要表现为新旧媒体在生产、经营等方面的冲突,这些冲突表现在以下几个方面。

一是新媒体开放性与传统媒体封闭性的冲突。互联网是一个开放、分享的平台,这种开放性也体现在新媒体平台的开放性上,与之相对,传统媒体的经营是一种内容生产商主导的专业化、机构化和排他性的经营,这就带来了新媒体与旧媒体在开放与封闭上的不同理念与经营模式。在这些相反的理念与模式下,新媒体能够继承传统媒体的经营理念与模式,但传统媒体却难以迅速理解与接受新媒体的理念与经营逻辑。这一逻辑与应用软件的发展逻辑相似,应用软件的更新总是新版本能够"兼容"旧版本,但旧版本要"兼容"新版本则往往需要一些更新的工作。

二是传统媒体专业化、机构化生产与新媒体社会化、多元化生产方式的冲突。互联网的开放性使每个人都成为生产者,而网络的互联性与协作性又使得在生产上的相互合作成为可能,由此,新媒体的生产方式与专业生产的不同之处表现为其生产方式是草根化、社会化、多元化的,而传统媒体的生产方式则是精英化、专业化的。传统媒体的这种生产方式同样也延伸到了其所经营的新媒体项目中。比如,在门户网站发展期,报纸网站与新浪、搜狐等门户网站的

差别在于，报纸没有利用融合的"聚合"逻辑，形成集合 PGC 与 UGC 的综合性平台。

三是内容经营核心与技术核心的冲突。作为内容提供商，传统媒体在经营上是从内容本位出发，将技术视为"内容"生产与传播的工具，忽视了技术不仅可以提高生产效率，而且也可以改变生产方式和传播方式，因此，对技术在提升用户体验等方面的意义重视不够。与之相对，新媒体拥有技术优势，在经营上往往通过搭建平台将多元内容纳入其中，同时，在通过应用技术提升用户体验方面更为重视，这便构成了新媒体与传统媒体在内容为中心还是平台、技术为中心上的冲突。

四是传统媒体权威性表达与新媒体多元表达的冲突。新媒体时代更加强调媒体与用户在媒体平台上的多元表达，媒体通过与用户之间的快速互动引导舆论，修正用户在媒介使用中所存在的消极态度与行为。新媒体的互动式传播与传统媒体的权威式传播形成了鲜明对比，也构成了新媒体与传统媒体在传播方式上的不同。

五是传统媒体党性纪律性与新媒体市场化报道的冲突。传统媒体尤其是党报作为党和政府的喉舌，必须严格遵守党性，强调正面宣传，对于负面新闻大多采取正面疏导的方式引导舆论。新媒体由于其个性化与多元化，在报道内容与舆论引导方面更加市场化，对于报道内容的筛选标准同传统媒体有很大的不同。相比于过去强调重要性与时新性，新媒体更加青睐于能够带来流量的话题性，从而构成了传统媒体与新媒体在内容选择方面的不同。

三、媒体融合过程中的"创新"困境

融合是一个"动态"的过程，而不是一个"静态"的过程；融合是一个不断"创新"的过程，及新媒体和新平台不断兴衰的过程。融合的动态性、创新驱动性以及新媒体的不断发展处于一个"非稳定"的状态，这就要求传统媒体具有适应和创新的能力。然而，悖论在于：传统媒体长期生存在一个稳定的传媒市场格局中，很难适应这种颠覆性的媒介变化格局，在融合转型中缺乏"创新"。比如，在新媒体经营方面，虽然在生产工具、生产流程等方面进行了技术更新，但没有摆脱传统的"路径依赖"，在经营理念、模式上没有本质改变，也就是业界后来反思的没有"以新媒体的思维办新媒体"。在新媒体平台的创建上只有"模仿"与"追随"，缺乏创新。在一个稳定的市场，快速的模仿与追随确实是一个风险小且又容易成功的方法，但在一个不断变动的市场，这种策略会使传统媒体难以在市场竞争中占据主动地位、获得市场空间。

基于上述分析，在媒介融合过程中，新媒体的继承、包容、创新与开放逻辑形成了新旧媒体之间的差异。

（1）新媒体在系统、功能上的开放性决定了新媒体可以包容旧媒体，但旧媒体并不能包容新媒体，由此形成了新媒体"开放性"与旧媒体"封闭性"的差异。这种开放性与封闭性的差异又分别体现在新旧媒体的经营理念、产品形态、产品生产方式以及产品的开发上。

① 在媒体运营上，主要表现为"平台化运营"与"渠道运营"的差异。

在互联网兴起之前，传统媒体是以"内容为中心"的，渠道是为内容服务的，其唯一价值就是承载专业传媒组织生产的新闻娱乐内容；以互联网为基础的新媒体则是以"平台和用户为中心"的，其核心在于通过搭建新媒体平台来吸纳和聚合用户以及与用户需求相关的内容生产者及其生产内容。因此，新媒体"平台化"与传统媒体"渠道"运营的差异是传统媒体以"内容为中心"与新媒体以"平台和用户为中心"不同的结果。

② 在内容产品形态上，传统媒体内容单一与新媒体内容多元的区别。

由于内容与平台的不可分性，平台的开放与封闭不仅是一种功能与理念上的差异，也直接影响和决定了新旧媒体内容产品的差异。在一个开放的新媒体平台中，内容往往是多元的；而在封闭的传统媒体里，内容往往是单一的。由此构成了新旧媒体在内容上"多元与单一"的差异。

③ 在内容生产方式上，传统媒体专业化生产与新媒体社会化生产的差异。

互联网的开放性使每个人都能够成为生产者，而网络的互联性又使得用户在生产上的相互合作成为可能，因此，新媒体以开放的平台集合了社会生产和专业生产的内容，即 UGC 与 PGC 的结合，从而形成了新媒体草根化、社会化、多元化的生产方式与传统媒体精英化、专业化、单一化的生产方式的差别。

④ 从内容产品开发上看，新媒体"跨界经营"与传统媒体"界内经营"的区别。

新媒体平台的开放性使其能够突破传统媒体的内容产品边界。如门户网站在继承传统媒体的新闻信息发布功能之后，又开发出微信、微博、游戏等不同的新媒体产品，这便形成了新媒体"跨界经营"与传统媒体"界内经营"的差别。

（2）新媒体通过"技术创新"突破了传统媒体的垄断性市场格局，形成了新媒体"技术驱动"与传统媒体"内容驱动"之间的差异。

新媒体以创新性的技术变革推动形成了一个以持续革新为基础的非稳定性市场格局。在这一过程中，新媒体公司通过技术革新搭建平台、聚合多元化的内容，并通过应用技术开发提升用户体验，由此形成了新媒体公司发展的技术优势。与之相对，传统媒体作为内容提供商在经营上主要是从内容本位出发，将技术视为"内容"生产与传播的工具，忽视了技术在改变传媒生产、传播等方面所具有的重要意义，这便构成了新旧媒体技术驱动与内容驱动上的差异。

第四节 "融合逻辑"下媒体转型的反思

迄今为止，在媒体融合上，学界有两个误区：一是过于关注传统媒体融合，对新媒体的融合关注不够；二是过于关注传统媒体如何融合，对其如何创新关注不够。本书认为，媒体融合的核心问题有两个：一是如何融合？二是在融合转型中创新如何实现？对此，本书有以下几点思考。

（1）媒体融合中的开放与包容逻辑表明，融合在方向上是新媒体继承、包容了旧媒体而不是相反。

新媒体的开放性和包容性意味着新媒体是"包络性"的，在传统媒体向新媒体平台转移的过程中，传统媒体只能依附于新媒体平台才能生存，即传统媒体只能成为其平台的使用者或内容提供者。这意味着传统媒体时代"内容主导传媒业"的格局已经消失，内容服务商不再占据主导地位，只能成为硬件生产商和平台运营商一体化战略中的"缝隙者"，或者是其构造的产业生态圈中的一个部分。比如，传统媒体对"App平台"的使用，以及对微博、微信公众号的使用等。在这种背景下，传统媒体要想突破这种困境，只有突破单纯的内容提供商定位，向综合性平台、生态圈构造方向发展，或者以资本的方式突破依附性困境。

（2）在媒体融合背景下，传统媒体的转型既不能以新媒体为主体否定旧媒体，也不能以旧媒体为基点否定新媒体，而是要超越新旧媒体对立的思维，以"继承—包容—共生"逻辑突破路径选择困境。

如上所述，新旧媒体最基本的差异在于开放与封闭、平台与渠道运营、技术驱动与内容驱动之间的悖反性逻辑。从这两种悖反性逻辑出发，报业的融合转型经历了两个阶段。

在第一个阶段，由于"路径依赖"的原因，传统媒体虽然采用了新媒体平台，但却依然用传统媒体的逻辑来经营新媒体平台。在第二个阶段，报业经过多年的探索后认为报纸新媒体转型不成功的一个重要原因是缺乏"互联网思维"。如有学者指出，"现在所有的媒介融合和媒介转型的基本逻辑都是错误的，它是在传统媒介发展逻辑的基础上，对于互联网因素的某种粗暴简单地植入，时间已经并将继续证明，这样做是没有任何效果的"①，解决的办法就是用平台化或互联网逻辑去运营新媒体。

然而，新旧媒体的逻辑真的是截然对立的吗？本书认为，站在传统媒体的角度看新媒体中"创新"的一面，两者的逻辑确实存在着很大不同，然而，如果从新媒体的角度看，两者并不对立，因为新媒体逻辑"继承和包容"了传统

---

① 喻国明：《互联网是一种"高维"媒介——兼论"平台型媒体"是未来媒介发展的主流模式》，《新闻与写作》2015年第2期。

媒体的逻辑。"包容"意味着新媒体以使旧媒体成为自身内容的方式实现了新旧媒体的"共生"，正是这种"包容与共生"成就了融合的多元性与复杂性。试想一下，如果所有的网络新媒体在新闻生产和媒体运营上都是开放性和平台化的，这本身就是违反互联网逻辑的。因此，这种"对立性思维"看到了融合中新媒体对旧媒体"创新"的一面，却忽视了融合是一个继承与创新、聚合与分化、开放与封闭并存的过程。

基于这一视角，媒体融合应该以新媒体的"包容—共生"逻辑突破新旧媒体的悖反性矛盾。传统媒体在业务的融合上，既可以坚持新闻资讯产品在传媒经营中的核心地位，也可以在产品的跨界延伸上进行拓展；在内容生产的融合上，既可以坚持传统的专业式、精英式生产，也可以容纳社会化、草根化、多元化的生产；在平台的融合中，既可以从传统的媒体经营理念出发，保持其"封闭性平台"的运作，也可以通过互联网的"聚合"与"分化"逻辑，发展出开放性、综合性的内容平台。对于不同的传媒集团来说，到底应该采用何种策略并没有一个放之四海而皆准的标准，而是要基于传媒集团自身既有的资源禀赋和竞争优势进行选择。

（3）传统媒体的融合转型不仅是一个传统媒体如何适应新媒体的问题，更是一个如何实现创新的问题。因为"适应"是一种被动性思维，而"创新"则是主动性的。如果仅仅从"适应"思维出发，传统媒体便无法摆脱"追随"与"模仿"的循环，其融合转型就难以找到真正的出路。因此，传统媒体的出路在于以"开放和创新"突破转型困境。

从创新主体的角度来说，创新包含两个层面：一是社会创新；二是媒体组织内部创新。面对媒体转型中"创新"的乏力，可以通过开放的理念与运作方式实现对"内部创新"的激励和对"社会创新"的吸纳。

一是通过开放性的市场机制形成促进媒体转型的外部压力，以市场的优胜劣汰激励媒体的内部创新；二是通过开放的经营理念吸纳社会创新。媒体创新的复杂性决定了传统媒体不可能在技术、平台和内容等层面都进行"自主创新"，而应该以"内部化"的方式将"社会创新"纳入"传统媒体组织内部"

的经营之中，通过市场、资本运作、合作、利益共享等方式与创新型公司分享收益，以此突破报社内部创新乏力的困境。

面对媒体转型过程中的融合困境，传统媒体可以在以下几个方面寻求突破。

（1）以互联网的"包容"逻辑突破路径选择的困境。传统媒体融合与转型的发展经历了两个阶段：一是在发展初期从传统的思维模式与经营路径出发，以办报的方式办新媒体，缺乏前瞻性和规划性；二是在经过多年的探索之后，业界和学界在总结传统媒体发展的时候认为，传统媒体向新媒体转型不成功的一个重要原因是缺乏"互联网思维"，提出要以互联网思维或新媒体的逻辑运营传统媒体的新媒体项目。在这种认知中，互联网思维或逻辑与传统媒体的逻辑是对立的。

然而，这种认知其实有其偏颇之处，"融合逻辑"是一种"包容"逻辑，"包容"意味着，它是对新媒体与旧媒体的兼容并蓄，这种"兼容并蓄"才构成了互联网的复杂性和多元性。基于这一视角，在新媒体产品和平台的经营中，传统媒体从传统的传统媒体经营理念出发，保持其"精英式生产"和"封闭性平台"的运作，这是强调了融合中新媒体对旧媒体"继承"的一面，却忽视了融合是一个继承与创新、聚合与分化、开放与封闭并存的过程。传统的精英化、专业化生产优势固然可以独立存在，但也应同时以开放的、社会化的、草根化的内容生产和平台经营方式与之互补，通过互联网的"聚合"与"分化"逻辑，发展出"综合性"的内容平台，这不仅是媒介融合的"包容性"逻辑和互联网生态多元性的表现，也是占据新兴市场的战略需要。

（2）以理念与文化的融合突破转型困境。媒介的融合不仅是技术和功能层面上的，技术和功能层面的融合也必然会导致产品、业务、市场等层面的融合，或者说，后者是前者的经济学或市场结果。从媒介融合的层面来看，产业市场意义上的媒体融合首先是由技术层面上的媒介融合推动的，其逻辑顺序应该是：载体融合—业务融合—组织融合—文化融合—市场融合。

在这一融合过程中，当前传统媒体的融合与转型实际上依然是浅层次的，主要表现在"技术适应""平台追随"以及新媒体业务部门的建立等，没有真正进入到理念、文化与市场层面，还是一种"显性层面"而非"隐性层面"的融合。事实上，在媒介和媒体融合的过程中，真正的困难不是技术层面上的应用，而是组织、文化与理念层面上的调整与适应。这是因为，融合的实现依赖于市场行为主体的行动，具体到传统媒体的融合转型，就是传统媒体经营管理者及采编人员如何对新媒体的逻辑进行市场反应，这种反应取决于传统媒体组织对新媒体运营理念与文化的理解与吸纳程度，没有理念与文化上的改变，真正的融合就是不可能的。在实践中，浙江日报报业集团与淘宝网合作的"淘宝天下"就面临着"文化融合"的冲突。在国外，美国在线与时代华纳合并失败的一个重要原因就是新旧媒体之间文化融合的困难。这也就意味着，传统媒体在融合转型过程中，要学会理解、接受与运用新媒体的运营逻辑。

（3）以"开放"逻辑突破"创新"困境。传统媒体的出路不仅在于技术适应与理念更新，更在于寻找与发现新媒体创新的生成逻辑，并以此逻辑来探索传统媒体的出路。

媒体融合不仅是新旧媒体之间相互取长补短的过程，也是一个新陈代谢的过程。新陈代谢具有两个方面的含义：首先，它是一个淘汰过程，不适应变化的组织和个体将在这一过程中出局。其次，这一过程需要学习与适应，所以要付出时间成本。

基于媒体融合的这一演化过程，新陈代谢本身是一种自然的淘汰和选择，它考验的是报社对新媒体环境和理念的适应能力；另一方面，主体的适应能力本身也与环境有关，相对来说，大型组织机构的适应能力和反应能力比小型组织机构慢，其原因在于：第一，大型组织机构在面临变化的环境时，其对危机的敏感度不如小型组织机构或个体强，因此，创新的动力不如小型组织机构足；第二，大型组织机构规模大，试错成本高，因此，在创新上相对保守；第三，由于大型组织机构是高度"系统化、专业化、模式化"的，这种系统化、模式化能够保证产品的"规范化、标准化、专业化"，但另一方面，也很容易形成僵化和对路径与模式的依赖。

面对报纸等传统媒体的创新困境，开放逻辑决定了报业融合应该是基于真正的竞争，并且是"外压式"的，而非仅仅是内生性的竞争。"开放"不仅是"包容"的前提，也是"创新"的基础。"开放"的最大意义在于对"创新"的激励。而互联网的一个重要特征就是对社会创新能力的发挥。因此，传统媒体的新媒体转型中，如何激励传统媒体经营者和采编人员在市场、经营、内容表达等方面进行创新便成为一个重要的问题。传统媒体的新媒体转型最重要的应该是对"内部创新"的激励和对"社会创新"的吸纳。

（4）以"创新"和"包容"逻辑突破内容困境。传统媒体转型过程中，内容转型既是基础也是核心，新内容能否留住老用户、吸引新用户，往往会成为传统媒体转型顺利与否的关键所在。

面对技术变革所带来的新旧媒体用户群体之间的差异，传统媒体转型过程中的内容困境既是必然出现的，也是必须要解决的。特别是随着未来5G技术的普及，受众开始进入"无限网络容量"的体验时代，受众的媒介选择偏好和消费习惯都将被重新塑造，旧的内容困境未能填平，新的内容困境接踵而至。面对技术过快发展所带来的多重内容困境，传统媒体必须依靠转型提升受众对自己的忠诚度。

无论是旧媒体还是新媒体，内容对于受众的吸引力一般取决于两点：内容质量与相关度。内容质量既取决于报道的事物本身的价值，也取决于采编人员的专业能力，而相关度则取决于内容针对性与受众需求度之间的契合度。因此，传统媒体在转型过程中要想最大限度地吸引目标用户，一方面要寻求议题设置与受众定位的创新，另一方面则需要从业者在传统技能的基础上熟悉更多新媒体技能，实现媒介素养的包容与创新。

（王学成）

下篇：案例分析

第四章 国内报业融合分析

第一节 国内报业融合案例分析

案例 1 上海报业集团新媒体融合战略分析

上海报业集团成立以来动作频频，然而，上海报业市场结构究竟发生了哪些变化？上海报业集团采取了哪些举措？取得了怎样的效果？上海报业集团未来的产业布局如何？这些背后又反映了怎样的报业动向？这些都是值得去探索的问题。在此，本书试图运用 SCP 模型对上海报业集团的转型战略进行分析。

SCP 模型由哈佛大学的乔·贝恩（Joe S. Bain）、谢勒（Scherer）等人提出，该模型是对波特五种竞争力模型的扩展，其基本思想是：行业的外部或内部结构与企业的经营行为以及经营绩效之间存在着因果关系，即企业所处的市场结构（structure）会影响甚至决定企业的行为（conduct），而企业行为又会进一步影响企业绩效（performance）。

作为广泛使用的经典产业组织经济学分析范式，SCP 理论主要用来分析在面临外部冲击时行业或企业可能进行的战略调整，这些外部冲击主要包括政治、经济、技术、文化变迁以及消费习惯的变化等，本书主要从技术与市场变化的角度探讨报业市场结构变局下报业组织所采取的策略性行为及其效果。

一、新媒体冲击下上海报业市场结构的变化

（一）上海报业集团成立前的上海市报纸市场状况

1. 市场规模

上海报业市场规模包括报纸的发行和经营等方面。在上海报业集团成立之前，从报纸的发行状况看，根据 2014 年上海统计年鉴，2013 年上海报纸出版总数为 101 种，每期平均印数为 605 万份，总印数为 13.16 亿份，总印张数为 58.86 亿印张。按 2013 年上海市常住人口 2 415.15 万人算，2013 年上海市千人日报拥有量约为 250 份，较 2012 年减少 30 份。从图 4－1 可以看出，自 2004 年起，上海市报业发展波动下滑，但 2013 年的下滑是最为明显也是最为突然的，是十年来表现最差的一年。

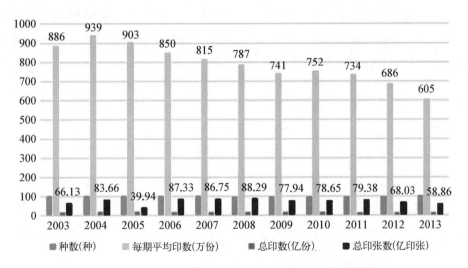

图 4－1　2003—2013 年上海市报纸出版数据统计

资料来源：上海统计年鉴。

从报纸收入的角度来看，数据显示（见图 4－2），在经历了 2007 年的一次"跳水"之后，上海报纸发行收入一直徘徊在 5 亿元左右，发行收入和广告收入波动下滑，2010 年开始下滑速度加快，报纸收入的重心转向了

主营业务收入①。根据上海市工商行政管理局发布的《2013 年度上海广告市场状况报告》，2013 年上海市报纸广告收入 16.9 亿元，同比减少 1 亿元，降幅5.5%；期刊广告收入 3.8 亿元，同比减少 0.1 亿元，降幅 2.8%；报刊类广告营业收入合计降幅为 5.1%。②

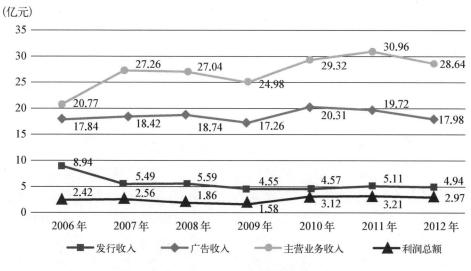

图 4－2　2006—2012 年上海报纸收入状况

资料来源：《传媒》。③

从发行状况和营业收入两个方面可以看出，上海报业市场规模正在逐步萎缩，报纸生存环境每况愈下，发行量和广告收入相互影响，形成恶性循环。对于上海报纸行业而言，寒冬已经开始，整个报纸行业陷入低谷期，并可能持续下滑。

2. 市场结构

在一个行业或市场上，竞争与垄断的不同程度形成不同的市场结构。其中，行业集中度是衡量市场结构类型的一个常用方法。

在上海报业集团成立以前，上海报业市场上主要是解放日报报业集团（以

---

① 魏武挥：《上海报业的现实与未来》，《传媒》2013 年第 12 期。
② 豆丁网：《2013 年度上海广告市场状况报告》，https://www.docin.com/p-1838623695.html。
③ 魏武挥：《上海报业的现实与未来》，《传媒》2013 年第 12 期。

下简称"解放"）、文汇新民联合报业集团（以下简称"文新"）两家独大，虽然报纸种类繁多，但除去各高校校报等并没有公开发行的报纸，真正面向广大受众、能在报刊亭里买到的并没有那么多。在综合类、行业专业类（主要为财经类）、生活服务类、读者对象类和文摘类报纸中，真正占报业市场大头的还是综合类报纸。在2013年上海市出版发行的101种报纸中，综合类报纸共有12种。其中，"解放"和"文新"至少各拥有3种。另据监测机构数据①，2013年上半年上海市综合类报纸销量排名前五的报纸中（见表4-1），除《扬子晚报》外，其余均属解放、文新两大集团，两大集团各占2家，市场份额合计达74.35%。

表4-1　2013年上半年上海综合类报纸销量排名

报纸名称	销量排名	市场份额	覆 盖 率
《新民晚报》	1	32.12%	100.00%
《新闻晨报》	2	28.74%	100.00%
《扬子晚报》	3	21.62%	97.20%
《东方早报》	4	8.73%	100.00%
《新闻晚报》	5	4.76%	99.07%

资料来源：华文报刊网。

从广告投放角度看，上海市工商行政管理局发布的《2013年度上海广告市场状况报告》显示，2013年，上海市报刊媒体的商业广告发布版面数量前10位依次是《新闻晨报》《新民晚报》《东方早报》《新闻晚报》《上海日报》《I时代报》《世界时装之苑》《上海商报》《劳动报》和《东方航空》。10家报刊媒体中，《新闻晨报》《新闻晚报》和《I时代报》3家属于"解放"，《新民晚报》《东方早报》和《上海日报》3家属于"文新"。在2012年公开发行的

---

①　华文报刊网：《2013年上半年上海综合类报纸销量排名》，http://www.chinesebk.com/shuju/doushi/shanghai/201309/17269.html。

72 种报纸中，在收入超 1 亿元及利润超 1 千万元的报纸中，除了《上海证券报》（归新华社上海分社所有）和《第一财经日报》（归文广集团所有），其他均属于这两大集团。

较高的规模经济壁垒、资本壁垒和政策法律方面的壁垒，使得上海报业市场的进入门槛较高，而上海报业的市场竞争趋向单一，主要竞争集中在两大报业集团之间。占据大部分市场份额的《新民晚报》《新闻晨报》《新闻晚报》《东方早报》产品定位虽各有差别，但发展方向雷同，特别是《新民晚报》多年来一直维持一家独大的局面，而为了追逐受众、最大限度获得市场，各家报纸之间的产品差异化逐渐变小，最后趋向同质化竞争。当这两大集团合并成立上海报业集团之后，上海报业的市场结构更趋近垄断，属于寡占 I 型市场。[①]

3. 市场格局变化的原因：新媒体兴起与报纸盈利的急剧下滑

2003 年以前，相比北京和广州，上海报纸之间的竞争并不充分。从 2003 年开始，《东方早报》《第一财经日报》《每日经济新闻》等一批新报纸的创办，加上《新闻晨报》《新民晚报》等报纸纷纷改版、扩版，上海报业市场开始被激活。《申江服务导报》《上海壹周》《上海星期三》等生活服务类报纸也开始活跃，都市报、时尚周报以及财经报纸成为上海报业竞争的主要领域。

2005 年，报纸"寒冬论"笼罩着绝大多数的报业集团，国内报纸的广告收入迅速下滑，因此，2006 年被业界视为报业发展的拐点。在上海报业市场上，虽然解放日报报业集团和文汇新民联合报业集团的总资产仍在增长，但其营业利润总体上不断下滑。在这种市场趋势下，解放日报报业集团和文汇新民联合报业集团进行合并，向新媒体全面进发便成为重要的战略选择。

（二）市场行为：上海报业集团成立以后的转型尝试

企业的市场行为是市场结构和企业经营绩效之间的中间环节，市场结构会对

---

① 需要说明的是，虽然从单纯的报业市场来看，合并后的上海报业集团属于寡占 I 型市场，但由于媒体融合对产业边界的消解以及由此带来的市场格局的变化，当前报纸市场的竞争已经是报纸与广电、互联网媒体、移动互联网等多元竞争的格局。

企业的经营行为产生影响，而企业的各种策略行为也会对其他的市场进入者产生影响，从而影响产业的市场结构。企业的行为包括市场营销行为、产能改变、企业的市场整合策略以及企业的内部效率等。对于报业来说，报纸的市场行为是指报纸在特定的市场结构下通过各种策略提高其市场竞争力以及其盈利能力的市场行为。在此，本书主要对上海报业集团的产品、市场和投资策略进行探讨。

1. 产品策略

在上海报业集团成立之前，解放和文新集团已经在融合转型上作出了诸多探索。以解放日报报业集团为例，解放网前身是《解放日报》的网络版，2005年，解放日报报业集团对解放网进行了重新定位和资源整合，具体任务是整合集团旗下各报刊的新闻资源。此后，又开发了即时播报、记者博客、内容工场、智能手机新闻互动平台等系列新媒体产品[①]。其中，记者博客与新闻网站的链接是一大创新。

2006年，解放日报报业集团推出手机报 i－news、数码杂志 i－mook、电子报纸 i－paper、公共新闻视屏 i－street 四个新媒体项目，合称"4i 战略"。用时任解放日报报业集团社长的尹明华的话说，2006年是解放日报报业集团的"新媒体元年"，同时也是布局年、体验年。[②]

i－news 是解放日报报业集团联合三大运营商推出的手机报，定位是白领上班族，采用定制包月的形式，为用户推送图文资讯，除新闻之外，还有时尚生活方式和文化价值等内容。i－news 推出后，用户数短时间内就超过了一百万，项目收入在2008年达到了千万级。[③] i－street 是解放日报报业集团联合上海文广集团和东方公众推出的公共视屏。通过在上海的主要商业街道设立电子终端，播放新闻、政府公告、视频短片等内容，在中间穿插广告来实现盈利。2006年9月份推出时，上海街头共计500多处，但后来又有所减少。i－paper 是定位于

---

① 张晓红、李佳骐：《向新媒体转身的果断与从容——解放日报报业集团的探索和思考》，《新闻战线》2011年第2期。
② 尹明华：《报业转型，借力数字化战略》，《新闻记者》2007年第1期。
③ 张晓红、李佳骐：《向新媒体转身的果断与从容——解放日报报业集团的探索和思考》，《新闻战线》2011年第2期。

高端商务人群的移动数字报纸，目的是让已经习惯电子化阅读的用户随时随地轻松阅读。但由于该项目一直没有解决移动下载的问题，未能实现全面覆盖，为了解决这个问题，解放日报报业集团与荷兰 iRex 公司合作，选用名为"iLiad"的移动阅读器，推出数字报纸《新新闻》。在此基础上，解放日报报业集团还和新华传媒股份有限公司以及易狄欧电子科技公司合作推出亦墨电子阅读器，让用户在阅读器上能够阅读到集团旗下最新的报纸以及传统的图书。i－mook 是由解放日报报业集团提供内容、北京国中互动有限公司负责运营的数码杂志，其目标受众是年轻时尚的用户，用户只要登录"摩克"（www.imook.com）这一网络平台，就能享受在线阅读及下载服务。

对于上海报业来说，2013 年是一个关键点，10 月 28 日，解放日报报业集团和文汇新民联合报业集团合并成立上海报业集团，从此，上海报业结束了竞争，走向了共同发展的道路。报业集团成立之后在原有产品的改进策略上主要有以下几个方面的举措：一是加强了对内容质量的重视，对三大报——《解放日报》《文汇报》和《新民晚报》的内容质量进行了改善，着重提升其深度报道质量。二是对《文汇报》进行了扩版，突出文化特色，加强其"人文大报"的定位。三是对三大报网站分别进行了优化升级，其中新民网将地理位置服务和新闻资讯传播结合，尝试进行社交阅读；英文报纸《上海日报》改造 iDEALShanghai.com，针对在沪外籍人士打造生活服务 O2O 平台。

在新媒体创新领域，成立之后的上海报业集团作出的最大战略举措是先后推出了"上海频道""上海观察""百日千里""澎湃""界面""SHINE""唔哩头条""周到上海"等几大新闻产品（见表 4－2）。

表 4－2　上海报业集团成立以来新媒体项目一览表

领　域	时　间	内　容
新媒体	2013 年 10 月	与百度公司签署协议，合作运营百度新闻"上海频道"
	2013 年 12 月	"上海观察"上线

（续 表）

领　域	时　　间	内　　　容
新媒体	2014 年 3 月	"百日千里" App 上线（文汇报）
	2014 年 7 月	"澎湃" 上线
	2014 年 8 月	与元禾母基金和华映资本成立 "825 基金"。规模 12 亿元，旨在打造中国最专业的新媒体投资基金
	2014 年 10 月	"界面" 上线
	2014 年	改造 iDEALShanghai.com，致力打造 O2O 英文生活咨询数字平台
	2016 年 3 月	"唔哩头条" 上线
	2016 年 4 月	"Sixth Tone" 上线
	2016 年 6 月	"周到上海 App" 上线
	2017 年 10 月	"SHINE" 上线
	2021 年 4 月	针对 iPhone 的 "新新闻" 上线
	2021 年 5 月	推出第一款阅读器——亦墨

在这些新媒体项目中，"上海观察""澎湃""界面"作为上海报业集团着力打造的三大新媒体平台，是上海报业集团融合转型的重要探索，在国内报业新媒体经营领域一时领风气之先。

（1）上海观察。上海观察是解放日报社旗下的资讯类产品，定位于对上海政经的深度分析和专栏报道，目标用户是党政干部、公务员和企事业单位工作人员，可以通过上海观察网站（web. shobserver.com）或下载 App 应用进行阅读使用。

2014 年 "上海观察" App 上线，初期为付费阅读模式，2016 年更名为 "上观新闻" App，由付费阅读模式改为会员注册、免费阅读模式。上观新闻 App 包括政情、财经、区情、城事等多个新闻频道，新闻内容囊括海内外政经大事，截至 2020 年 8 月，上观新闻 App 累计下载量已超 1 100 万。①

对于上海观察来说，公信力是最宝贵的资源，也是自身极大的优势。上海观察很大程度上是《解放日报》的新媒体版，是党报在新媒体的体现，其核心价值是政治收益而不仅是经济收益。上海观察并不缺钱，如何把传统媒体和新媒体两个舆论场，变成一个舆论场，是上海观察最重要的目标。

（2）澎湃。2014 年 7 月 22 日，澎湃新闻网站、新闻客户端同时上线。澎湃新闻是由原《东方早报》团队推出的一款时政类新闻产品，致力于提供严肃新闻，以独家深度报道见长，目标用户覆盖面最广，定位为"时政爱好者"，用户也集中在都市中高端人群。与同期国内新媒体多数集中于新闻聚合功能不同，澎湃主推原创，以期用优质内容赢得用户。

在产品设计上，澎湃客户端推出了"问吧"板块，即通过网友提问、新闻当事人或者相关行业的专业人士作答的形式，让用户有更强的参与感。2016 年 12 月，澎湃新闻英文项目"Sixth Tone"（第六声）正式上线。2017 年 1 月 1 日，《东方早报》休刊，原有采编人员及报道功能全部转移到澎湃新闻网。

2019 年 7 月 19 日，澎湃新闻 App 推出"澎湃号""澎友圈"两大功能，至此，澎湃新闻客户端已经形成了原创+自媒体/政务+社交的平台化生态。2020 年 7 月，澎湃新闻发布"PAI 视频"、澎湃内容风控平台、澎π系统 2.0 等。

（3）界面。"界面新闻"专注于商业新闻、财经报道，以彭博社为学习对象，口号是"只服务于独立思考的人群"，内容也以原创为主。

"界面"已经上线的产品包括中国、天下、正午、瘾擎、尤物、万间、科技、娱乐、体育、乐趣、JMedia 等板块，其中，正午、电商平台尤物以及"摩尔金融"已经搭建了独立平台（见表 4-3），形成了以新闻资讯服务为基础、以社交平台为支撑的新媒体产品布局，力图利用原创的新闻网站来吸引读者，

---

① 此数据来源于"蝉大师"，https：//www.chandashi.com/。

以购物服务等来增强用户的黏性，逐渐发展成为一个汇聚城市中产人群以及公司人群的互动社区。

表 4-3　"界面"网站（jiemian.com）板块汇总表（截至 2020 年 6 月）

独立网站	主板块	子 板 块
界面新闻	快讯	天下快讯、商业快报、中国快讯、股市快讯、消费快讯、金融快讯、工业快讯、交通快讯、时尚快讯、娱乐快讯、宏观快讯、教育快讯
	天下	寰球政事、天下财经、世间万象、天下头条、天下奇闻、环球人物
	中国	界面早报、界面晚报、地方新闻精选、直通部委、一周政经大事、政前方、镜面、上线时间
	地方	上海要闻、上海财经、上海文旅、上海生活、上海科创、聚焦长三角、沪上人物、申城此刻、上海城事
	宏观	界面宏观、财经数据、财经 24 小时、一周财经声音
	数据	数据线
	评论	界面时评、界面商评
	文娱	明星一面、娱乐风向、影视前沿、个人意见、一面
	体育	竞技场、体育界、体育速报、体育早晚报
	时尚	界面时尚、是日美好事物
	文化	文艺圈、历史控、思想界、一周新书推荐
	旅行	界面旅行家
	生活	最 in 生活方式、城市探索、界面好物
	游戏	游戏快报、游戏界
	视频	界面 Vnews、界面直播、箭厂广告、面谈视频、品牌创酷、番茄社视频
	影像	图片故事、界面影像、光画志

（续　表）

独立网站	主板块	子 板 块
界面新闻	酒业	酒业热点、酒业观察、酒业快讯
	商业	面谈、好问
	科技	科技圈日常、番茄社、快报、科技早报、硬科技、产品经理有话说
	汽车	汽车经、来看座驾、速报、引擎密码
	地产	地产速报、城市大数据、地产一条、新商旅
	证券	资本风云
	金融	金融 live、互联网金融、监管动态、金融事
	消费	消费大事件、消费热新闻
	工业	工业之美、制造局、源动力、新能源
	交通	旅游风向标、物流清单、出行赛道
	投资	今日股市、界面投资
	股市	行情在说话、大 V 研究所、大牌分析师新观点、这家公司有问题、冷门数据
	健康	医药要闻、健康的事、研发动态
	教育	界面教育
	营销	奇特的脑洞、营销大事件
	职场	
	商学院	经济观察、解码公司、把脉市场、管理驿站、趋势新知
	创业	资讯、创业公司、融资事件、企业查询
	大湾区	湾区经济观察、湾区大公司、湾区独角兽、湾区快讯
	楼市	楼市看点、楼市动态、一起看楼、谋面
	财富	第一投资、家族传承、公益慈善、生活风尚
	艺术	艺术解压舱、美学下午茶、品味研究所、创意实验室

（续　表）

独立网站	主板块	子　板　块
界面号	财经号	商业现象观察
	城市号	区域与城市经济
	媒体号	集合媒体合作，提供深度原创报道
正午	非虚构写作	包括报道、随笔、访谈等
摩尔金融	投资者学习平台	金融资讯与服务

2. 产能改变

上海报业集团的产能改变主要表现在报纸业务的扩张和退出两个方面。从退出方面来看，2014 年，《新闻晚报》和《房地产时报》先后停刊。在澎湃上线之初，《东方早报》团队实际上是澎湃新闻的运营团队，其后澎湃渐渐独立运作，后来由于《东方早报》持续亏损，为降低成本，《东方早报》于 2017 年 1 月正式休刊。2018 年 11 月 28 日，《申江服务导报》休刊。另一方面，集团还对旗下 100 多家公司进行全面梳理清点，对经营不善、持续亏损、扭亏无望的公司进行关停并转。

从扩张方面看，2014 年上海报业集团在地产金融和文化投资领域都有所行动。地产方面的主要举措是与上海国际集团合资成立上投报业地产管理公司，管理相关文化金融地产基金，具体包括 2.77 亿元买下 2.32 万平方米的商业地皮，以及通过资产置换获得 4 处楼盘等，意欲利用集团优势打造文化地产；文化投资方面，与元禾母基金和华映资本成立"825 基金"，规模 12 亿元，旨在打造中国最专业的新媒体投资基金。截至 2019 年 12 月 31 日，上海报业集团已经拥有网站、客户端、微博、微信公众号、手机报等多种新媒体形态，共 258 个端口，新媒体稳定覆盖用户总计超过 4.5 亿。[1]

---

[1] 裴新：《向前是涅槃　向后是平庸——上海报业集团"打赢疫情阻击战，推进治理现代化"的战略选择》，《传媒》2020 年第 6 期。

3. 投资策略

（1）成立之前的资本运作。报业属于文化产业，报业集团本身作为企业参与到市场经营由来已久，2013 年以前，上海的两家报业集团就已经开展了不少资本运作的活动。两家集团很早就涉足金融投资，尤其是文汇新民联合报业集团，它是海通证券（600837）、东方证券（600958）的十大股东之一，所持股票市值数十亿元。文新集团在房地产市场上规模也比较大，在上海市中心拥有三块地，经营收入非常可观。而解放日报报业集团在资本市场运作的一个体现就是控股新华传媒。

（2）成立之后的资本运作。在上海报业集团成立之后，原来属于"解放"和"文新"的资产被集团统一管理，大的资本运作只能通过集团进行，下属媒体没有独立的投资权，很多只能利用已有的优势，进行小范围的经营。例如，新民传媒近些年的经营主要在文化产业领域，如进行展览、拍卖，继续举办已经办了 30 多年的上海暑期中学生足球赛等活动。

从整个集团的层面看，除了报业主业外，上海报业集团的重点在于搭建投资平台。包括三个方面：一是文化地产投资平台，主要是通过盘活存量土地、开发新项目等开拓收入来源；二是资本平台，主要是通过搭建控制性资本平台推动新媒体转型；三是金融平台，主要是通过海通证券、东方证券等金融工具为报业发展提供资金。如 2014 年 8 月，上海报业集团与元禾母基金、华映资本共同投资成立了规模为 12 亿元的 825 新媒体产业基金，其目的主要有两个：一是通过搭建投资平台来打造能够联通创投界、创业界、互联网界、传媒界互动交流的平台，为自身转型寻找路径与技术的对接；二是为上海报业集团下属的新华传媒的转型发展提供支撑作用。

2020 年 5 月 29 日，上海报业集团、上海东方网股份有限公司开始实施联合重组，上海市国资委所持东方网 43.63% 股份无偿划转至上海报业集团，这标志着上海报业融合的一个新突破。

上海报业集团开展的资本运作具有两个方面的作用：一是可以获取更多的利润，弥补报纸广告收入的下降，更合理有效的资本运作能够为集团进一步发展提供支持；二是在和相关产业的合作中，有可能探索出一些新的经济增长点，这对于集团发展也相当重要。

二、对上海报业集团新媒体战略的市场绩效分析

根据产业组织理论的观点，产业的利润率是衡量产业市场绩效的最重要的指标。[①] 但是，对于传媒集团而言，其性质的特殊性决定了不能仅从经济效益角度考虑，除了市场绩效之外，还应该考虑社会效益等要素。

（一）上海报业集团总体绩效

上海报业迈向新型主流媒体集团的历程，大致可分为三个阶段：一是报业集团成立初期（2014—2016）。在此期间，集团的报刊业务收入持续了从 2011 年开始的逐年下滑，收入跌幅分别为：6.86%、11.64%、14.99%。二是止跌回升期（2017—2018）。在此期间，报业集团的业务收入跌幅开始变缓，2017 年总业务收入首次出现增长，2018 年集团报刊业务收入结束两位数下滑，新媒体业务收入开始大幅增长，占集团媒体业务的收入也超过了 50%。三是上升期（2019 年至今）。在此期间，上海报业集团的总收入已经超过集团合并之前解放和文新集团 2010 年最高收入期的总和。[②]

从集团旗下的上市公司新华传媒的经营状况来看，2013 年上海报业集团成立之后，新华传媒的营业收入有所增长，但总体利润仍有大幅下滑，报刊广告的收入，从 2011 年到 2013 年都大量减少，2014 年有所好转。2015 年上半年，新华传媒共实现营业收入 7.98 亿元，同比减少 6.99%，利润总额 4 104.93 万元，同比增加 5.30%。2019 年，新华传媒的营业总收入和净利润降幅较上年同期扩大，但新华传媒还没有从根本上扭转其不断下滑的业绩，面临的压力还很大（见表 4-4）。

---

① 陈蕾、李本乾：《中国传媒产业市场结构、行为与绩效分析》，《新闻大学》2005 年第 3 期。
② 季颖：《上海报业集团深度融合发展的实践与思考》，《传媒》2021 年第 20 期。

表4-4　新华传媒近几年收入情况

年度	总资产/亿元	总资产同比增减	营业收入/亿元	营业收入同比增减	净利润/万元	净利润同比增减
2016	39.49	-8.65%	15.25	-3.06%	4 840.7	16.24%
2017	38.95	-1.37%	14.27	-6.87%	4 500.1	-7.57%
2018	38.68	-0.69%	13.91	-2.59%	3 165.6	-42.16%
2019	39.78	2.84%	13.46	-3.34%	2 057.7	-53.84%

（二）新媒体项目的经营绩效

在新媒体项目的收入方面，经过几年的发展，上海报业集团的新媒体业务收入已经成为集团收入的主角。"上海观察""澎湃""界面"等新媒体的营收状况还缺乏准确的数字，但从媒体运营的角度看，截至2020年8月底，"上观新闻"App下载总量超1 100万，微博粉丝数达31万；"澎湃"方面，澎湃新闻App端安装用户已超1.78亿，日全网阅读数逾4.5亿。在2021年国家信息中心发布的《2020中国网络媒体报告》中，澎湃新闻位列"网络媒体2020年发展情况指数"前5；"界面"方面，2017年界面新闻与蓝鲸·财联社正式合并，成为持有A级新闻牌照的主流财经新闻集团和财经通讯社。2020年8月，界面·财联社完成总额逾5亿元人民币的C轮融资，公司估值大幅增长。根据本书的访谈，澎湃的市场价值估值已经达到40亿—50亿元，界面项目的价值也在数十亿元以上。

除了大的新媒体项目外，一些较小的新媒体项目也有部分盈利，比如，新民传媒对于新媒体项目态度比较谨慎，目前已经开发的新媒体体量比较小，新民传媒推出的"侬好上海"微信公众号，五六个人、30万元的成本，一年却能带来200多万元的收入。①

---

① 此数据源于对上海报业集团进行访谈时获取的资料，访谈对象未提供准确的数字。

（三）社会效益

上海报业集团的成立有其政治意义，宣传目标的完成质量和社会效益的实现是衡量上海报业集团的重要指标。由于社会效益较为抽象，故本书试通过整理上海报业集团主要媒体的访问量、下载量，以这些数据作为参考，通过媒体的受关注度间接反映它们在社会影响力上的表现。

在原有的媒体业务领域，三大报在完成宣传任务的基础上，《解放日报》2014年推出的深度报道可圈可点，但三大报附属网站解放网、文汇网、新民网在流量排名方面表现平平。在重点推广的新媒体项目方面，"澎湃"表现可圈可点。在2014年反腐浪潮下，"澎湃"推出了多篇独家反腐报道，点击率颇高。根据Alexa数据，截至2020年8月28日，"澎湃"网站（www.thepaper.cn）流量在中文网站中排名第394位，每个访客的日浏览页数为3.5。根据蝉大师数据，"澎湃"客户端在苹果应用商店全球新闻类应用下载排名中一直维持在第15名左右，最高纪录是推出当天排名第12名（见图4-3）。相比之下，"上观新闻"表现欠佳。"上海观察"自推出以来，在苹果应用商店全球新闻类应用下载排名中最高纪录为第17名，大部分时间下载量极不稳定（见图4-4）。

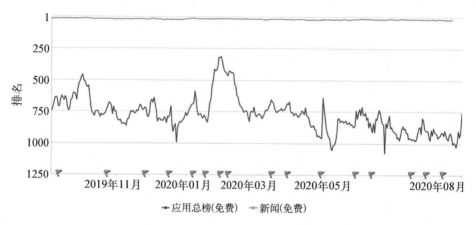

图4-3　"澎湃"移动客户端在苹果应用商店的下载历史排名图

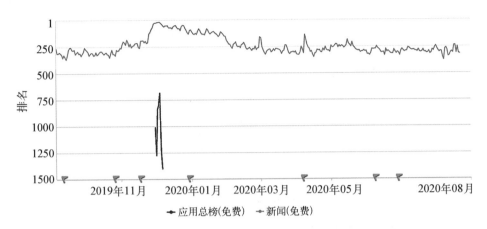

图 4 - 4 "上海观察"移动客户端在苹果应用商店的下载历史排名图

根据 Alexa 数据,截至 2020 年 8 月 1 日,"界面"网站(www.jiemian.com)在全球排名第 3 593 名,中文网站排名第 427 名,人均页面访问量 4.4,日均独立访客数 64 万,日均页面浏览量 256 万。"界面"微信公众账号(wowjiemian)发送的文章的平均阅读量超过 8 000 人次。这体现了读者对界面新闻的总体上的认同(见图 4 - 5)。

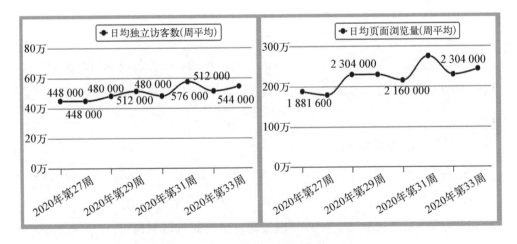

图 4 - 5 "界面"网站浏览情况统计

数据来源:Alexa 于 2020 年 8 月 1 日统计。

三、融合转型下上海报业集团的经营战略解析

（一）上海报业集团融合转型的困境

上海报业的发展过程中，2013 年是一个节点，两大报业集团的合并，对整合已有的优势资源，实现整体布局，有着巨大的作用。在这样一个融合转型过程中，上海报业集团拥有自身的优势，但也和不少报业集团面临着同样的困境。其优势表现在三个方面：

1. 拥有自身的品牌和影响力

上海报业在民国时期有过辉煌的历史，望平街林立的报馆，见证过上海报人的新闻理想。新中国成立以后，《解放日报》《文汇报》都曾有过鼎盛时期，《新民晚报》在都市报领域获得了极大的成功。进入信息化时代之后，报纸的原创内容很容易被淹没在海量的信息当中，而读者本身也更倾向于在电子媒介中获取信息，互联网量大的特点遮盖了用户对质的需求，这也使得部分传统报业集团忙于抢夺网络阵地，忽视了原有的内容生产优势。在上海报业集团的新媒体战略中，我们可以看出，在搭建平台的同时，内容也被提到了一个相当的高度，成为新媒体战略的立足之本。

2. 拥有庞大的潜在优质读者群

上海报业集团立足上海。2 500 万人口的上海拥有巨大的潜在市场，而且这些潜在用户对于优质内容的需求比较旺盛，这是上海报业集团注重内容的一个原因。

3. 拥有一批新媒体人才

"澎湃" 400 人的团队几乎是《东方早报》的原班人马，澎湃新闻的内容包括时事、经济、思想、生活等四个方面，下面又划分为 22 个订阅栏目，比如《中国政库》《打虎记》等，用户可以根据自己的需求订阅栏目。另外，澎湃新闻设置"追问"和"跟踪"功能，用户可以查看和持续关注同一新闻事件，用以避免"烂尾新闻"的发生；"问吧"栏目也引入了互联网 UGC 的模式，重视

用户生产的内容，也是其精耕内容的一大体现。"界面"团队的 CEO 何力，曾经创办《第一财经周刊》和《经济观察报》，拥有丰富的财经媒体的运作与管理经验，其他团队成员也大多来自《华尔街日报》《21 世纪经济报道》等媒体，保证了优质内容的生产。不管是"澎湃"还是"界面"，"内容原创"都是一个很鲜明的标签。

与此同时，上海报业集团的融合转型也面临着以下几个方面的困境。

1. 运营机制缺乏灵活性

报纸是党的喉舌，具有事业的性质，上海报业集团成立后，上海市每年给澎湃补助 5 000 万元，给《解放日报》和《文汇报》一年各 5 000 万元。来自政府的支持给上海报业集团的新媒体运营和发展带来了优势，使其新媒体项目能够专注于内容的生产。

另一方面，传媒的事业性质和原有运作机制对报业的转型也有一定的制约。如解放日报社在转型过程中，传统媒体时代的有些人员脱离业务已久，对于互联网也缺乏了解，在协作与决策上难以完全发挥团队的创造力。另外，行政制度的程序上的僵化等问题也会造成运营中工作效率的降低等。

2. 企业文化融合困难

上海报业集团合并之后，内部存在很多定位不同的报纸，很多新媒体各自都有不同的气质文化、团队精神，甚至外在的穿着和气质都不一样。这种不同的气质，在短时间之内是很难融合的。即便是在一家报社内部，熟悉传统报社的老编辑记者，同新进报社的青年人之间，不管是在理念还是做事方法上，都有着很大的不同。传统编辑记者既有对新媒体的恐惧，也有对目前报业没落的抱怨；年轻人既有对传统报纸的轻视，也有上升通道的障碍。

在这样的企业文化下，协同合作变得困难，集团在表面上是一个媒体的大融合，实际上还是各家报纸各自为阵，很难形成一个传播生态。在这样的条件下，传统的编辑记者人才大量流失，而优秀的人才又不愿意进入，或者说因为门槛的原因不能进入，人口的不流动，必然带来创新能力的不足。这种企业文化的融合需要长时间的人员队伍的更新以及能力的更新。

3. 市场的压力

在上海报业集团推出三大新媒体项目的时候，上海报业集团在全国报业集团中算是领先的，但接下来各大报业集团纷纷整合，打造自身的新媒体平台。信息传播已经饱和，媒体竞争异常激烈，再加上来自其他传播主体，比如商业网站和不断出现的新媒体公司的争夺，上海报业集团的新媒体项目如何在接下来日渐白热化的市场竞争中存活，是一个很大的挑战。

解放和文新两大报业集团在尚未合并的时候，不管是在房地产市场还是股票市场都获得了丰厚的回报，这给集团发展新媒体项目带来了资金保证。上海报业集团成立之后，资本市场已不复当年一本万利的情形，再想通过资本运作获利并反哺媒体板块变得比较困难。

4. 技术层面的问题

报业集团是具有内容生产优势的主体，技术的应用自然只能是对内容的补充和辅助，很难上升到一个比较高的层面。一些号称运用了不少新媒体技术的报业集团，所用的技术大多都是整体外包，只引用了技术，至于产品的思维方式、功能、架构等依然没有本质的变化。在这种理念下，技术人员自然不会成为核心，技术和内容之间很难做到真正的融合。互联网尤其是移动互联网的一个重要关键在于以用户为中心，按照用户的需要生产产品。这得益于传统报纸的发行，报业集团在用户积累方面实际上拥有很大的优势，但这一部分资源长期掌握在邮局手里，而邮局在这方面也缺乏消费习惯分析等数据挖掘，因此，用户数据库建设存在较大不足，很难借助于用户数据来主导产品生产。

5. 盈利的难题

一切新媒体的项目都面临的一个重要的问题就是盈利问题。事实上，对于"澎湃"新闻盈利能力的怀疑从它上线伊始就没有停止过。"上海观察"自更名为"上观新闻"后由付费改为免费阅读模式，"界面新闻"在免费阅读之外采用会员制的方式为付费会员提供更为专业的内容。总体上看，收费阅读没有成为传统报纸的护城河，能否成为新媒体的摇钱树尚需进一步观察。

新媒体的出现对传统报业集团既是巨大的挑战，同时也倒逼着报业集团找生路。作为上海唯一的报业集团，上海报业集团长期深耕新闻业务，在时政、财经等方面具有得天独厚的优势。自 2015 年以来，上海报业集团努力以"互联网+"的方式破解传统报纸的困局，推进"互联网产品+互联网机制+互联网环境"的深度融合，致力于实现传统报纸的品牌、理念、团队等生产要素从纸质载体向互联网和移动互联网迁移。①

（二）上海报业集团的经营战略解析

1. 战略收缩与战略扩张同步进行

正如前文所述，上海报业集团的融合转型是一个去除"过剩产能"的过程，也是一个战略扩张的过程。去除过剩产能指的是对传统报纸市场表现不佳的要继续瘦身，停止出血点。集团成立之后先后将《新闻晚报》《讲刊》《房地产时报》《东方早报》停刊，同时合并重组了两张地铁报。除此之外，集团还对下属的 100 多家公司进行清理，实现关、停、并、转。

另一方面，在新媒体扩张上，集团也连续创办几个新媒体项目，在国内产生了很大的影响。为保障报业集团新媒体的顺利发展，集团还着力构建三大产业板块。一是基础型产业板块，主要是平面媒体业务；二是主导型产业板块，主要是文化与新媒体业务；三是支持型产业板块，主要是通过地产、金融股权等为报业集团的主业和新媒体产业发展提供服务。②

2. 聚集于不同的盈利模式，并试图实现集团项目之间盈利模式的互补

从盈利上看，在 2005 年报界"寒冬"的时候，解放日报报业集团的广告收入仍然达到了 26.5%的增长③，集团实现利润 2.75 亿元。然而，2006 年上半年，解放日报报业集团平面媒体的广告收入增长率仅为 5%，不仅远低于 2005 年的 26.5%，也大大低于平面媒体以外其他媒体的广告收入增长。

---

① 虎嗅网：《上报集团掌门裘新：传统报业转型要颠覆式破局，关掉部门比裁员 10% 容易》，http：//www.huxiu.com/article/113984/1.html。
② 范以锦、辜晓进：《中国传媒风云（2015—2016）》，深圳报业集团出版社，2017。
③ 肖景辉：《沪上报业巨头的"E"战略——解放日报报业集团社长尹明华畅谈新媒体思路》，《传媒》2006 年第 11 期。

回过头来看，解放日报报业集团 2005 年的业绩中一部分利润是靠调整经营策略获得的，包括《新闻晨报》涨价获利 2 800 万元，降低纸张采购价格节约成本 1 500 万元等。"2005 年总的算起来，意外获得 1.1 亿元的利润，如果没有这样的努力，整个创收只有 1.7 亿元。"[①] 在这剩下的 1.7 亿元利润中，93% 以上都依赖传统媒体的广告。在这种背景下，如何从网络媒体的手中抢回失去的蛋糕，成为很多报业集团的战略抉择。而在上海报业集团成立之后，集团在新媒体项目的创办上也有明确的细分，主要分成两种模式：一是内容+广告的大众化模式，即通过内容的质量和原创性来吸引大量用户进而吸引广告；二是内容付费的专业化模式，即通过为用户提供专业内容和服务获得付费收入。澎湃新闻就是第一种模式，"上海观察"则是第二种模式，显然，这两种模式之间具有盈利上的互补性。

3. 内容战略：项目定位的细分

上海报业集团三大新媒体项目的目标客户都是中高端人士、都市白领，内容集中在时政、财经领域，提供的是专业化、严肃性的新闻资讯。这一部分与从业人员有关，另外也和集团对于当前媒体市场的判断有关。前文提到，几大新媒体项目的从业人员大多来自传统媒体，受过严格的职业训练，对新闻内容的生产有着明显的优势和偏好；另外，在媒体市场上，虽然有"今日头条"这种靠内容聚合成功的模式，但不管在大众传播时代还是新媒体传播时代，用户对于优质信息的需求都是旺盛的，而上海报业集团在这方面无疑具有很大的优势。

上海报业集团推出的这三大新媒体项目总体上步调一致，在具体内容和运营上却有所不同，体现了集团细分市场的策略。"上海观察"针对党政干部、机关工作人员，"澎湃"偏向时政，"界面"专注于财经领域，不仅在报道领域上有所细分，三者在盈利模式、运营方式上也有所不同。"上海观察"靠用户订阅，"澎湃"和其他新媒体差不多，有广告和流量变现，"界面"则一上线就

---

① 尹明华：《实现可持续发展的战略选择与路径——解放日报报业集团探索用轻资产实现非线性增长》，《中国记者》2007 年第 1 期。

推出"尤物"栏目，有进军电商的举动，而 2015 年上线的"摩尔金融"则是界面打造的投资分析平台。这种细分战略的好处在于三者相互之间可以互补，虽然在内容上难以形成协同，但避免了集团内部的无效竞争，有助于形成各自的品牌。

在纸质媒体和新媒体之间，报业集团并未摇摆不定，面对不断萎缩的线下市场，集团把宝几乎全押在了新媒体项目上。澎湃一开始就是 2 亿元的大手笔，而且采编人员都是从报纸采编人员中抽调的精英，对于内部孵化创新项目，集团也是不遗余力地提供支持。

4. 以"平台化"的方式运营新媒体项目

从 2005 年开始，全国的报业集团几乎都开始进行战略调整，外部有经济环境的影响，内部是由于报业集团传统运营机制的僵化，更为直接和重要的原因则是来自互联网的冲击。受制于发行渠道和信息载体，读者离报纸越来越远，离网络越来越近。这时，扩展报纸渠道，建立数字化的传播平台就成为上海报业集团的战略方向。

4i 战略是上海报业集团进军新媒体平台的重要尝试，解放日报报业集团和一些公司合作运营的网站，比如大申网等也都是平台化战略的组成部分。

这一阶段主要的思路是报网融合，将报纸搬上网，改纸质阅读为电子阅读，其背后的思路仍然是新媒体只是在传播渠道上占了上风。在这种思路下，报和网只是载体和终端的不同，在内容上并没有差异。如"文新"和"解放"都曾开发移动阅读终端，试图通过技术来实现报纸的另一次重生，但最终都没有取得好的市场反应。

面对互联网新技术的迅速发展，亦步亦趋的跟随战略很难抢得先机。事实上，一家传统报业集团要想通过对于终端的开发来控制内容的传播是一件很困难的事。相较于阅读终端这种有形的技术产品，平台的搭建是更可取的战略。

（1）互联网平台。解放日报报业集团的 4i 战略的目的在于占领以互联网为基础的多种传播平台和终端，通过自办网站和与其他媒介合作的方式，搭建一个综合性的传播平台。

集团还通过与互联网大公司合作来进一步扩大平台，比如与百度合作运营百度新闻上海频道，由报业集团控制抓取源，由集团专业的编辑对内容进行挑选，主要表达主流媒体的态度和声音；《新闻晨报》则与腾讯合资打造大申网，借助腾讯的用户资源深耕本地土壤、提供本地化生活服务，实现流量变现。这些都是上海报业集团在搭建自有平台上的努力。

（2）移动互联网平台。2010 年，苹果 iPad 平板电脑问世，这给当时的解放日报报业集团带来了焦虑，尽管集团仅用了 10 天左右就完成了"解放报业"App 的开发，但集团苦恼的是阅读终端受制于人，iPad 的风行打乱了集团实现从内容到终端一体化的设想。然而，iPad 所带来的电子阅读革命仍在持续发展，电子阅读一统天下的局面还未形成，但是这项使命很有可能会交由另外一种媒介——手机来实现。伴随着移动互联网的发展，新媒体的形式也早已从微博换到了微信，建立在这基础上的广告业务更是得到了显著的增长。

在移动互联网时代技术和新媒体不断革新的背景下，上海报业集团在新媒体发展方面的战略可以称为"平台战略"，具体内容包括：优化已有平台，推动解放网等一批自办网站的升级；借力大平台，通过与国内百度、腾讯等大型互联网公司合作实现"借船出海"；自建新媒体平台，重点项目有三个：澎湃、界面和上观新闻。①

（3）内容与平台的融合。内容与平台的融合包括两个方面：一是线下与线上的融合。以文新传媒为例，《新民晚报》拥有比较好的报纸品牌，历史上曾达到巅峰时期的 180 万份发行量。集团成立后，新民传媒的新媒体重点战略是打造"邻声"这款立足于社区的 App。作为《新民晚报》"第二次飞入寻常百姓家的项目"，"邻声"利用《新民晚报》社区版等长期建立起来的线下资源，以提供健康服务为主，将线上推广和线下活动结合起来，形成用户资源的共享。

二是线上线下内容与线上平台的融合。比如，界面试图在选题、内容生产、传播等方面都有所创新。"界面"上线后，在《致用户信》中谈到："界面"的

---

① 于都：《整合：主流媒体的创新转型——访上海报业集团党委书记、社长裘新》，《军事记者》2014 年第 4 期。

不同之处在于，它不仅愿意为内容的权威性和愉悦感负责，还致力于让用户深入参与到新闻生产的各个环节中，以此改变新闻生产的流程和效率①。在内容上，"界面"注重用户的参与，使用 UGC+PGC 的混合内容生产模式，用户可以通过选题讨论、投稿的方式参与内容生产。这种打破传统新闻生产流程的探索改变了传统的新闻生产方式，最大限度地利用群体智慧、公众参与的模式来提高新闻生产的效率和质量。

在上海报业集团 2020 年度工作会议上，集团原社长裘新提出，面对疫情给媒体行业带来的冲击，上海报业集团需要以"出圈"来"破阵"，要商业模式"出圈"、技术能力"出圈"、传播能力"出圈"、支撑手段"出圈"。上海报业集团作为全国规模最大的媒体集团之一，将通过媒体管理的市场化、专业化、国际化、法治化，打造能够体现上海国际大都市地位的具有传播力、引导力、影响力、公信力的传媒集团。②

（蒋松、侯劭勋、李雪）

案例 2　浙江日报报业集团的平台融合分析

浙江日报报业集团成立于 2000 年 6 月 25 日，经过二十多年的发展，其在媒介融合程度和盈利水平上居于全国省级报业集团前列，在媒体融合方面独具特色，是传统报业向新媒体转型中比较成功的案例。

一、浙江日报报业集团总体市场状况

浙江日报报业集团（下文简称"浙报集团"）目前拥有《浙江日报》《钱

---

① 搜狐网：《上海报业集团财经商业新媒体项目"界面"今日公测》，http：//media.sohu.com/20140922/n404525914.shtml。

② 裘新：《向前是涅槃　向后是平庸——上海报业集团"打赢疫情阻击战，推进治理现代化"的战略选择》，《传媒》2020 年第 6 期。

江晚报》等 38 家传统主流媒体，浙江在线、腾讯·大浙网、"浙江新闻"客户端、边锋浩方网络平台及 App、媒体法人微博、微信公众号等 200 多个新兴媒体。2011 年，浙报传媒集团股份有限公司（下文简称"浙报传媒"）借壳 ST 白猫股份在沪成功上市，成为国内第一家媒体经营性资产整体上市的省级报业集团。2017 年 4 月，浙报传媒正式更名为"浙数文化"，公司主营业务变更为互联网媒体及互联网游戏相关业务、大数据及文化产业投资，实现了媒体形态的全面转型。在 2018 年的"世界媒体 500 强"评选中，浙报集团名列中国大陆入选报业品牌第一。

（一）市场结构

浙报传媒原有报媒业务可分为两大板块：报刊业务和新媒体业务。其中报刊业务又可分为综合类报刊、县市报和专业报。

1. 报刊业务

（1）综合类报刊。《浙江日报》创刊于 1949 年，曾两次荣获"中国报刊广告投放价值排行榜"全国日报第一名，广告利润、千人拥有量为全国省级党报第一，发行量名列前三。

《钱江晚报》是浙江省内最大最强的都市报，创刊于 1987 年，是浙江省发行量最大、广告收入最多、阅读率最高的都市类报纸。浙报集团于 2009 年年初起打造"钱江报系"，实施"浙江都市媒体的全明星阵容"品牌化战略。①

（2）县市报。浙江省有 15 家县市报，2004 年，浙江日报报业集团兼并了《海宁日报》《绍兴县报》《永康日报》等 9 家县市报，成为全国媒体中收购县市报最多的报业集团。在县市报的管理上，浙江日报报业集团 2019 年 4 月推进集团所属 9 家县（市、区）报回归地方管办，助力地方快速建设好县级融媒体中心。

（3）专业报。《浙商》是"浙商传媒"旗下的专业化杂志，定位于"引领

---

① 张向东、谭云明：《中国传媒投资发展报告（2015）》，社会科学文献出版社，2015。

中国民营商业力量"，是纸质媒体品牌化、价值链挖掘的成功典范之一。《浙商》基于其所拥有的读者资源搭建了纵深发展的平台，构建起杂志系列刊、新媒体、俱乐部（浙商全国理事会）、会展、投资、培训（浙商商学院）、数据库、广告及代购等八大平台。

《浙江老年报》是定位于服务全省 900 多万老年人的老年类专业报，该报2002 年 1 月起公开发行，是浙江唯一一份专门关注老年人生活、健康的报纸。

2. 新媒体业务

2012 年以来，浙江日报报业集团大力推进其新媒体业务，目前已形成了种类多样、范围宽广、内容丰富的新媒体业务矩阵，涵盖数字报刊、移动端 App、微博、微信、网站等多种主流新媒体形式。

这些新媒体包括以《浙江日报》电子版以及《钱江晚报》电子版为代表的22 家数字报刊，以天目新闻、浙江新闻等为代表的 17 个移动端 App，以《浙江日报》《钱江晚报》为代表的 26 个微博账号，以《浙江日报》《钱江晚报》为代表的百余个微信公众号以及以浙江日报报业集团、浙江在线为代表的 33 家网站。

（二）市场行为：浙报集团的新媒体经营重点

报业的经营包括内容生产、营销、多元化经营、资本运作等各个方面，由于报业融合转型的重点是新媒体运营，而浙江日报报业集团在新媒体孵化、跨界经营等方面具有自身的特色，本书仅从产品策略和投资策略方面对其企业经营行为进行分析。

1. 产品策略：新媒体平台建设

浙江日报报业集团的新媒体产品在经营策略方面主要经历了三个阶段：第一个阶段是报网互动阶段，第二个阶段是通过合作、自建的方式创办新媒体平台，第三个阶段是全面展开对新媒体的布局。

（1）报网互动。2009 年，浙江日报报业集团提出"全媒体、全球化"的发展战略，"浙江在线"是这一战略的先行者。浙江在线成立于 1999 年 1 月 1 日，

2002 年整合了原"浙江在线""浙江电视台""中国浙江"三家新闻单位资源，并于当年年底正式上线。经过 10 余年的发展，浙江在线的影响力和经营实力在全国所有地方网媒中位居前列，有浙江"第四媒体"之称。

在移动端方面，浙江报业 2005 年就推出了《浙江手机报》，这是一张由浙报集团、浙江移动通信有限公司和浙江在线共同打造的全国第一张省级手机报。

（2）平台搭建。2009 年 9 月，浙江报业和阿里巴巴共同出资创办了《淘宝天下》杂志。作为中国第一本专业网购指南杂志，《淘宝天下》定位于服务淘宝用户群，在发行模式和采编模式上均与传统报刊有所不同。在采编上，《淘宝天下》只有编辑没有记者，主要依靠网友力量完成选题策划和稿件制作，这种方式能够用极少的成本生产出最符合用户的产品；在发行上，《淘宝天下》采用线上线下相结合的方式，并且以线上为主，按需定制，做到每一份报纸都精确地触达用户。《淘宝天下》从内容生产到销售环节都彻底实现了网络与纸媒的全面融合，可以说是一个媒介融合的互联网平台。

2012 年到 2013 年，浙江日报报业集团先后有几个重大的新媒体平台建设项目。一是携手腾讯打造了腾讯·大浙网，试图搭建浙江城市生活门户网站；二是上线了生活服务类平台"钱报有礼"和房地产门户网站"住在杭州"，这两个项目都是在电商领域的探索，是浙报传媒向电商行业进军的标志，也是传媒和垂直 O2O 电商平台相融合的尝试。

2013 年，另外一个引起业界关注的重要事件是浙报传媒收购杭州边锋和上海浩方两家游戏公司。通过这次收购，浙报传媒获得了两个成熟的游戏平台，同时获得两家游戏公司约 3 亿注册用户和约 2 000 多万活跃用户，这是国内传媒集团中第一个收购游戏平台的，是从新闻传播业务向互联网的一个大跨越，浙报传媒由此走向了向互联网全面转型的跨界经营之路。

（3）布局新媒体矩阵。新媒体是浙报集团的战略核心，截至 2014 年，浙报集团已经初步形成"党报特质、浙江特点、原创特色、开放特征"的"三圈环流"新媒体矩阵。

"三圈环流"是指由"核心圈""紧密圈"和"协同圈"共同构成的新媒

体矩阵。核心圈是"浙江新闻"移动客户端、浙江手机报、浙江在线新闻网站及网络电视台"四位一体"的网上党报。紧密圈是各新闻和游戏平台上的新闻专区和新闻弹窗以及电视、平板、各县市区门户网站以及腾讯·大浙网新闻板块，这些平台与主流舆论有密切合作。协同圈主要包括微博、微信和专业App等。[①]

围绕三圈环流的新媒体矩阵，大浙网于2014年上线，浙报手机报和手机App也在2014年升级推出，这三个新闻载体并不是很引人注意，因为现在大部分纸质媒体都在竭力靠近互联网，推出手机报和手机App的行为屡见不鲜。但是，这也不失为一个留住用户的好方法。

①　创办传媒梦工场：搭建新媒体创业基地。由于体制的限制和管理水平的差异，传统报业在向新媒体转型的过程中，很难同完全市场化的企业竞争，这时候，给新兴传媒项目提供合适的培育土壤就显得很重要。传媒梦工场就是在这样的背景下诞生的。2011年9月30日，浙报集团新媒体中心成立，经过入驻创业团队一个月的筹划，中国首个新媒体创业孵化器项目——传媒梦工场出现了。

传媒梦工场为早期创业者提供环境、经费，利用浙报集团的资源对其进行扶持。对于入选的项目，传媒梦工场采取创业团队控股、浙江日报报业集团以资金和资源入股、战略合作伙伴跟进并提供资源的运作模式。在传媒梦工场孵化成功的项目，浙报集团控股的上市公司拥有优先收购的权利。[②] 传媒梦工场的挂牌成立，是发生在浙报集团对互联网的"三次试水"之后。传媒梦工场在成立之初，有着一部分投资的职能。它是利用浙报集团的各项资源开发出来的项目，本身也十分符合集团的定位和布局，能够很快转化为集团新的增长点。因此，梦工场在经历了初期的投资练兵后，已经正式开启"自建用户平台之路""自行培养新媒体人才之路"。

① 投中网：《浙报集团董事长高海浩：32亿收购边锋浩方的逻辑》，http：//news. chinaventure. com. cn/11/109784. shtml。

② 张向东、谭云明：《中国传媒投资发展报告（2015）》，社会科学文献出版社，2015。

② 收购边锋浩方：购买新媒体平台。2013 年 4 月，浙报传媒公司通过"定向增发+自筹资金"的方式，斥资 32 亿元收购了盛大网络旗下两家游戏公司边锋和浩方。创立于 1999 年的杭州边锋网络技术有限公司是中国专业的网络棋牌游戏运营商；上海浩方在线信息技术有限公司是世界领先的电子竞技游戏平台公司之一，拥有数款国内最流行的竞技类网络游戏的独家运营权。两家公司都在 2004 年并入了盛大网络，又同时在 2013 年被浙报传媒收购。

在收购前，边锋和浩方两家公司的电竞平台共有注册用户超过 3 亿，活跃用户 2 000 万。被收购后的边锋和浩方不单是游戏平台，已经被当作浙报集团的全媒体战略主战场，致力于将边锋和浩方的电竞平台发展成"新闻+娱乐+社区化"的全媒体平台。"我们要用游戏把传统媒体流失的用户吸引过来。"浙江日报报业集团社长高海浩说。

2. 投资策略

游戏虽然给浙报集团带来了极大的获利，但游戏也并非浙报投资的唯一领域。浙报传媒成为浙江报业资本运作和对外投资的主要渠道。

（1）内部孵化创新。2014 年上半年，浙报传媒以 2 000 万元资金面向集团内部员工举办互联网创新项目大赛，最终从采编为主的基层员工申报的 50 个项目中筛选出了 10 个左右的项目，并对这些项目进行投资、孵化和支持。

此外，传媒梦工场还联合红杉资本、创新工场等投资机构，举办中国新媒体峰会和中国新媒体创业大赛等品牌活动，搭建交流平台。在孵化器内部，众多开放性的创新项目进行技术和资源上的交流、碰撞，能够产生更多富有生命力的新媒体创意。

创新项目最大的价值在于创意，但创意要付诸实践并保持持续性的增长，就离不开技术与资源的支持，浙报集团搭建的技术平台无论对集团还是创业者都是双赢的策略。

（2）投资文化产业。通过对浙报传媒借壳上市后一系列投资行为的梳理可以发现，浙报传媒的主要投资方向可以分为以下六个方面：影视投资、互联网、智慧服务、广告策划、投资公司、游戏。

2012 年 5 月以来，浙报集团成功在数字电视、演艺旅游、教育多媒体、影视剧、动漫等领域进行了股权或项目投资。浙报传媒将东方星空定位为直投和管理相结合的基金管理公司，发展伞形基金，投资项目主要还是股权投资，不仅考虑短期收益，也重视传媒集团整体业务发展的协同性。

2019 年 11 月 26 日，浙数文化发布公告，决定投资建设浙数文化产业园项目，试图吸引互联网、游戏、大数据以及文化产业领域的人才，充分发挥产业园区的集聚效应，成为浙江甚至国内传媒数字经济的领跑者。

二、浙报集团的平台融合战略解析

从报业转型发展的角度看，浙报集团的平台融合战略的意义主要体现在三个方面：一是摆脱传统媒体的路径依赖，以互联网的逻辑去经营新媒体平台。浙报集团社长高海浩也明确指出报纸新媒体融合中一个重要的问题就是"路径依赖"，缺乏融合思维和移动互联网发展思维，没有把握住移动互联网传播的大逻辑。二是在新媒体平台建设上的跨界扩张。其中，收购边锋、浩方两大游戏平台是这种扩张的重要表现。这种跨界扩张在一般的报业经营者看起来可能过于脱离报纸的核心业务，但在本书看来，在产业经营边界越来越模糊的时代，传统上对产品经营相互之间关联性的看法已经无法跟上时代的变化，浙报集团的跨界经营平台从表面上看似乎与新闻资讯服务并无太大关联，但从占据价值链高端、为集团发展提供更广阔的市场空间来看，这种探索具有重要意义。这一点也恰恰构成了浙报集团平台战略的第三个意义，即摆脱对传统媒体的路径依赖和对平台运营商的依附地位，站在产业发展的前沿，通过以技术为基础的平台建设形成"新闻+服务"的新运营模式，在同行竞争中保持领先地位。

浙江日报报业集团从 2008 年开始就围绕转型路径和方向开始探索，并确立"全媒体、全国化"战略，探索的路子就是逐步实现媒介的深度融合。在全国省级报业集团中，浙江日报业集团是在对技术以及技术支撑的平台建设方面着力较多的报业集团。浙报集团社长高海浩认为，要想实现这个目标，必须做到：一

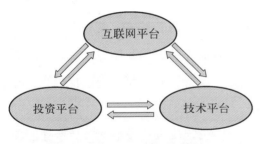

图4-6 浙报集团平台战略

要充分培育互联网基因，核心是理念和体制变革；二要拥有适应互联网浪潮的技术团队，关键是赢得制高点和话语权；三要具有足够强大的融资能力，最终构建起自主、开放的用户集聚平台①。这体现在具体策略上，包括集团已经打造的三个平台：技术平台、投资平台和互联网平台（见图4-6）。

技术平台、投资平台和互联网平台三者之间是相互依存又彼此促进的关系，形成了一个良性互动。

技术平台包括传媒梦工场、数据库，传媒梦工场孵化出的新技术、新项目，能够直接为浙报传媒所用，并产生效益。如数据库的建设，一方面能够为本身集团服务，另一方面也能开发对外服务的项目。传媒梦工场孵化对象包括新媒体内容提供商、新媒体渠道供应商和新媒体运营平台。这些孵化项目本身所产生的数据涵盖面广、可利用价值大，加以挖掘和开发，不仅能够反过来促进这些项目的发展，甚至可以生长出新的经济点，成为集团的下一个盈利点。

2017年，浙报集团着手建设"富春云"互联网数据中心。2020年3月，6 000个IDC机柜基本建设完成，4 000个已招商完毕，建成后将成为华东地区单体最大的数据中心。

投资平台主要是浙报集团旗下的浙数文化，通过对游戏、影视等文化产业的投资，使集团获得了较高的收益，积累了大笔资金，这本身也为技术平台和互联网平台提供了资金保障。

互联网平台的搭建是传统报业集团在移动互联网时代转型的关键。在互联网平台下，报业集团拥有大量的客户，拥有新媒体传播渠道，拥有连接的能力，这就意味着能带来巨大的收益。2019年，来自互联网的利润在浙报集团的营业总利润中早已占据大半。互联网时代的媒介融合，已经让浙报集团尝足了甜头。

---

① 高海浩：《用互联网基因构建传媒转型新平台——浙报集团：做了什么，还要做什么》，《中国记者》2013年第3期。

事实也证明了，传统报业集团只要把握了互联网的规律，掌握了互联网的商业模式，一样可以玩转互联网，成为其理想中的互联网枢纽型集团。传媒控制资本，资本壮大传媒。在这场以互联网为中心的转型大战中，浙报集团无疑已经走在了前面。

（蒋松、侯劭勋、李雪）

第二节　浙报传媒与粤传媒融合转型绩效分析

在媒体融合转型的探索中，各大报业集团都在不断尝试适合自身发展的方式。在转型过程中是否缩减或放弃传统媒体市场？如果剥离盈利大幅衰减的传统业务，如何根据新媒体最新发展趋势吸收和开发新业务并实行战略的调整？这些都成为业界关心的重点。与此相关的另一个问题是，自业界于 2006 年提出报业"寒冬论"以来，报业融合已历时 10 年有余，那么，其融合发展的绩效到底如何？如何评价其融合战略的利弊得失？这两个问题成为本书探讨的重点。

要回答这两个问题，面面俱到地从宏观上描述整个报业集团的发展概况虽然不失为一个角度，但会因为样本量过大而失去可操作性，也会影响对具有代表性的样本的深层次剖析。因此，本书选取了浙江日报报业集团和广州日报报业集团作为报业融合转型的典型案例，通过对其上市公司 2010—2017 年期间财务指标的实证分析，来探索它们在融合过程中实施了什么样的业务剥离和战略调整，不同的战略和业务模式又分别取得了何种经营绩效。

一、文献综述

国内外有关报业集团融合转型的研究成果都较为丰富，但是中西方文化发展与实践的差异导致了其研究的侧重点多有不同。其中，西方学者大多基于业内个体的实践案例进行研究，重视宏观趋势影响下个案的微观解剖，而国内文献更偏向于理论与政策分析的结合，将产业转型的研究向宏观方向发展。

在国外的文献成果中，以"融合转型"为话题的研究主要是从组织制度创新、个体实践的意义与作用角度入手。如阿雷伊拉·拉隆多（Ainara Larrondo）以英国广播公司苏格兰分部为例，研究媒体融合给编辑部人员更新和技能创新带来的影响。[①] 同样，何塞·A.加西亚·阿维莱斯（Jose A. García Avilés）等对传统媒体的组织制度进行了创新性研究，提出了编辑部管理体系融合发展的新矩阵。[②] 西班牙学者约瑟夫·路易斯·米科（Josep Lluís Micó）等以"融合"为视角，将新闻生产和采编个体行为和态度的实证观察数据与两个经典的组织创新研究理论相结合，提出了"媒体融合"理论和实践的新观点。[③]

国内关于报业集团融合转型的研究主要是从转型的路径、战略以及着眼点等入手的。在转型路径方面，陈国权（2013）从资本运作、多元产业、区域整合、区域渗透和数字报业五个方面出发，较为全面地梳理了报业转型的探索路径[④]；黄楚新（2015）结合"互联网+"背景探讨了传统媒体的融合路径[⑤]。在转型战略方面，李光（2015）将数字技术与全媒体业务模式结合，列举了四种转型策略[⑥]。在转型的具体着眼点方面，苏晓梅等（2015）和蒋纯（2016）将着眼点放在技术上[⑦][⑧]；赵兵等（2014）则认为"内容为王"[⑨]；张振胜

---

① Ainara Larrondo, "News production in the 'post-broadcasting' era: BBC Scotland's move towards convergence," *Media*, *Culture & Society*, 2014, pp. 935–951.

② José A. García Avilés, Klaus Meier, Andy Kaltenbrunner, Miguel Carvajal & Daniela Krau, "Newsroom Integration in Austria, Spain and Germany," *Journalism Practice*, 2009, pp. 285–303.

③ Josep Lluís Micó, Pere Masip, David Doming, "To Wish Impossible Things: Convergence as a Process of Diffusion of Innovations in an Actor-network," *International Communication Gazette*, 2013, pp. 118–137.

④ 陈国权：《报业转型的路径梳理》，《中国记者》2013年第6期。

⑤ 黄楚新：《"互联网+媒体"——融合时代的传媒发展路径》，《新闻与传播研究》2015年第9期。

⑥ 李光：《全媒体语境下传统报业转型策略探析》，《编辑之友》2015年第10期。

⑦ 苏晓梅、李晶源、程静波、佐须顺：《新媒体助推传统报业转型升级》，《中国报业》2015年第1期。

⑧ 蒋纯：《报业融合转型，需深挖"技术"这块儿宝藏》，《传媒》2016年第1期。

⑨ 赵兵、郝彦鹏、贾伟：《国内报业融合发展的着眼点》，《新闻战线》2014年第11期。

（2017）强调"把用户放在首位"；李彪（2015）把资本运作和技术作为报业融合转型的着眼点①，而宋建武等（2017）把平台化看作主流媒体深度融合的基石②。从以上三个方面来看，关于报业融合转型的研究已经比较完备了。

具体到对浙报传媒和粤传媒融合转型的研究上，从融合的角度对两者进行比较分析的研究较少，已有研究主要具有以下两个特点：

一是从研究视角来看，由于浙报集团和粤报集团都是上市公司，所以研究者在对两者或更多报业集团进行研究的时候，其着眼点在于集团的上市路径、集团上市对传媒体制改革的意义等方面，并没有站在媒介融合的背景下对两家报业集团融合转型的不同点、融合发展的路径进行分析，更没有从财务角度探讨和总结两家报业集团近几年融合发展的绩效如何。如方平凡（2012）研究了这两家报业集团上市选择和路径设计的不同，以此探讨党报体制改革中存在的问题，进而提出了改革的建议③；郭丽（2014）以浙报传媒、现代传播和粤传媒三家平面传媒类上市公司为例，对其上市途径和经营发展进行对比，探讨了传媒类企业选择资本上市路径的可行性以及有效性，得出了"传媒控制资本，资本壮大传媒"的结论④。

二是在研究方法上，大多数关于报业融合转型以及浙报集团和粤传媒的研究文献都是规范性的研究，是基于媒体实践作出的概括总结或理论阐释。在实证研究方面，也就是运用数据来支撑研究结论方面有所缺失。现存的研究中很少有学者从财务数据上来研究转型的效果，虽然有部分文献引用了年报数据进行分析，但也没有深挖数据深层的指标趋势，只是单纯关注营收等数字的变化，无法完全代表企业的经营绩效。如徐园（2013）选取包括粤传媒和浙报传媒在内的五大传媒集团，从年报数据中勾画出传媒行业整体的发展趋势，提出报业

---

① 李彪：《"互联网+"时代传统媒体融合转型的做点》，《编辑之友》2015年第11期。
② 宋建武、黄淼、陈璐颖：《平台化：主流媒体深度融合的基石》，《新闻与写作》2017年第10期。
③ 方平凡：《党报集团上市路径选择及演变——以浙报传媒和粤传媒为例》，《中国报业》2012年第15期。
④ 郭丽：《平媒类上市公司的经营与发展——以浙报传媒、现代传播、粤传媒为例的分析》，《新闻记者》2014年第2期。

转型的难点与亮点。① 此外，朱蕾（2013）同样选取五家传统报业集团的上市公司，对其营收业绩进行对比，找寻造成传统报业上市公司经营困境的原因，并提出应对措施。②

相较于上述研究，本书的研究旨趣主要表现在以下三个方面：一是将对两家报业集团的研究置于媒介融合发展的背景下，不是关注样本公司作为上市公司的绩效表现，而是关注样本公司融合转型的策略及其绩效表现；二是与一般研究不同的是，本书并非直接从报业融合的行为出发来分析其融合策略，而是采用逆向观察的方式，根据两家传媒公司 6 年来的业务板块与财务表现来考察其融合中的战略行为及策略调整，以最大限度地排除研究中对报业经营主体观点的单向度传达以及作者主观理解的偏颇；三是在研究方法上不停留于对样本公司进行财务和业务上的宏观描述，而是通过业务板块分析的方法反观两大报业集团在融合转型中对传统媒体和新媒体业务的战略部署与调整，以此探讨其融合的战略思路与发展路径。同时，使用财务指标的研究方法将两家企业的年报数据转化为财务指标，来反映两家报业集团不同融合战略、融合路径的绩效表现，以实证的方式弥补报业集团融合研究中的部分缺失。

二、研究设计

（一）样本选择

本书选择浙江日报报业集团和广州日报报业集团作为研究样本，试图用实证研究的方法，通过对两家上市公司财务指标的分析，来探讨两个问题：一是两家报业集团媒体融合发展的战略核心是什么？二是验证两家报业集团融合转型的战略调整是否实现了良好的经营绩效？

---

① 徐园：《大传媒大资本大文化——从年报看报业转型的难点与亮点》，《新闻实践》2013 年第8 期。
② 朱蕾：《传统报业上市公司业绩分析及转型之路》，《中国报业》2013 年第 24 期。

选择这两家报业集团作为研究样本主要基于以下三个理由：① 两家报业集团都是大型省级报业集团，其影响力和综合实力均位列全国前十，具有较强的可比性。② 我国共有 39 家报业集团，研究发现，虽然我国报业集团在融合发展上探索的方式很多元，但这些发展模式基本上可以归纳为两个：一是以传统业务为核心，向新媒体平台转移；二是在发展传统业务的同时，由传媒业向文化产业拓展，甚至向广义的互联网产业作跨界延伸。当然，从实践上看，各个报业集团实际上往往是"传统媒体"与"新媒体"并举，但在这两个方向上有所偏重，即有的报业集团更专注于传统业务，有的则更全面地拥抱互联网新媒体业务。浙报集团选择与互联网跨界结合，全面剥离传统业务，形成了紧跟互联网产业发展趋势实施"跨界融合"的战略，而粤传媒则选择以传统业务为核心、多元化发展的战略，两家报业集团的融合发展实践代表了国内报业集团融合探索的两个基本路径，具有一定的代表性。③ 两家报业集团在转型之路上都选择了整体上市的方式，其财务报告提供了对其经营绩效进行分析的条件，在方法上具有较强的操作性。

（二）样本融合转型路径描述

2000 年 6 月 25 日，浙江日报报业集团正式成立。作为一家省级报业集团，浙报传媒最早利用资本市场转型，在政策风向的把握和改革决策的执行方面都处于行业前列。2011 年，浙报传媒集团股份有限公司（以下简称"浙报传媒"，股票代码：600633）借壳 ST 白猫股份在沪成功上市①，成为国内第一家媒体经营性资产整体上市的省级报业集团，是业内最先进行采编与经营改革的传统报业集团。由此，浙报集团踏上了"跨界互联网，剥离传统业务"的转型之路。2017 年 4 月，"浙报传媒"正式更名为"浙数文化"，公司主营业务变更为互联网媒体及互联网游戏相关业务、大数据及文化产业投资，实现了媒体形态的全面转型，重点聚焦以优质 IP 为核心的数字娱乐产业、以电子竞技等为主的垂

---

① "浙报传媒"已于 2017 年 4 月 14 日更名为"浙数文化"，但由于本书研究的是浙报集团自 2011 年上市以来到 2017 年更名后不久的财务及经营状况，故仍采用更名前的"浙报传媒"。

直直播业务和"四位一体"的大数据产业等三大板块。表4-5对浙报传媒的转型路径进行了梳理，对其中可能影响浙报集团转型绩效的大事件作了简要说明。

表4-5 浙报传媒转型路径梳理

时 间	转型事件	说 明
2011年	借壳上市	借壳ST白猫股份在沪成功上市，成为国内第一家媒体经营性资产整体上市的省级报业集团
2013年4月27日	全资收购两家游戏公司	通过非公开发行A股股票和自筹资金，全资收购盛大网络旗下的杭州边锋、上海浩方100%的股权，获得了一个拥有3亿多注册用户、2 000多万活跃用户和超过1 000万移动用户的网络平台
2015—2016年9月	投资建设"互联网大数据中心"项目	融资19.5亿元，投资建设包括浙江大数据交易中心、"富春云"互联网数据中心、大数据创客中心和大数据产业基金在内的"四位一体"大数据产业生态圈，2016年正式上线，成为省内首个大型大数据中心项目
2017年1—3月	重大资产重组，剥离传统新闻传媒业	宣布重大资产重组停牌，于3月被批准出售新闻传媒类资产，实现重大资产重组，正式剥离传统新闻传媒业
2017年4月14日	更名为"浙数文化"	公司简称由"浙报传媒"变更为"浙数文化"，全称为"浙报数字文化集团股份有限公司"，成为一家数字文化企业

　　广州日报报业集团成立于1992年12月，是我国批准成立的第一家报业集团。2010年8月16日，广州日报社及其下属企业所控制的42亿元报刊经营业务资产整体注入粤传媒，初步实现广州日报社传媒类主营业务的上市，但是并未完成媒体资产的整体上市。随后，在2012年6月，广州日报社将包括广告、发行、新媒体等优质业务在内的媒体经营性资产全部注入粤传媒，从而实现除采编业务之外的整体上市，成为继浙报集团之后第二家经营性资产整体上市的党报集团。此后，粤传媒坚持"以媒为本，多元多赢"的战略定位和"资源整

合、媒体融合、转型升级"的发展战略进行融合转型①：一是围绕传统媒体的主业，进行产业多元化，让广告、发行、印刷的报纸产业链发展成熟，拓展了传统媒体相关的产业收入；二是在传统业务的支撑下进行新业务扩展。表4-6对粤传媒的转型路径进行了梳理，对其中可能影响广州报业集团转型绩效的大事件作了说明。

表4-6　粤传媒转型路径梳理

时　　　间	转型事件	说　　明
2007 年 11 月	借壳三板转 IPO 上市	粤传媒在深交所完成 IPO，成为三板首家成功转主板的公司，也是内地首家通过 A 股 IPO 上市的报业公司
2012 年 6 月	媒体经营性资产整体上市	广州日报社将媒体经营性资产整体注入粤传媒，从而实现除采编业务之外的整体上市，成为继浙报集团之后第二家经营性资产整体上市的党报集团
2013 年	进军物流产业	发展"最后一公里"配送业务，已成为天猫、苏宁易购等电商的配送服务提供商，妥投率稳居前列
2014 年 4 月 16 日	全资收购香榭丽	4.5 亿元收购上海"香榭丽广告传媒股份有限公司"100% 的股权，将广告业务平台延伸到了全国范围和户外领域，拉开了"报纸+户外+新媒体"的全媒体转型的序幕
2017 年 9 月 25 日	1 元转让香榭丽	粤传媒发布公告称：拟 1 元转让其持有的上海香榭丽广告传媒有限公司 98.61% 的股权，受让方是广州同乐投资有限责任公司

（三）研究方法

1. 业务板块分析方法

垂直分析法和水平分析法是对一段时间内财务资料中某一方面数据变化进

---

① 乔平：《广州日报报业集团经营转型之路》，《新闻战线》2012 年第 7 期。

行动态比较的常见分析方法。垂直分析法是指通过计算财务报告的业务板块中各个项目占总体的比重或者结构来反映单个项目在总体布局中的变动情况；而水平分析法是指将历史时期的财务信息进行对比，研究一段时期内企业业务数据的增减变化率。本书运用垂直分析法与水平分析法对企业的业务板块进行横向与纵向的分析，从业务板块的百分比变动中洞悉融合转型过程中业务结构的优化，从而了解融合路径中不同阶段企业的战略重点；从业务的同比变动分析企业各业务板块盈利能力的变化，从而解释企业在融合中所作出的战略调整。

2. 财务指标分析法

财务指标分析法是指通过对一段时期内企业的年报数据中多个财务指标的变化进行统计和分析，来反映其在某一事件前后一段时期内绩效的变化。本书从企业的盈利能力、偿债能力、营运能力以及成长能力四个角度综合考虑，选择了八个指标作为研究融合转型绩效的指标，它们分别反映了企业的盈利性、安全性、流动性和成长性（见表4-7）。[1]

表4-7　反映公司经营状况的八个财务指标

财务指标	变　　量	计　算　公　式
盈利能力	销售净利率	净利润/销售收入
	销售成本率	主营业务成本/销售收入
成长能力	总资产增长率	（本年总资产-上年总资产）/上年资产总额
	净利润增长率	（本年净利润-期初净利润）/期初净利润
营运能力	总资产周转率	销售收入/平均资产总额
	应收账款周转率	销售收入/应收账款总额
偿债能力	资产负债率	负债总额/资产总额
	权益比率	所有者权益/总资产

---

① 汪晓华、肖叶飞：《传媒类上市公司并购重组绩效的实证分析》，《东南传播》2015年第9期。

（1）盈利能力是衡量企业经营绩效的重要指标之一。经营业绩提升说明上市公司的盈利能力较强。本书选取了销售净利率和销售成本率这两个指标来衡量企业的盈利能力。销售净利率是用以反映企业在每增加 1 元销售收入时净利润的增减程度，主要用来考察销售收入增长的效益，而非仅仅关注收入。同样，销售成本率是用以反映企业每元销售收入所需的成本支出，收入部分并非都是由企业所持有的，扣除成本后的利润才是企业真正获得的效益。

（2）衡量企业的成长性是否良好主要看主营业务收入和净利润是否会在将来实现同倍甚至加倍的增长。本书选取了总资产增长率和净利润增长率两个指标来反映企业的获利水平。总资产增长率和净利润增长率分别反映企业资产规模和营业利润的增长情况。资产的积累对企业能否在下一年度获得充足的成长资金非常重要。

（3）企业的营运能力是指企业利用现有资源创造价值的能力，也是用来衡量公司资产运营效率的指标。营运能力关系到企业资产能否有效利用和企业的债务能否按时偿还，是企业财务状况稳定与否的关键。本书选取总资产周转率和应收账款周转率两个指标来反映上市公司的营运管理能力。总资产周转率可以衡量总资产中收入的利用情况，应收账款周转率关系到企业的应收账款能否及时收回，如能及时收回，资金使用效率便能大幅提高。

（4）偿债能力是衡量企业能否按时偿还债务的指标。偿债能力的强弱反映了企业的持续经营能力。若企业由于融合并购或其他转型事件而过度举债，则往往会导致企业资金链断裂，出于对企业经营安全性的考量，本书选取资产负债率和权益比率这两个指标来衡量样本企业的偿债能力。资产负债率反映了公司总资产中有多少比例是通过负债取得的。对于企业债权人来说，资产负债率越低说明企业的长期偿债能力越有保证，企业的融资风险较小。同样，权益比率衡量企业的杠杆风险，反映企业利用财务杠杆作用扩大经营规模的能力，如果权益比率过小，表明企业过度负债，企业抵御风险的能力则被削弱。

首先，在时间窗口的选择上，为了保证两家报业集团经营业务和上市公司资产结构的可比性，本书的选择标准如下：① 以两家企业媒体经营性资产整体上市的时间作为时间起点，保证两家企业的业务性质大体相同；② 以本书撰写期间最新年报发布时间作为终点，包含企业公开的最新数据。因此，浙报传媒的研究窗口期为 2011—2017 年，粤传媒的研究窗口期为 2012—2017 年。其次，根据两家企业年报数据计算出财务指标和业务板块的对比数据。最后，根据指标变动趋势来判断样本企业在转型路径中业务剥离的成果和战略调整所取得的经营绩效是正面的还是负面的，结合引起变动的事件加以分析。

本研究所使用的企业案例和数据来源于 Wind 资讯数据库中的企业公开年报、和讯财经网以及巨潮资讯网站。

三、实证分析

（一）业务板块分析

1. 业务收入分析

浙报传媒主要以投资经营数字媒体产业为核心业务，公司年报内公布的主营业务按传统业务和新媒体业务可以分为：报刊发行业务、广告业务、印刷业务、商品销售业务、技术信息服务业务、衍生产品销售业务、无线增值服务业务、平台运营业务及其他业务。

从表 4-8 可以看出，自 2011 年浙报传媒上市以来，无线增值服务、在线游戏运营、互联网衍生产品销售、平台运营、信息服务等新媒体业务的收入实现了从无到有的转变，并且每年都实现不同幅度的增长。2013 年全资收购两家游戏公司，为浙报传媒的主营业务增加了在线游戏运营收入、互联网衍生产品销售收入和平台运营收入。在线游戏运营业务自 2013 年出现以来，收入持续增长，从 2013 年到 2015 年实现了 50% 以上的增长；2015 年开启互联网大数据项目，公司主营业务增加信息服务等新媒体业务，信息服务收入从 2015 年的 1.77 亿元增加到 2016 年的 2.35 亿元，营业收入将近翻了一番。此外，2012 年增加的无线增值服务收入和 2014 年增加的产品销售收入都在以不同的幅度增长，尤其是 2014 年拓展的产品销售收入来自同年浙报传媒重点推进的"钱报有礼"互联网电商平台建设项目，截至 2016 年 12 月 31 日，此项目收入增长了将近 3 倍。①

表 4 - 8 浙报传媒业务收入 单位：亿元

业务类型		2011 年	2012 年	2013 年	2014 年	2015 年	2016 年	2017 年
传统媒体业务	报刊发行业务	3.74	3.90	4.00	3.89	3.52	3.42	0.79
	广告业务	7.72	7.38	10.03	8.97	7.64	7.19	1.48
	印刷业务	0.62	0.80	0.60	0.57	0.85	0.99	0.19
新媒体业务	无线增值服务业务	—	0.46	0.50	0.63	0.82	0.40	0.09
	在线游戏运营业务	—	—	4.27	8.02	9.11	6.55	8.64
	互联网衍生产品销售业务	—	—	0.29	0.28	0.38	0.40	—
	平台运营业务	—	—	0.34	0.33	0.33	0.36	0.21
	信息服务业务	—	—	—	—	1.77	2.53	0.47
	产品销售业务	—	—	—	3.43	6.59	8.83	0.97
其他	其他业务	0.84	1.19	2.98	4.06	3.11	4.31	2.97

资料来源：Wind 资讯。

由此可见，浙报传媒业务收入板块在不断地拓展，且其业务收入的增加总是伴随着转型项目，企业与新媒体融合的每一步都会为主营业务板块带来新的盈利项目，从而实现了收入来源的多元化。在新媒体项目拓展的同时，传统媒体的业务逐步被取代，其业务收入也大幅下降。2017 年，浙报传媒将新闻传媒类资产转移至控股股东后，传统业务全盘剥离，报刊发行收入下降到 0.79 亿元，印刷收入只有 0.19 亿元，主营业务变为更具发展潜力和盈利能力的数字娱

---

① 巨潮资讯：《2014 年浙报传媒年报》，http://www.cninfo.com.cn/information/companyinfo_n.html? fulltext? shmb600633。

乐及大数据产业板块，企业的经营战略由传统报业集团的新闻信息传播向互联网和大数据方向调整。

粤传媒主要以传统业务为核心业务，尤其是报纸产业。公司年报内公布的主营业务按传统业务和新业务可以分为：广告业务、发行业务、印刷业务、旅店服务、网络服务、户外 LED 大屏、商品销售和物流业务等。

从表 4－9 可以看出，粤传媒的业务板块自 2012 年整体上市以来并无大的变化，只在 2014 年增加了物流和户外 LED 大屏业务。2014 年全资收购香榭丽，为粤传媒的主营业务增加了户外 LED 大屏业务，该业务自出现以来收入不增反降，除了在出现的第一年为企业带来了 1.4 亿元的营收外，2016 年就降到了 0.06 亿元。2017 年，粤传媒决定出售香榭丽，户外 LED 大屏业务在粤传媒的业务板块中彻底消失，户外 LED 大屏业务几乎没有为粤传媒的盈利带来积极效应。粤传媒开展的物流业务发展势头较好，从 2014 年的 0.18 亿元增加到 2017 年的 0.52 亿元，增长了近 2 倍，这说明粤传媒利用其传统业务中发行业务的优势，逐渐加强物流网络的建设。

表 4－9　粤传媒业务收入　　　　　　　　　　单位：亿元

业 务 类 型		2012 年	2013 年	2014 年	2015 年	2016 年	2017 年
传统业务	广告业务	11.72	9.68	9.46	6.38	4.02	3.12
	发行业务	4.00	3.77	3.33	2.95	2.46	2.15
	印刷业务	2.23	2.17	2.09	2.27	2.10	2.19
新业务	旅店服务	0.03	0.08	0.10	0.10	0.10	0.08
	商品销售	0.10	0.11	0.13	0.18	0.22	0.22
	网络服务	0.31	0.33	0.35	0.25	0.22	0.26
	物流	—	—	0.18	0.42	0.58	0.52
	户外 LED 大屏	—	—	1.41	0.62	0.06	—
其他	其他主营业务	0.01	0.03	0.53	0.38	0.52	0.41

资料来源：Wind 资讯。

新业务中，除了变化较大的户外 LED 大屏业务和物流业务之外，其他业务基本保持稳定，这说明粤传媒对新业务的开发并非转型的重点，而是在稳步推进转型的基础上尝试多元化的业务发展。在传统业务中，广告业务和发行业务随着行业的发展有所下降，但仍然是整个业务板块的支撑点，印刷业务稳定在 2 亿元左右，这也不难理解，因为粤传媒拥有世界上最先进的生产线及亚洲最大的新闻印刷生产规模，其印刷能力已连续 10 年保持全国第一。[①] 因此，从业务能力来看，粤传媒采用以传统媒体为主的方式发展新兴业务，其新业务拓展战略对集团的转型发展是有利的。

2. 业务百分比分析

除了业务板块的增加之外，两家企业的业务架构也在不断优化，并且传统业务和新业务的占比存在着明显的差别。由于单从业务收入中不足以看到业务结构的变化，于是本书从业务百分比的角度对业务结构的优化作了横向的对比。

从表 4 – 10 可以看出，浙报传媒传统媒体业务的占比下降迅速，报刊发行收入占比从 2011 年的 27.89% 下降到 2017 年的 4.92%，从占主营业务的三分之一下降到了不足二十分之一；广告收入的占比从 2011 年的 57.52% 下降到 2017 年的 9.21%；印刷收入的占比更是降到了 1.18%。从图 4 – 7 整体收入对比来看，2011 年，浙报传媒传统媒体业务合计占业务板块的九成以上，而 2017 年只剩不到两成。

表 4 – 10　浙报传媒业务收入百分比　　　　　　　　　　　单位：%

业务类型		2011 年	2012 年	2013 年	2014 年	2015 年	2016 年	2017 年
传统媒体业务	报刊发行业务	27.89	27.12	17.01	12.69	10.18	9.62	4.92
	广告业务	57.51	51.35	42.60	29.25	22.09	20.24	9.21
	印刷业务	4.66	5.54	2.56	1.86	2.47	2.81	1.18

---

① 郭丽：《平媒类上市公司的经营与发展——以浙报传媒、现代传播、粤传媒为例的分析》，《新闻记者》2014 年第 2 期。

（续　表）

业 务 类 型		2011 年	2012 年	2013 年	2014 年	2015 年	2016 年	2017 年
新媒体业务	无线增值服务业务	2.22	3.20	2.10	2.04	2.37	1.13	0.59
	在线游戏运营业务	—	—	18.13	26.17	26.36	18.45	53.67
	互联网衍生产品销售业务	—	—	1.24	0.92	1.10	1.13	0
	平台运营业务	—	—	1.46	1.08	0.95	1.02	1.28
	信息服务业务	—	—	—	—	5.11	7.13	4.63
	产品销售业务	—	—	—	11.19	19.07	24.87	6.05
其他	其他业务	3.71	4.51	2.23	1.55	1.30	1.44	18.46

资料来源：Wind 资讯。

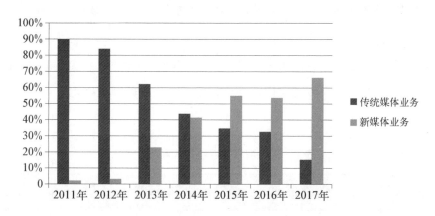

图 4-7　浙报传媒传统媒体业务和新媒体业务对比

　　与传统媒体业务相反，新媒体业务自转型之初便"高歌猛进"，在线游戏运营业务收入自 2013 年甫一出现就达到了 18.13%的高占比，占比超过当年的报刊发行收入，之后在 2015 年达到 26.36%的小高峰；信息服务收入占比从 2015 年的 5.11%增长到 2016 年的 7.13%，已然超过了印刷业务的收入占比。同样，从图 4-7 的整体收入对比来看，新媒体业务虽然出现的时间不尽相同，在 2011 年仅有无线增值服务收入占比为 2% 左右，几乎可以忽略不计，但是经过五年的快速融合转型和战略的不断调整，在 2016 年该项收入占比为 53.73%，成为浙报传媒盈利的主要部分。2017 年，新闻资产全面剥离之后，浙报传媒的主营业务板块中传统媒体业务和新媒体业务对比鲜明，传统媒体业务正在逐渐从浙报传媒年报中消失。这种传统业务的不断剥离和新业务板块的增加，正是浙报传媒向数字化产业转型的数据支撑。

与浙报传媒不同，从表 4-11 可以看出，粤传媒的传统业务占比并不像浙报传媒一样下降，而是稳步上升，虽然其广告业务的收入占比从 2012 年的 63.71% 下降到 2017 年的 35% 左右，下降了将近一半，但是，发行和印刷这两个传统业务的收入占比上升明显，印刷业务更是从 2012 年的 12.1% 上升到 2017 年的 24.46%，翻了一番。由此可见，虽然粤传媒实施了以传统业务为核心的战略，但其战略也存在着一定的调整，表现为逐步减少对广告业务过多的依赖，更多依靠自身业务能力较强的印刷板块。

表 4-11　粤传媒业务收入百分比　　　　　　　　　　单位：%

业务类型		2012 年	2013 年	2014 年	2015 年	2016 年	2017 年
传统业务	广告业务	63.71	59.92	53.79	47.11	39.13	34.88
	发行业务	21.73	23.31	18.94	21.80	23.92	24.02
	印刷业务	12.1	13.41	11.90	16.79	20.41	24.46
新业务	旅店服务	0.17	0.47	0.55	0.72	1.00	0.87
	商品销售	0.54	0.68	0.75	1.34	2.19	2.48
	网络服务	1.66	2.02	1.98	1.83	2.10	2.91
	物流	—	—	1.05	3.07	5.63	5.77
	户外 LED 大屏	—	—	8.02	4.58	0.58	—
其他	其他主营业务	0.08	0.19	3.02	2.77	5.03	4.61

资料来源：Wind 资讯。

　　从图4-8的整体对比中也可以看出两大报业集团的显著区别，不同于浙报集团的传统媒体业务收入从高到低的占比变化，粤传媒的传统业务收入一直保持高占比，并且与新业务的差距非常明显。再看新业务收入占比的变化，各新业务的收入占比都实现了不同幅度的增长，旅店服务从2012年的0.17%上升到2017年的0.87%，2016年达到了峰值1%的占比，占比增长将近10倍；商品销售的收入占比从0.54%上升到2.48%，同样实现了成倍增长；新业务中发展势头较好的物流业务的收入占比从2014年的1.05%上升到2017年的5.77%，不仅占比成倍增长，并且在2017年成为新媒体业务中收入占比最高的业务。

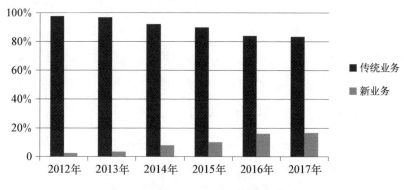

图4-8　粤传媒传统业务和新业务对比

　　除此之外，2014年以8.02%的高占比出现的户外LED大屏业务，在2015年就大幅下降，2016年成为粤传媒所有业务板块中占比最小的部分。收购香榭丽、拓展户外LED大屏业务的转型之举不仅没有为粤传媒带来较大盈利，反而拖累了新业务的拓展和企业整体的营收增长。从图4-8可以明显看出，粤传媒的业务核心始终是传统业务，虽然2012—2017年期间新业务所占的百分比有所增长，转型的效果有所体现，但仍然是基于企业的传统业务结构进行一定程度的优化，新业务的收入占比相对于传统业务而言仍然有很大的拓展空间。

3. 业务同比变化分析

　　业务收入的同比变化对研究浙报集团的融合战略调整同样重要。业务收入的同比变化是对业务板块优化的纵深比较，同一个业务在不同的时期是如何变化的，传统媒体业务在如何下降，新媒体业务的增长是否符合预期，这些对于从业务角度衡量浙报集团和粤传媒融合转型的战略决策是否成功也有着重大的影响。

从表4-12的数据可以看出，浙报传媒的报刊发行收入和广告收入在这五年内大多数都是负增长的情况，在2017年降幅达到了其上市以来的最高峰，盈利能力逐渐减弱，因此并非浙报传媒盈利的主要部分，甚至拉低了浙报传媒总收入的增长。与之相比，在线游戏运营业务收入在2014年实现了7.85%的增长，这说明浙报传媒本身的业务管理适应度和吸纳性都非常高；2014年，互联网电商平台建设带来的产品销售收入也为浙报传媒的盈利潜力带来了强劲的动力。

表4-12　浙报传媒业务收入同比变化　　　　　　　　　单位：%

业务类型		2012年	2013年	2014年	2015年	2016年	2017年
传统业务	报刊发行业务	4.20	-3.62	7.88	9.57	2.93	-76.80
	广告业务	-4.36	30.98	13.03	14.83	5.92	-79.37
	印刷业务	27.38	-9.77	5.40	9.37	6.99	-81.02
新媒体业务	无线增值服务业务	54.70	8.64	6.35	1.23	51.30	-76.31
	在线游戏运营业务	—	—	7.85	3.60	28.13	31.87
	互联网衍生产品销售业务	—	—	3.88	5.05	5.20	-100
	平台运营业务	—	—	3.20	0.95	9.50	-42.82
	信息服务业务	—	—	—	1.49	43.44	-70.60
	产品销售业务	—	—	0.33	2.18	33.94	-88.97
其他	其他业务	30.19	-18.85	9.96	4.96	13.59	-31.14

资料来源：Wind资讯。

此外，在业务收入的纵深比较中存在着一些意料之外的结果，如相较于其他传统媒体业务的负增长，印刷业务的增长率在 2015 年达到 9.37%，这可能是印刷业务市场周期性波动的结果，印刷业务在 2017 年出现了大幅度的负增长，与其他传统媒体业务的负增长比率接近；互联网大数据中心带来的信息服务收入增长 43.44%，这说明，在大数据中心建立之后，"四位一体"的大数据布局成了浙报传媒的重点产业。战略的转移在 2017 年的数据中体现得也较为明显，在所有业务都实现负增长的情况下，在线游戏运营业务收入仍然有 31.87% 的涨幅，这表明 2017 年浙报传媒的重大资产重组在战略上大幅度调整了企业的业务板块，在主营业务方面向数字化企业转型。①

再来看粤传媒的业务收入同比变化情况，从表 4-13 可以看出，虽然粤传媒的业务板块在增加，业务结构在优化，但不论是传统业务还是新业务都存在着负增长的情况。在传统业务中，广告业务一直都是负增长，只是下降的程度存在着变化，并且下降的幅度在减少；而印刷业务有增有减，在 2015 年和 2017 年都是上升的，提高了传统业务的稳定度。

表 4-13　粤传媒业务收入同比变化　　　　　　　单位：%

业务类型		2013 年	2014 年	2015 年	2016 年	2017 年
传统业务	广告业务	-17.40	-2.25	-32.58	-37.01	-22.40
	发行业务	-5.80	-11.52	-11.41	-16.78	-12.59
	印刷业务	-2.76	-3.41	8.68	-7.84	4.34
新业务	旅店服务	142.63	27.81	0.35	5.28	-24.26
	商品销售	10.79	19.79	36.98	24.31	-1.50
	网络服务	6.55	6.82	-28.57	-13.14	20.49
	物流	—	—	125.31	39.15	-10.72
	户外 LED 大屏	—	—	-56.03	-90.32	-100.00
其他	其他主营业务	115.35	1 608.49	-29.40	37.57	-20.18

资料来源：Wind 资讯。

---

① 毕闻悦：《传统报业转型发展路径分析》，《中国报业》2015 年第 21 期。

相较于传统业务，粤传媒新业务中正向增长的业务比传统业务要多，旅店服务和商品销售都只在 2017 年出现负增长，其他年份都实现了不同程度的正向增长，而物流业务却没有那么顺利，虽然在 2015 年和 2016 年分别实现了 125.31% 和 39.15% 的增长，但是可以清晰地看出，2016 年的增长势头放缓，这种趋势没有得到适当的调整，2017 年负增长开始出现；户外 LED 大屏业务不仅没有取得新业务预期的增长，反而在三年期间持续出现负增长。

从浙报传媒和粤传媒业务同比变化分析可以看出，浙报传媒将融合转型的重点放在新业务板块的增加和壮大上，因此，新业务的营收增长基本符合预期，为企业整体的盈利能力带来了正向的拉动力。粤传媒是以传统媒体业务为核心发展新业务的，新业务的引入并没有十分谨慎的决策部署，导致了收入不能达到预期的结果，不仅如此，还不得不在几年后放弃一个 45 亿元投资的重大转型项目。同时，粤传媒迈出"报纸+户外+新媒体"的全媒体转型步伐使得广告业务也受到了户外 LED 大屏业务的消极影响，户外 LED 大屏业务占据了转型资源却没有发挥出积极作用，是粤传媒在融合转型中与浙报传媒拉开差距的原因。

（二）财务数据描述

1. 整体经营情况分析

从浙报传媒上市以来的经营状况来看，无论是营业收入还是上市公司的净利润和总资产，都呈现了较大的增长。从图 4-9 可以看出，其营业收入从 2011 年的 13.42 亿元增长到 2016 年的 35.5 亿元，增长了 164.53%；总资产增长了 476.38%；净资产增长了 454.28%；归属于上市公司的净利润增长了 294.23%。这说明，浙报传媒在 2011 年上市之后经营状况整体趋势上扬。除此之外，从图 4-9 的曲线可以清晰看出，2012 年到 2013 年，也就是浙报传媒启动杭州边锋等游戏公司的收购项目期间，存在着一个明显较大的增长点。同时，2015 年到 2016 年浙报传媒投建"互联网大数据项目"期间，也是企业经营发展中一个相对较大的增长点，为浙报集团带来了营收和利润的增长。2017

年全面出售新闻类资产对企业的营业收入有较大的影响，从业务板块的分析中也能看出，主营业务都出现了负增长，但同时，净利润、总资产等还是呈现增长的态势。

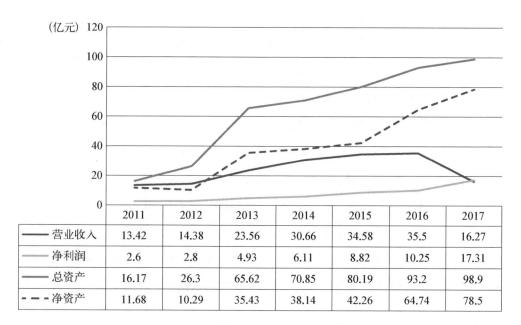

（亿元）	2011	2012	2013	2014	2015	2016	2017
营业收入	13.42	14.38	23.56	30.66	34.58	35.5	16.27
净利润	2.6	2.8	4.93	6.11	8.82	10.25	17.31
总资产	16.17	26.3	65.62	70.85	80.19	93.2	98.9
净资产	11.68	10.29	35.43	38.14	42.26	64.74	78.5

图4‑9　浙报传媒经营发展整体趋势

不同于浙报传媒的稳定增长态势，粤传媒的整体发展趋势波动较大。营业收入在逐年下降，从2012年的18.81亿元下降到2017年的8.94亿元（见图4‑10），下降了50%左右。企业的净利润也不容乐观，2014年净利润为−4.49亿元，收购香榭丽带来的营业成本的消耗远高于企业从新业务获得的营业收入，2015年的情况有所好转但是仍然在负向增长。企业的总资产和净资产基本上保持平稳，由于2014年全资收购香榭丽，企业资产较2013年增加了近3亿元，但是在扣除企业因收购产生的负债之后，企业归属股东的净资产反而出现了近2亿元的亏损。

对比来看，2012年，粤传媒不管是营业收入、净利润还是总资产都超越了浙报传媒。然而在2013年之后，浙报传媒迎头赶上，截至2017年，浙报传媒的营业收入、净利润和总资产都是粤传媒的两倍。以两家企业作为媒体经营

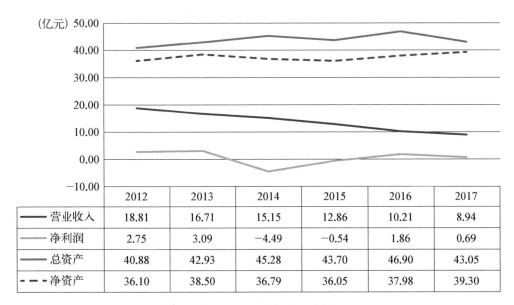

(亿元)	2012	2013	2014	2015	2016	2017
—— 营业收入	18.81	16.71	15.15	12.86	10.21	8.94
—— 净利润	2.75	3.09	−4.49	−0.54	1.86	0.69
—— 总资产	40.88	42.93	45.28	43.70	46.90	43.05
- - - 净资产	36.10	38.50	36.79	36.05	37.98	39.30

图 4-10 粤传媒经营发展整体趋势

性资产整体上市为起点，浙报传媒对于整体上市的适应性要好于粤传媒，其中也不排除浙报传媒首先利用资本市场转型的先入者优势，粤传媒以优质资产注入上市公司，但"多元化"的转型战略似乎让粤传媒的发展显得有点混乱。

2. 财务指标分析

（1）盈利能力分析。从表 4-14、图 4-11 可以看出，浙报传媒的销售净利率在上市以来呈现稳步上升的趋势，从 2011 年的 19.29% 增长到 2016 年的 28.88%。销售净利率稳定在 20%，并且向 30% 增长，这表明在所获得的销售收入中，除去成本和负债等，有三成是企业可以作为利润持有的，并且可以向资本转化。同时，2013 年相较于前后两年出现了短暂的小高峰，2016 年相较于之前两年出现了明显增长。由此可以得出，浙报传媒在转型路径中的两次融资项目确实增加了企业的利润增长能力，而这些利润与两个转型项目带来的新媒体业务的盈利能力有关。从 2017 年销售净利率陡然上升可以看出，传统媒体业务的剥离对企业的利润增长并无负面的影响，反而增强了企业的盈利能力。

表 4－14　浙报传媒七年财务指标　　　　　　　单位：%

财务指标		2017年	2016年	2015年	2014年	2013年	2012年	2011年
盈利能力	销售净利率	106.39	28.88	25.52	19.94	20.93	19.50	19.29
	销售成本率	38.54	65.53	58.04	53.25	51.95	53.88	54.92
营运能力	总资产周转率	0.17	0.41	0.46	0.45	0.51	0.68	1.46
	应收账款周转率	7.24	11.63	11.12	10.20	9.86	8.88	13.43
偿债能力	权益比率	1.14	1.62	1.88	1.86	2.01	2.18	1.78
	资产负债率	12.35	17.62	31.80	33.96	36.07	39.89	30.38
成长能力	总资产增长率	6.08	16.18	13.19	7.09	145.35	19.89	8.18
	利润增长率	64.54	14.80	40.94	27.65	85.67	6.86	11.52

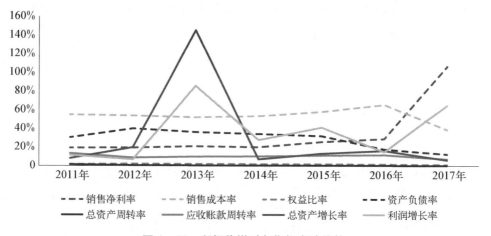

图 4－11　浙报传媒财务指标变动趋势

　　与浙报传媒相反，从表 4－15、图 4－12 粤传媒销售净利率的波动看，2014 年和 2015 年企业入不敷出，销售收入中扣除成本和负债呈现的是负值的比率。由此可以得出，与浙报传媒收购游戏公司不同，粤传媒收购香榭丽的举动不仅没有为企业带来盈利能力的增长，反而拖累了企业本身的盈利。

表4-15　粤传媒六年财务指标　　　　　　　　　　单位：%

财 务 指 标		2017 年	2016 年	2015 年	2014 年	2013 年	2012 年
盈利能力	销售净利率	7.68	18.25	-4.2	-29.62	18.5	14.64
	销售成本率	71.46	75.14	70.91	62.69	59.84	63.47
营运能力	总资产周转率	0.2	0.23	0.29	0.34	0.4	0.68
	应收账款周转率	3.23	2.94	3.21	3.95	5.33	8.93
偿债能力	权益比率	1.1	1.24	1.21	1.23	1.12	1.13
	资产负债率	8.72	19.03	17.5	18.75	10.32	11.69
成长能力	总资产增长率	-8.21	7.32	-3.49	5.48	5.01	6.28
	利润增长率	-55.14	434.57	87.07	-238.99	11.32	-27.06

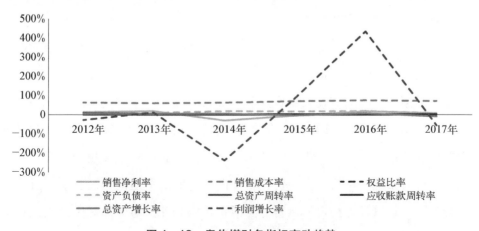

图4-12　粤传媒财务指标变动趋势

另一方面，浙报传媒财务指标中代表销售收入中支付成本的销售成本率先下降后上升，在2016年达到65.53%，这说明浙报传媒在2015年的融资项目期间所获得的销售收入有65%左右都作为成本消耗了。从上市到第一次融资收购游戏公司期间，企业对成本的控制能力较好，然而，第一次融资之后不到两年再次为建设大数据中心融资，导致企业的销售成本率出现了负增长。2017年的销售成本率创上市以来最低，与前几年50%—60%的高比例形成鲜明对比，这说明浙报传媒的传统媒体业务在成本方面确实抑制了企业盈利能力的增长。

相较于浙报传媒，粤传媒的销售成本率一直保持在 60%—70% 之间，虽然较为稳定，但是成本占销售收入的比重居高不下，一定程度上影响了企业从营业收入中获取利润的比例，而粤传媒的业务中占比较大的就是传统业务，发行、印刷等业务对于成本的消耗确实比较大，与浙报传媒进行对比也可以得出结论，传统业务在支撑粤传媒的营业收入的同时也在影响着企业的成本控制。

（2）营运能力分析。总体来看，在 2012 年，浙报传媒的总资产周转率下降幅度较大，融资收购边锋和浩方耗费资产过大，占据了总资产中的大部分，导致企业的资产周转在短时间之内效率大幅下降。之后经过新媒体业务的战略调整，浙报传媒将盈利重点放在信息服务业务上，资产积累增加，该指标稳定在 0.45 左右。

与浙报传媒一样，粤传媒的总资产周转率一直在下降，在总资产上升的情况下，资产周转的效率却在下降，说明企业的资产实际上并没有增加，资产中大部分作为成本扣除了，可供支配的企业财富并没有因为业务板块的增加而有实质性的增长。

此外，浙报传媒的应收账款周转率从 2012 年之后一直呈明显上升趋势（见图 4-11）。在经历了 2012 年第一次融资收购后，浙报传媒开始注重对于资产的管理和账款的回收，新媒体业务的盈利使企业可以积攒资金来稳固融资过程中损失的资产。由此，在第二次融资项目期间，企业的营运能力没有受到过大的负面影响，保持着较为稳定的运营。与浙报传媒相比，粤传媒对于应收账款的管理并不严谨，这一点从其应收账款周转率的持续下降可以看出。同时，由于香榭丽所背负的大量应收账款坏账和应收账款造假，合并报表的粤传媒也就不得不承担香榭丽带来的亏损和营运能力的损失。

（3）偿债能力分析。受到第一次融资收购的影响，2012 年浙报传媒的资产负债率达到了 39.89% 的高位（见表 4-14），负债占总资产的比率达到峰值，资产中近四成是需要偿还的债务，并不为企业实际持有。在成功收购边锋、浩方之后，由于盈利能力和企业资产的回升，资产负债率开始出现小幅度的下降。

在 2015 年第二次融资项目启动之时以更大的幅度继续下降，这表明浙报传媒的长期偿债能力一直呈现上升的趋势。并且，虽然第一次融资收购使得企业背负了大量的负债，但是大数据中心等项目的建立为企业资产的回暖带来了很大的助力。

在盈利能力上表现较弱的粤传媒在偿债能力上却比浙报传媒要强，粤传媒 2014 年时 18.75% 的资产负债率比浙报传媒 2015 年大数据项目期间的 31.80% 低了近一半，这主要得益于传统业务为粤传媒带来了稳定的收入，虽然收购香榭丽所耗费的资产比浙报传媒的两次转型项目都要多，但是核心的传统业务保持稳定对于粤传媒的偿债能力有很大的助力。

权益乘数代表负债带来的杠杆收益。高负债带来高收益，同时也会面临着高风险。因此，权益乘数在变化趋势上和资产负债率同步。同时，权益乘数说明了第一次融资收购游戏公司为浙报传媒带来了不小的利润，而这些利润的增长与游戏公司增加的在线游戏业务等新媒体业务相关，从粤传媒稳定的权益比率也可看出传统业务在偿债能力上的正面经济效应。

（4）成长能力分析。从图 4-11 可以看出，2013 年浙报传媒的总资产增长率和利润增长率都出现了明显的峰值，这表明其 2013 年收购游戏公司获得的在线游戏运营业务发展能力较好。结合业务收入分析和盈利分析，在线游戏运营业务不仅为企业带来了利润的增长，而且将利润转化为资产的能力也较强。综合来看，在两次融资项目期间，浙报传媒新媒体业务的成长能力符合市场和投资者的积极期望。值得注意的是，2017 年企业的利润增长率同样陡然上升到 64.54%，传统业务与新业务的重组使企业获得了新的发展动力。

图 4-12 中最明显的波动曲线就是粤传媒的利润增长率，2014 年一度跌到 -238.99% 的最低值，又在 2016 年上涨到 434.57% 的峰值（见表 4-15）。总体来说，粤传媒的成长能力很大一部分受到企业转型路径的影响，2014 年收购香榭丽并没有取得预期的盈利，影响了同年利润的增长，市场开始质疑这个项目的风险，随着 2015 年香榭丽应收账款造假、广告合同纠纷等一系列丑闻的曝出，到 2016 年，粤传媒已经决心放弃香榭丽，同时停止了香榭丽的继续运营和

并表，市场对于其利润的增长才有了积极的预期。由此可以看出，市场对于粤传媒的传统业务一直抱有信心，而转型压力下盲目的收购使得粤传媒短暂地迷失了方向。因此，对于粤传媒来说，寻找与自身业务符合的转型方向才是正确的战略。

（三）实证结论

根据业务收入的横向与纵向的比较和财务指标法实证研究的结果，从数据中反映的情况来看，可以得出以下结论。

（1）从企业的业务板块分析来看，首先，浙报传媒的转型路径采用的是"跨界互联网融合战略"，通过逐渐增加新媒体业务来收缩或取代传统媒体业务，这种战略为企业带来了收入的增长。在线游戏运营业务、信息服务业务等新媒体业务初次进入传统报业集团的组织框架内就能在短时间内盈利，其利润增长为企业的盈利能力和成长能力都带来了良好的预期，这说明浙报传媒所选取的融合转型方式对新媒体业务的增长具有很强的吸纳性。

与浙报传媒不同的是，粤传媒采用了"以传统业务为核心的多元化经营战略"，通过对原有业务的延伸以及市场资源的进一步开发来拓展多元化的业务。然而，从战略发展项目及其财务表现看，收购香榭丽导致新业务在企业内适应性不够，并且所收购的标的本身存在的负面效应拖累了粤传媒的盈利能力与成长能力，从而使得粤传媒的转型之路行差踏错，自此与浙报传媒拉开差距。

其次，浙报传媒在调整业务板块、剥离传统媒体业务的过程中，对于新媒体业务同样实行了战略调整。从业务板块同比变化来看，在"互联网大数据项目"上线后，浙报传媒重点关注信息服务业务的增长，在线服务业务的比重较信息服务业务有所下降，但是企业当年的盈利能力并没有下降，资产反而增长并弥补负债。这种新媒体业务的战略调整说明浙报传媒在融合转型中注重紧跟互联网发展的潮流与趋势，体现出了很强的战略灵活性，这对于实现成功的融合转型十分重要。与浙报传媒的"追随策略"相比，粤传媒主要是在传统业务的基础上拓展新业务。然而，在试图实现多元化经营过程中，粤传媒的战略调整不够清晰，转型重点模糊。在户外 LED 大屏业务持续负增长的情况下，粤传媒却没有适时放弃户外 LED 大屏新业务，也没有将同期增加的具有盈利效应的物流业务作为转型重点，因此失去了新的增长点。

（2）从企业财务指标分析来看，浙报传媒在转型中盈利能力和成长能力得到了明显的提高，这主要得益于收购游戏公司和投建互联网大数据项目。首先，企业的盈利能力提高较快，两次转型项目带动了企业利润的快速增长，企业资产增长了近 6 倍，快速弥补了企业项目 30% 的负债。其次，企业的成长能力也得到了市场的肯定。浙报集团收购游戏公司，增加了在线游戏运营业务、网络衍生产品销售业务和平台运营业务等新媒体业务，使其能够借助这个成熟的互联网游戏平台和技术部门拓展一个庞大的用户群体，这样的跨界融合策略对于传统报业来说是一个很大的突破。

相反，粤传媒的盈利能力和成长能力在融合转型的路径中受到了明显的负面影响，这主要是由于在收购项目过程中忽视了对并购风险的管控，在强烈的转型需求驱动下，没有认真地考虑新业务与报业集团本身定位和转型战略的适应性，导致企业利润的下降和负债的增加。同时，香榭丽应收账款坏账的负面新闻也使得市场对粤传媒的新业务丧失了信心，虽然传统业务的比重仍然较大，但此次并购项目的失败对粤传媒的品牌形象也造成了很大的负面影响。

（3）从企业的偿债能力和营运能力来看，虽然全面剥离传统媒体业务的战略调整存在着一定的风险，然而浙报传媒对于新媒体业务也在适时地进行重点迁移。作为一个传统的报业集团，选择首次接触并且收购游戏公司需要大量的资金支持，并且需要考量新增业务与传统业务的融合性。与此同时，作为一家上市企业，大量的筹资意味着企业杠杆风险的增加。从企业的资产负债率和权益乘数可以看出，收购项目给企业带来了大量的负债，同时也带来了较大的风险，负债占总资产的比例超过了负债与资产比例 1∶2 的安全线。虽然浙报传媒的新媒体业务的适应性较强，并且在两次转型项目上线时，企业对新媒体业务也作了相应的投资，营业收入和利润的增长又使资产得到了稳固的积累，覆盖了融资负债的差额，但是不能忽略其中存在的风险。

然而，粤传媒在业务发展过程中存在着对收购的风险评估和重视不足的问题。首先，粤传媒在进行收购之前没有做好尽职调查，对于收购企业的财务信息了解不够，香榭丽存在大量的应收账款坏账。同时，在企业的盈利能力逐渐减弱的情况下，以4.5亿元收购低于其价值的资产，在造成资产损失的同时也拖累了企业的经营绩效。其次，粤传媒在转型过程中没有适时地调整新业务的融合战略，对物流在新业务中的作用没有高度重视，同时传统业务对于企业偿债能力的积极影响在转型路径中有所减弱，因此粤传媒的营运能力有所欠缺。

四、结论与反思

本书从业务板块和经济效益的角度出发，选取了浙江日报报业集团和广州日报报业集团作为报业融合转型的典型案例进行对比。通过对两家传媒公司业务板块的比较分析发现，浙报传媒在融合中主要采用"互联网跨界融合战略"，具体方法是以"市场追随策略"开发新媒体业务和能够代表前沿与发展趋势的互联网项目，而且在发展新媒体项目的同时，逐渐剥离处于衰退期的传统媒体业务；粤传媒在融合中主要采用"以传统业务为核心的多元化经营战略"，这种战略的主要思路是坚持广州日报报业集团在传统业务领域已经建立的优势和影响力，以传统业务为核心向新媒体业务延伸，同时基于传统业务的资源优势发展多元化的经营项目。

从财务分析结果来看，浙报传媒的新媒体业务在企业盈利能力和成长能力方面取得了正的财富效应，这说明市场对于报业集团与互联网企业融合，建立基于用户和大数据的运营体系是认可的。而粤传媒的传统业务中的广告、发行业务持续下滑，部分新业务能够保持一定的稳定性，但有的新业务下滑严重，影响了企业的盈利能力和成长能力。两家传媒公司经营的成败得失提醒我们注意以下几个方面的问题：

（1）在新业务拓展过程中，并购是一个常用的战略，然而，报业集团应充分预估在融合发展中运用并购策略所存在的风险。粤传媒香榭丽并购案的失败说明，因转型压力而盲目进行收购可能会导致企业经营绩效的恶化。因此，企业在进行项目收购之前需要谨慎决策，为融合方案的实施提供更多技术和财务上的支持，认真仔细的尽职调查能最大程度地避免风险的发生。同时，报业集团在并购前后也需要考虑自身与标的企业在经营管理和业务上的融合问题，解决传统媒体和新兴媒体的传播差异以及因业务边界可能产生的障碍，实现管理和传播上的协同效应。

（2）在剥离传统业务的同时要对新业务进行重点迁移和战略调整。浙报传媒在新媒体业务运营时进行了适时的重点转移，以弥补企业融合转型中偿债能力与营运能力的不足，粤传媒则遭受了巨大的损失。两者的得失经验说明，在新媒体技术与市场变动不居的格局下，报业集团需要在稳固主营业务板块的基础上，依据自身资源优势和市场变动趋势推进其他信息业务的收入。对于急于转型融合、开拓新媒体市场的报业集团而言，必须对自身主营业务能力、整合信息资源的能力进行准确评估，防止因专注于盈利能力弱的业务而导致人力、物力、财力的过度消耗，以及由此带来的对用户信心的消耗。

（3）报业集团的转型是一条机遇与风险并存的道路，并非所有的报业集团都适合跨界互联网融合、全面剥离传统业务的转型之路。根据企业资源学派的观点，企业的竞争优势和经济利润来源于其所具有的组织能力、资源和知识的积累，有些资源和能力是在企业独特的历史与发展路径中形成的，具有稀缺性，很难为其他企业所模仿和替代。[①] 由于我国一些大的报业集团在长期的发展中已经积累了很多独特的历史资源，在决策正确、管控风险、经营得当的条件下，包括粤传媒在内的报业集团以传统媒体业务为核心的多元化战略也可以取得正面的经济效应。因此，传统媒体有必要充分认识自身的资源与优势，并基于独特的资源与优势作出谨慎的决策。

（许梦晨、王学成）

[①] W. Brian Arthur, "Competing Technologies, Increasing Returns, and Lock-in Historical Events," *Economic Journal*, 1989, pp. 116-131.

第五章 国外媒体融合策略分析

第一节 国外报业融合案例

案例3 《赫芬顿邮报》的数字化融合战略

2005年5月，没有任何历史包袱的《赫芬顿邮报》（*The Huffington Post*）在美国肥沃的互联网土壤中孕育而生，它是一家兼具博客个体性和媒体公共性的新闻博客网站，由阿里安娜·赫芬顿与乔纳·佩雷蒂共同创办。不同于《华尔街日报》《华盛顿邮报》等传统报纸，《赫芬顿邮报》从一开始就确定了其是一家具有互联网基因的报纸，并打出了"第一份互联网报纸"的招牌。网站最初的创办目的是充当美国自由派和左翼的议政平台，主要着力政治、时事新闻的聚合和报道，后期逐渐扩展到商业、娱乐、科技、体育及生活资讯等领域，并逐步加大原创内容制作的力度。《赫芬顿邮报》创立仅三年后就在美国《时代》杂志评选的"25个最好的博客"中位列第一，在2012年7月位列eBizMBA网站评选的"15家最热门政治网站"首位。[①] 同年4月获美国普利策新闻奖。

在运营方面，2010年，《赫芬顿邮报》开始盈利，当年盈利3 500万美元；

---

① 牛华网：《〈赫芬顿邮报〉的崛起：博客平台带来规模效应》，http://www.newhua.com/2013/0418/210343.shtml。

2011 年，《赫芬顿邮报》月独立用户访问量破 2 500 万，超《纽约时报》网站。[①] 2011 年，《赫芬顿邮报》被美国在线（American Online，简称 AOL）收购，先后在加拿大、英国、法国、西班牙、意大利等国开设当地版。近年来，随着社交平台媒体和算法媒体的兴起，《赫芬顿邮报》与《纽约时报》等传统专业媒体一样面临新兴媒体的强势挑战：2017—2018 年《赫芬顿邮报》在美国国内的流量收入下降了 36%，不得不于 2018 年关闭其博客撰稿平台。

作为一家博客新闻网站，《赫芬顿邮报》创立初期借助其新媒体运营方式迅速发展并获得了巨大成就，而其从盛极一时到被迫关闭博客平台为我们理解互联网环境下媒体融合所面临的挑战提供了诸多思考。因此，本书拟结合媒介融合的大环境分析《赫芬顿邮报》数字化战略的经验与教训，以期为当前的新闻媒体或社交媒体的融合发展提供可资借鉴的建议。

一、内容战略

（一）内容生产方式

作为新闻集纳平台，《赫芬顿邮报》网站的内容生产以聚合为主、原创为辅，加之其社交化平台经营战略，逐渐形成了内容庞大、形式多样、曝光率高、互动性强的特色。

1. 内容聚合

《赫芬顿邮报》创建于博客的大众化时期，作为一家博客新闻网站，博客作者既是网站的核心资源又是网站的立站之基。成立之初，《赫芬顿邮报》没有专职的采编团队，主要为全美各地知名新闻博客主发布新闻评论提供平台。阿里安娜·赫芬顿依托自己的人脉资源，邀请并招募了大批高质量作者入驻博客。随着网站影响力的不断扩大，越来越多的人意识到博客这一平台对自我推广的作用，网站的用户群进一步扩大。至 2015 年 5 月，已有近 10 万来自学界、

---

① 田智辉、赵璠：《〈赫芬顿邮报〉：互联网报纸的典范》，《中国报业》2015 年第 3 期。

政界、商界及娱乐界等领域的博主为《赫芬顿邮报》无偿提供新闻和评论，充足的博客军团为《赫芬顿邮报》不向博主付费提供了资本。

转载来自其他媒体的原创新闻，并基于网民兴趣对媒体原创新闻进行改写是《赫芬顿邮报》的常用手法。《赫芬顿邮报》与《纽约时报》《卫报》等传统媒体以及英国广播公司等近 150 家报纸和广电媒体签约合作，同时与全球 60 多个机构的博客建立连接，① 并购买美联社、博通社等各大通讯社的新闻，为网民提供了远超传统媒体和其他新闻网站的内容，满足了受众的多元需求。

2. 开放式生产

互联网时代改变了媒体出版资源稀缺的状况，新闻成了一种协作的产物，同时为公民记者的兴起提供了可能。《赫芬顿邮报》的共同创建人乔纳·佩雷蒂认为，新闻模式不再是"发出—接收"的单向关系，而是"一个生产者和消费者之间共享的事业"。②

《赫芬顿邮报》重视公民新闻、注重与读者互动，普通用户可以为网站提供新鲜素材，也可以通过发评论或发链接、照片、视频等方式对新闻内容进行再生产，使内容更加丰富、解读更加多元。为了调动更多用户参与、维护用户的话语权，《赫芬顿邮报》还创建了许多公民记者平台。在对国内外重大新闻事件的报道中，《赫芬顿邮报》多次采用公民新闻的形式从事内容生产。这种运用读者智慧进行新闻协作生产的"众包"模式，极大地激发了读者的参与热情，提高了网站的知名度与美誉度，在某种程度上也增强了读者对品牌的忠诚度。更重要的是，这种新闻生产模式使公民新闻成了传统新闻生产的重要补充，使网站从内容生产到最终的内容消费形成了一个用户高度参与的良性自循环系统。

3. 改编

采编权的缺失对互联网媒体来说既是一种束缚也是一种机遇，它催生了低

---

① 齐峰：《媒体融合认识误区与路径选择》，《中国出版》2015 年第 2 期。
② 胡泳：《"报纸已死"还是"报纸万岁"（上）——以〈赫芬顿邮报〉和〈纽约时报〉为例》，《传媒》2012 年第 6 期。

成本内容整合的新闻生产模式，编辑团队的工作重心经历着从传统意义上的新闻采写到聚合新闻改编的转变。

《赫芬顿邮报》的编辑除写稿及专题策划外，还负责外部稿件的聚合、核验与改编。编辑每天从搜索或接收的大量信息中挑选出最及时、有趣的内容，进行重新包装，提炼出文章故事精华，改编成单独的故事，并发布在博客新闻网站上。此外，编辑部还通过实时监控浏览数据，随时调整编辑策略。《赫芬顿邮报》对聚合内容及众包内容的改编主要出于以下三个方面的考虑：

（1）规避版权。合理使用是互联网的基因。编辑团队按照15%—30%的抄录比对新闻进行改写，以求将改写稿控制在"合理引用"的范围之内，或在文中引用或链接其他网站。[1] 通过这种改编方式，既可以让网站不会因版权问题受到攻击，又不会使流量流失。

（2）凸显网站新锐的报道风格。阿里安娜·赫芬顿强调，"我们的内容不涉及党派之争，我们是从公共利益的角度看问题"[2]。《赫芬顿邮报》并不是一个将各方信息简单聚合的"内容农场"，而是在保证客观、公正、真实等报道原则的基础上，通过对多元信息的巧妙改编，融入网站对报道内容专业的分析和评论，进而启发读者思考，使新闻价值达到最大化。改编后的文章多短小精悍并能引起话题，用户能在短时间内获取所需要的信息，加之专业人士对新闻信息的多元化解读和公民记者的多角度评论，用户没有必要浏览更多的网站。

（3）适应网络读者注意力规律。在信息更新速度以秒计的互联网时代，《赫芬顿邮报》通过把大量超负荷信息精简改编，使用户无须访问原创网站就能获取充足的新闻和信息，同时也培养了一种预览的阅读方式。借助搜索引擎技术，编辑可以把新闻故事的主题同读者喜欢在网上阅读的内容加以匹

---

[1]　胡泳：《"报纸已死"还是"报纸万岁"（上）——以〈赫芬顿邮报〉和〈纽约时报〉为例》，《传媒》2012年第6期。

[2]　萧倩：《〈赫芬顿邮报〉：10年创新，不改初心》，《中国新闻出版报》2015年5月19日第6版。

配，并根据用户数据实时反馈来选择最适合的头条内容及配图。① 在新闻标题方面，《赫芬顿邮报》钟情于使用更易被搜到的热门关键字作为文章标题，并启用数据驱动的分析算法来观测标题如何遣词造句更易引发用户共鸣。

4. 原创

《赫芬顿邮报》重视采编队伍建设，雇用专职人员进行 24 小时更新。2011年，美国在线服务公司的注资使《赫芬顿邮报》进一步加大了雇用记者和编辑的力度，将大量因新闻职位大幅削减而失去工作的有技能和抱负的高质量记者聚集到一起，深度开发原创性报道和深度报道。这些记者有《纽约时报》《今日美国》《福布斯》等传统主流媒体的工作经验，这使得以新闻聚合为主的《赫芬顿邮报》的原创性不断增强。至 2015 年，除了 10 万名博客作者之外，《赫芬顿邮报》在全球各地已有 850 名记者、编辑、工程师及销售人员，其调查性新闻记者遍布全球各地。

通过加强原创力度来构建品牌的话语权，《赫芬顿邮报》试图做真正的内容提供者。2012 年，网站记者的原创报道《战地之外》获得了普利策新闻奖。这在一定程度上表明了《赫芬顿邮报》的整体报道质量已被业界认可。这些社交媒体思维生产方式的有效结合，为博客新闻网站《赫芬顿邮报》开辟了一条不同于其他媒体的发展道路。

（二）优质内容产出的保障机制

1. 新闻专业理念机制

无论是 2011 年美国在线服务公司收购《赫芬顿邮报》，还是 2015 年威瑞森通信公司收购美国在线服务公司，《赫芬顿邮报》一直保持着编辑团队的独立性。对新闻行业来说，报道腐败和危险与传播光明同等重要。《赫芬顿邮报》

---

① 胡泳：《"报纸已死"还是"报纸万岁"（上）——以〈赫芬顿邮报〉和〈纽约时报〉为例》，《传媒》2012 年第 6 期。

要为读者呈现一个客观、全面的世界，作全景式内容报道。

对入驻博主也以新闻专业主义精神严格要求，创始人阿里安娜·赫芬顿说："对于新闻类博客来说，准确性和真实性是非常重要的事情，你可以有不同的观点，但是事实只有一个。不论你写什么，必须要遵从新闻的真实性。"[①] 其相对客观、公正的立场，使其不会明显倾向某特定利益集团。为提高视频新闻的质量，《赫芬顿邮报》欢迎社区来到演播室，加入对话中。即使在社交媒体和基于算法技术的互联网资讯平台对《赫芬顿邮报》的流量和效益产生严重冲击的市场格局下，它仍然将坚持新闻专业主义理念作为内容生产战略中的一部分继续保留。

2. 人才的筛选、聚合与培养机制

作为一家主打聚合的博客新闻网站，其主要内容还是来自博主们的定期无偿贡献。《赫芬顿邮报》在保证内容质量及供稿的连续性，避免谣言、失实等有害言论传播，以及规避版权风险等方面都做了很大的努力。[②] 经过数据分析，《赫芬顿邮报》发现大量有价值的内容来自极少数相对固定的活跃用户。从2007 年起，博主入驻《赫芬顿邮报》的门槛提高了。优质博主需要通过网站邀请或招募，或根据活跃度从普通评论员逐步升级为高级评论员。这就保证了网站产生的博主，要么是社会名流，要么是具有独特观点和强烈表达欲的优质用户。

互联网时代，新闻生产以秒争胜负，这无疑是对编辑、记者及 IT 工程师精力的考验。为留住优质网络人才，《赫芬顿邮报》给员工提供了适合新闻网站办公的优渥环境。办公室内设休憩室，编辑部里为员工配备吊床，并设有冥想、呼吸及瑜伽等课程。此外，《赫芬顿邮报》特别重视与研究型高校的合作，该合作一方面为网站的发展提供有效的理论支持，另一方面为网站提供后续优质新闻人才。如 2015 年《赫芬顿邮报》和南卡罗来纳大学安纳堡传播与新闻学院

---

① 观察者网:《专访阿里安娜·赫芬顿: 对新闻行业来说传播光明和揭露黑暗同样重要》, http://www. guancha. cn/AriannaHuffington/2015_05_26_320904_2. shtml。

② 万小广:《"新闻 2.0"的想象与实践——赫芬顿邮报的探索与启示》,《青年记者》2012 年第 28 期。

合作，共建了"正能量新闻挑战"（What's Working Challenge）项目，帮助教育和培养下一代新闻工作者。

3. 修正机制

延迟发布机制。《赫芬顿邮报》第三任 CEO 吉米·梅曼（Jimmy Maymann）表示，每个报道都要准确，需要核实，借助科技可以将这件事做得更好。因为需要对内容进行多次确认，有些稿件《赫芬顿邮报》不允许 5 分钟内发布。

先出版后审核的实时修正机制。《赫芬顿邮报》鼓励用户对网站发布的新闻或博客文章进行纠错和评论。① 站方根据用户反馈，对失实信息及标题、文字等进行及时的修正。为了增加用户的参与感和忠诚度，《赫芬顿邮报》为博文设置了"喜爱的"和"厌恶的"两个投票项。此外，优质内容和评论还可以获得勋章和积分，通过积累可以提升用户等级。这种筛选博主和激励用户的机制，保证了更多优质内容的持续产出，体现了网站对社交媒体属性的有效把握。

（三）内容呈现

1. 呈现方式

在媒体融合的趋势下，媒体越来越注重内容的多元化呈现。除原有文字、图片等形式外，《赫芬顿邮报》还加大了视频内容的比重，同时还注重新闻内容在 PC 端和移动端的差异化呈现。

（1）视频化战略。新闻视频化是《赫芬顿邮报》发展的方向之一，努力在内部推行"50/50"战略，即文字内容和视频内容各占 50%，培养用户观看视频新闻的习惯。《赫芬顿邮报》采用文字新闻+视频新闻的模式，每写一篇报道的同时会加一段视频新闻，来扩大影响，增加新闻的阅读量和分享量。

2012 年 8 月，《赫芬顿邮报》推出了 HuffPost Live 网络视频新闻频道。至 2015 年 5 月，网站已有全球访客 2.8 万名，收到评价 22 亿份，连续 3 年获得威

---

① 万小广：《"新闻 2.0"的想象与实践——赫芬顿邮报的探索与启示》，《青年记者》2012 年第 28 期。

比奖。网站加大了在视频制作方面的投入，增加了唱片系列和纪录片等原创视频的比例。① 目前，网站已实现 24 小时连续播出，被评为最具创意媒体产品。

此后，《赫芬顿邮报》加大了其在视频领域的科研投入，先后与不同媒体机构展开不同层次的合作：通过特许"优先播放权"与美国全国广播公司合作；通过原创"定制"内容与直播流媒体合作；通过发展 Outspeak 平台，探索 UGC 视频新闻等。②

（2）差异化战略。《赫芬顿邮报》的用户群也经历了从 PC 端向移动端转移的过程，在这种转变中，用户也在尝试用一种新的模式去接收新闻。因此，《赫芬顿邮报》采用了不同的方式在移动端对内容进行呈现，新闻头条、图片及传播方式根据不同情况进行变化，内容呈现随平台而变。如《赫芬顿邮报》为了适应移动端社交分享特色，对网页进行了改版，读者甚至可以只选择某一段落进行分享。移动端的界面也更加突出视觉元素以适应读者的分享习惯。

2. 呈现时间

《赫芬顿邮报》通过分析用户的阅读习惯，对文章的发布时间进行了优化。2014 年 11 月 12 日，《赫芬顿邮报》CEO 吉米·梅曼在腾讯网媒体高峰论坛上强调，让读者在社交媒体上传播新闻，发布时间非常关键。要第一时间发布突发新闻，把握时机发布娱乐类、生活类的轻话题。

二、平台拓展战略

（一）移动网络平台

技术推动着智能手机、智能可穿戴设备等移动终端向价格平民化、功能多样化发展，移动设备用户群得到了拓展。皮尤研究中心发布的《2015 美国新媒体研究报告》显示，截至 2015 年 8 月，美国智能手机用户占手机总用户的

① 萧倩：《〈赫芬顿邮报〉：10 年创新，不改初心》，《中国新闻出版报》2015 年 5 月 19 日第 6 版。
② 腾讯网：《〈赫芬顿邮报〉总裁分享：如何布局下个十年》，http：//news. qq. com/original/quanmeipai/hefendunyoubao. html。

73.9％，移动互联网成为主流，越来越多的用户通过移动设备获取新闻资讯。在美国前 50 大新闻网站中，39 家网站的移动端访问量超过 PC 端访问量，PC 端用户急速萎缩。①

《赫芬顿邮报》是领先布局移动互联网的媒体。为占领多屏移动用户，《赫芬顿邮报》设计了适用于不同手机操作系统的应用程序。2012 年，发布 iPad 版，并开始流媒体视频相关项目探索。② 2015 年 5 月，《赫芬顿邮报》50％以上的流量来自移动互联网，40％以上的流量来自美国之外的国家和地区。③ 这些数据表明，《赫芬顿邮报》的用户正在从 PC 端顺利转接到移动端。

（二）社交网络平台

1. 优化博客平台

《赫芬顿邮报》不断加大科技投资，开发移动博客工具，致力于打造一个包括图片、视频及声音等多种形式，聚焦用户生成内容及社区驱动的开放平台。

2. 联手最有影响力的社交网

自 2013 年以来，Facebook、Instagram 和 LinkedIn 成为社交媒体网站中新闻消费用户比例最高的三家网站。④ 调查显示，在美国成年人当中，使用 Facebook 的用户比例为 67％，三分之二的 Facebook 用户从该平台上获取新闻。此外，48％ 的网络用户通过 Facebook 获取政治新闻，仅次于当地新闻。Facebook 成为网络用户获取政治新闻的主要渠道之一，挑战着传统新闻巨头的权威。

博客新闻网站《赫芬顿邮报》深谙社交媒体的精髓在于参与和分享，在首页提供"follow"渠道，与用户进行高频发推互动；在 Facebook 的网页上开发

① "Pew Research Center's 2015 State of the News Media Report," http：//www. journalism. org/2015/04/29/state-of-the-news-media-2015/.

② 吕鹏：《基于营利的变革：网络时代新闻业的创新与突围》，《现代传播》2015 年第 2 期。

③ 观察者网：《专访阿里安娜·赫芬顿：对新闻行业来说传播光明和揭露黑暗同样重要》，http：//www. guancha. cn/AriannaHuffington/2015_05_26_320904_2. shtml。

④ "Pew Research Center's 2015 State of the News Media Report," http：//www. journalism. org/2015/04/29/state-of-the-news-media-2015/.

了社会新闻板块"HuffPost Social News"，后又与 Twitter、LinkedIn、Google Plus、WhatsApp 等社交平台合作。2014 年 5 月，《赫芬顿邮报》将自身的评论平台与 Facebook 的评论平台打通，以完善并充实其在社交平台上的新闻生产，发展用户群。

（三）版面扩张

版面扩张是《赫芬顿邮报》的战略之一，截至 2018 年，其在全球已有 800 多个报道点、15 个国际版。

1. 地方版

进军地方市场。2008 年 8 月，《赫芬顿邮报》芝加哥分站开张，网站内容分为本地新闻、资源指南和意见集纳三个部分。随后，纽约、丹佛、洛杉矶、旧金山、底特律和迈阿密等地方网站也陆续上线。①

2. 国际版

2011 年，在被美国在线服务公司收购之后，《赫芬顿邮报》也启动了其国际化战略，先后在加拿大、英国、法国、西班牙、德国、日本等国推出当地版本的博客和网站，站点遍布全球主要国家和地区。在全球分站的建设中，《赫芬顿邮报》特别注重品牌本土化的实施。

三、技术战略

《赫芬顿邮报》对技术有一种天生的敏感性，自 2005 年链接上免费博客以来，《赫芬顿邮报》在技术方面不断增加研发投入，以适应互联网技术的高速发展。阿里安娜·赫芬顿说："我们把《赫芬顿邮报》看作技术与媒体的结合，我们的技术员和新闻编辑是坐在一起的，每当开发新产品时，他们一起评测，

---

① 辜晓进：《将新媒体与传统媒体的优势强强嫁接——〈赫芬顿邮报〉的成功之道》，《新闻实践》2013 年第 5 期。

反复运行，反复改进。"①

（一）搜索引擎优化技术

网络新闻的传播效果以流量为考核标杆，《赫芬顿邮报》尤以其病毒式传播享誉传媒界。与一般媒体不同的是，《赫芬顿邮报》并不是通过购买关键字来做搜索引擎营销，而是专注于通过技术手段做搜索引擎优化。《赫芬顿邮报》的编辑分为两部分，一部分人从事传统新闻采编工作，做原创性报道；另一部分人则聚焦搜索引擎优化技术，网罗网络上最受关注的关键词，并根据这些关键词撰写、发布文章。②《赫芬顿邮报》的搜索引擎优化技术可归纳如下：一是在标题及正文中使用热搜词，配备链接。《赫芬顿邮报》在报道中会多次使用易被检索到的关键词或标签，尽可能多地把用户的搜索用词囊括其中，确保用户在搜索时能为《赫芬顿邮报》贡献较多的流量。③ 二是热点内容捕捉，实时流量分析。

《赫芬顿邮报》借助内容管理技术，可以每天从大批量的原创来稿中捕捉10—100 篇具有病毒式传播特点的文章，由编辑进一步推荐、推广。

依托该搜索引擎优化技术，《赫芬顿邮报》上的文章更易出现在受众的检索结果中，大大提高了文章在同行业中的点击率。

（二）用户评论事前审查技术

作为一个开放性的博客新闻网站，《赫芬顿邮报》支持各种评论并存。但为保持对话的文明性，《赫芬顿邮报》除雇用了数千名评论政审员外，还投入了大量资金用于研发和购买最新技术，以期对邮件进行分类整理、对评论进行事前审查，以及自动清除垃圾和攻击性的评论和邮件。《赫芬顿邮报》取消了

---

① 观察者网：《专访阿里安娜·赫芬顿：对新闻行业来说传播光明和揭露黑暗同样重要》，http://www.guancha.cn/AriannaHuffington/2015_05_26_320904_2.shtml。

② 胡泳：《"报纸已死"还是"报纸万岁"（上）——以〈赫芬顿邮报〉和〈纽约时报〉为例》，《传媒》2012 年第 6 期。

③ 江海伦：《〈赫芬顿邮报〉的成功之道》，《新闻记者》2012 年第 8 期。

用户随意匿名评论的功能，但用户如果想匿名透露某条内幕消息，可以通过后台编辑证明匿名的必要性。①

四、用户战略

《赫芬顿邮报》在技术、内容等方面的改进，都是为了提升用户体验，为了让整个内容管理系统变为所有博客创作者及编辑"口袋里的工具"，让大家都可实时报道或上传图片、视频，努力打造一个自由的言论生态系统。同时，用户参与内容制作、报道和评论的方式，在增加用户黏度和满意度的同时，也改变着用户的阅读习惯，用户对《赫芬顿邮报》的忠诚度也会增加。

《赫芬顿邮报》首席技术官奥托·托斯（Otto Toth）认为，有一代人，他们只阅读提醒消息长度的东西。现在，我们的记者就是在写"新提醒"。下一代成功的新闻生产者是会撰写标题的人。②《赫芬顿邮报》的这种用户本位意识也体现在个性化消息提醒和推送服务方面。借助大数据技术，《赫芬顿邮报》通过对单个用户阅览习惯的数据分析，为用户提供个性化消息提醒和推送服务，用户也可以自主选择想接收的板块。在信息超载的当下，这种个性化定制推送服务节省了用户"筛选—获取"信息的时间成本。

五、《赫芬顿邮报》的衰落及其启示

随着传媒业与互联网空间融合程度的不断加深，内容与平台之争成为业界、学界争论不休的一大热点话题。对内容与平台依赖程度的差异也使互联网媒体产生了明显分流：一方将"内容为王"作为核心发展理念并在此基础上大量开发内容分发渠道；另一方则以吸引优质新闻内容入驻为核心发展路径，两者各

---

① 观察者网：《专访阿里安娜·赫芬顿：对新闻行业来说传播光明和揭露黑暗同样重要》，http://www.guancha.cn/AriannaHuffington/2015_05_26_320904_2.shtml。

② "Media, Journalism and Technology Predictions 2016," http://reutersinstitute.politics.ox.ac.uk/sites/default/files/Journalism%2C%20media%20and%20technology%20predictions%202016.pdf.

有其优势和局限性。而《赫芬顿邮报》则采取了内容+平台式的平台拓展战略：积极建设由用户自主提供内容的博客平台，积累大量内容创作者，从主流媒体吸收专业人才团队，以优质内容为卖点。这一先进理念是《赫芬顿邮报》在互联网时代初期的传媒市场得以大获成功的重要原因。

（一）《赫芬顿邮报》兴起的原因

纵观《赫芬顿邮报》从聚合新闻博客逐步向严肃新闻报道转型的过程，本书认为其发展模式成功的关键是对新媒体思维的正确解读与把握。

1. 聚合媒体+原创媒体

《赫芬顿邮报》一直致力于打造一个用户可以获取信息并分享信息的互动交流平台。如前文所说，合理使用是互联网的基因。作为一家以营利为目的的新闻媒体，《赫芬顿邮报》深谙聚合才是互联网时代高投入产出比的不二法宝。网站的创立初衷便体现了其聚合属性：给用户提供全方位的政治、时事信息，并让来自各方的不同政见获得自由表达。经过几年的资本积累，《赫芬顿邮报》的报道范围逐步扩大到经济、科技、体育、娱乐等领域，其采编团队也不断壮大，但仍延续着编为主、采为辅的生产传统。《赫芬顿邮报》通过免费的方式聚合各大媒体网站新闻、专业博主博文，策划活动调动公民记者的协作生产热情，将网站打造成一个"信息+实时评论"的平台，使网站真正成为不同类型内容的一站式混合消费场所，从而聚合多元的受众，提升网站的流量。

用户追求高投资回报率，免费终会是新闻消费的主流。因而，如何更好地利用新媒体这一形式聚合足够多的免费内容、如何巧妙地吸引专业人士撰写高质量原创内容、如何使聚合内容与用户原创内容更好地形成规模效应，是新闻聚合类媒体未来发展的关键。

2. 内容媒体+技术媒体

以内容聚合为主的博客新闻网站《赫芬顿邮报》，近年来在同行中的话语权越来越大，这得益于其在内容提升方面的努力：认证的高端博客作者、专业的编辑团队以及忠诚活跃的公民记者为高质量内容提供了人才保障；其延迟发布与实时纠正机制为高质量内容提供了制度保障；其搜索引擎优化技术与用户评论事前审查技术为高质量内容提供了技术保障。

3. 社交媒体+市场媒体

以博客新闻起家的《赫芬顿邮报》不仅展示即时资讯与新闻，而且也让读者看到其他用户的评论性信息，并吸引用户分享和转发。阿里安娜·赫芬顿在接受采访时表示，"我们从事的是社交新闻"。

以网络化的思维进行经营管理。《赫芬顿邮报》成立初期团队非常精简，待短期资本积累后便开始招募人才。这种路径避免了创立初期因投入过大、盈利不稳而形成投入产出比过高的生存困境。后期，《赫芬顿邮报》不断扩展融资渠道，重组企业框架，增加媒体职能部门的资金投入，重视技术开发，推动新闻产品的交互化、移动化、视频化发展。在内容方面，加强与其他媒体的合作，调动用户协作生产，建立内容共享机制；在发行方面，整合利用线上线下多重渠道。通过对内容和发行的拓展吸引更多订阅用户和广告投放；通过搭建受众反馈渠道，保持渠道的畅通性与高效性，推动用户接收模式由传统新闻的单向接收模式向移动互联网时代多向互动的用户体验模式转换。[1]

这种内容生产和营运模式，在一定程度上可以保证数字报内容的及时更新、足量供给、交叉多元，同时也在最大程度上降低了各个方面的运营成本，使网站有能力免费开放所有资源，加之充分的社交化分享，新闻的传播渠道更加多元，进一步扩大了网站的影响力。

（二）《赫芬顿邮报》的衰落

在传媒业与互联网初步融合的阶段依托互联网打造高效聚合、开放生产、高度开放的生产模式，是《赫芬顿邮报》得以迅速崛起的关键所在。而随着媒介融合逐渐成为传媒业未来主流发展方向，传统专业媒体纷纷尝试由原先的无

---

[1]　吕鹏：《基于营利的变革：网络时代新闻业的创新与突围》，《现代传播》2015 年第 2 期。

差异、大众化内容策略转向优质化、多元化生产模式，《纽约时报》等专业媒体长期以来所建立的品牌形象开始发挥作用，它们在此基础上尝试多种内容付费模式，建立了一定的用户忠诚度。在这一形势下，长期采取内容+平台战略的《赫芬顿邮报》所积累的比较优势几乎消磨殆尽，面临着前所未有的平台和内容双重危机。《赫芬顿邮报》虽然以优质内容呈现、差异化呈现为主要卖点，但是其在新闻内容不可替代性和品牌历史积淀方面的局限性使它难以增强内容变现能力，在用户选择付费内容时优先等级较低。

《赫芬顿邮报》的成功在于其坚持创新，不断地挖掘新鲜内容，并借助尖端技术将各种信息元素多元化地呈现给用户。而它能否突破当前在内容生产、分发和市场竞争等领域所面临的困局也取决于其是否具备进一步革新的实力和条件。正如创始人阿里安娜·赫芬顿在接受专访时所说："我们从不把《赫芬顿邮报》看作一件成品，我们从来不会说'《赫芬顿邮报》就是这个样子，不改了'，我们永远都在改良、在创新、在演进。"① 在当前媒介融合的背景下，媒体自身发展转型的节奏不断加快，媒体之间的竞争激烈化程度也在不断提高。在这一变局下，《赫芬顿邮报》在发展过程中所采取的上述战略及其当前所面临的困局对于同类型的数字化媒体以及其他类型的媒体的发展规划都具有重要的借鉴意义。

（蒋松、侯劲勋）

案例 4 《华盛顿邮报》：新媒体时代的衰落与重塑

《华盛顿邮报》创办于 1877 年，是美国华盛顿地区历史最悠久的报纸。20世纪 70 年代，《华盛顿邮报》因为揭露"水门事件"而名声大震，一举成为美国新闻界的标杆。在本·布拉德利任总编辑期间，《华盛顿邮报》获得了 18 次

---

① 观察者网：《专访阿里安娜·赫芬顿：对新闻行业来说传播光明和揭露黑暗同样重要》，http://www.guancha.cn/AriannaHuffington/2015_05_26_320904_2.shtml。

普利策新闻奖，逐渐成为世界范围内具有重要影响力的媒体。

20 世纪 90 年代中期以来，《华盛顿邮报》的发行量和收入开始严重下滑，进入持续亏损状态。2013 年 8 月，《华盛顿邮报》被杰夫·贝索斯收购。

杰夫·贝索斯接手《华盛顿邮报》后，将"华盛顿邮报公司"更名为格拉汉姆控股公司并对其进行了涵盖人才和技术的大力投资。2018 年，《华盛顿邮报》在"2018 世界品牌 500 强"榜单中位列第 490 位。2020 年，《华盛顿邮报》的发行量位列美国国内报纸发行量排行榜第 5 位。

一、新媒体冲击下《华盛顿邮报》的困境

《华盛顿邮报》的辉煌时期是在 20 世纪七八十年代，90 年代依然保持较高的营业收入，进入 2000 年以后，增长速度开始放缓。

（一）报纸读者减少

从 20 世纪 90 年代中期开始，《华盛顿邮报》的发行量就持续下降，起初主要是由于纸张价格的上涨以及来自《纽约时报》等其他报纸的竞争。而进入 21 世纪之后，这一下降趋势并未扭转，根据美国报刊发行量稽核局的数据，2002 年，《华盛顿邮报》平日版和星期日版的发行量分别为 76.86 万份和 105.89 万份。到 2012 年，《华盛顿邮报》平日版的发行量已经下滑了 10%；周日版的发行量下降 5.2%，相比 2006 年减少了 25%。

报纸日发行量下滑的趋势在数字化之后有所好转。根据美国媒体审计联盟的统计，在 2012 年 10 月至 2013 年 3 月期间，《华盛顿邮报》的数字报发行量月均 42 313 份①，这一数据已经十分接近在数字化领域已经耕耘了很久的《纽约时报》。

---

① "The Gradual Decline of *The Washington Post*," http：//econintersect. com/b2evolution/blog1. php/2013/08/06/the-gradual-decline-of-the-washington-post.

（二）经营收入降低

《华盛顿邮报》一直是华盛顿邮报公司的主营业务，其营业收入占到公司总收入的一半以上。因此，《华盛顿邮报》销量和收入的下滑，直接影响到华盛顿邮报公司的整体经营状况。据华盛顿邮报公司 2002 年年报，以《华盛顿邮报》为主的报纸业务实现了 8.41 亿美元的经营收入，不仅低于 2001 年和 2000 年，甚至还不如 1998 年的经营收入。此后，《华盛顿邮报》的收入持续亏损，2012 年的亏损额达 5 370 万美元，最后《华盛顿邮报》被迫于 2012 年 12 月宣告告别纸质版。《华盛顿邮报》这段时期发行量和收入的下滑是由于传统报纸行业受到了网络冲击，读者流失导致广告收入减少，是各大报纸出现亏损的重要原因。在这一背景下，《华盛顿邮报》开始了突破发展困境的探索和尝试。

二、《华盛顿邮报》突破困境的尝试

（一）开发、收购网络产品

《华盛顿邮报》从 20 世纪 90 年代初就开始探索自己的网络产品，并于 1996 年上线了《华盛顿邮报》的官网。进入新千年之后，《华盛顿邮报》的一系列动作包括收购纸质报纸和电子杂志。其中一个重要的举措就是在 2004 年 12 月，从微软手中收购了以政论时评和离奇新闻著称的在线杂志《Slate》。《Slate》杂志在贝索斯收购《华盛顿邮报》之后被拆分，并且仍然获得了较好的营业收入。

2009 年，华盛顿邮报公司创建了作为数字创新与技术工作组的华盛顿邮报实验室，负责邮报新技术产品的开发。2010 年 7 月，公司收购了个人新闻聚合服务网站 iCurrent。该网站主要提供个性化新闻和信息服务，后成为华盛顿邮报公司新闻应用开发的基础。

（二）从地方化到全国化的发展战略

2007—2008 年，随着《华盛顿邮报》生存和发展困境凸显，运营成本居高不下与经营收益不断下降之间的矛盾日益突出，华盛顿邮报公司曾做出关闭驻外办事处、撤回驻外记者并将报道重心放在华盛顿地区等"地方优先"的举措。但是本地战略并没有显著改善《华盛顿邮报》的生存环境。2013 年，亚马逊收购《华盛顿邮报》后，再次将"全国化"列入发展战略，2014 年推出了向其他地方报纸订户免费提供数字内容的"合作伙伴项目"。项目启动 4 个月后，参与该项目的媒体超过了 120 家，订户数量也得到了大幅提升。

（三）拓宽传播渠道

从 2010 年开始，《华盛顿邮报》推出大量的免费新媒体服务。

2011 年 4 月，《华盛顿邮报》推出个性化社交新闻和新闻聚合网站 Trove。该新闻网站将技术算法和编辑团队的专业选择相结合，聚合了 1 万个新闻来源，支持桌面电脑、安卓、黑莓手机等平台。

事实上，《华盛顿邮报》在线上和线下采取的一系列战略，都没有改变命运、扭转颓势。作为一个家族企业以及拥有悠久历史的大报，《华盛顿邮报》坚持认为网络抢走的只是一部分读者，真正优质的内容是不愁没有市场的，这说明《华盛顿邮报》的互联网意识不足。实际上，网络改变的远远不仅是阅读习惯，还有随之而来的内容和形式。对网络的陌生，还会导致发展机遇的丧失。2006 年，《华盛顿邮报》的两名员工曾建议建立一个专攻政治的附属网站，这项建议未被公司采纳。次年，两人创建了如今美国最出色的政治新闻博客《政治报》，而创始人之一的吉姆·范德海也入选了普利策新闻奖委员会。

三、贝索斯与《华盛顿邮报》的变革

在格雷厄姆时代后期，《华盛顿邮报》为了应对报纸收入下滑，采取了聚焦战略。主要体现在两个方面：一是报道的范围集中在华盛顿地区，领域集中在政治领域；二是卖掉一些效益不好、连年亏损的刊物，比如《新闻周刊》等，集中力量办好《华盛顿邮报》。然而，这种收缩式的聚焦，只能减缓下滑的幅度，并不能使其重获生机。而到了贝索斯时代，《华盛顿邮报》进入了新一轮的变革和扩张时期，包括跨地区合作，借助社交媒介推广、提升已有平台，总体来说，是以新媒体技术为核心的全面扩张战略。

（一）注入资金，保证专业化程度

《华盛顿邮报》在传统媒体时代所建立起来的权威和影响力在很大程度上依赖于其深度报道、专业调查以及人数众多、专业化程度高的采编团队。而随着传媒业互联网化程度不断加深，互联网空间的新闻产品呈现出碎片化、内容质量参差不齐的状况。因此，优质的新闻内容成为在互联网环境下建立竞争优势的重要方式。

贝索斯接手《华盛顿邮报》后，一方面强调与互联网空间的深度结合，另一方面重视内容生产并为此投入大量资金。《华盛顿邮报》在召回一部分经验丰富的原记者、编辑人员的同时不断以较高的待遇招募新闻界优秀人才。在贝索斯收购《华盛顿邮报》一年的时间内，邮报采编团队的总人数超过了600人，内容生产则以贝索斯的表态"邮报的价值观不需要改变"为宗旨而继续进行，每天《华盛顿邮报》网站发布的新闻内容超过1 200篇并延续了《华盛顿邮报》一贯的严肃风格。

（二）工程师嵌入编辑室

亚马逊公司在互联网技术上的优势，使其获得了很大的成功，这一优势被贝索斯运用到《华盛顿邮报》上。从新闻产品的生产流程，到向用户推广的过程，都能见到技术的影子。在贝索斯接手之后，《华盛顿邮报》在纽约开设了专门的设计及开发办公室，工程师达到225人；用户体验得到大幅改善，如官方网站页面的加载时间直接比原先减少了85%，《华盛顿邮报》的数字订阅用户因此猛增。

在《华盛顿邮报》的日常报道业务中，工程师更是直接进入编辑部与编辑记者一起合作。这种合作将技术与内容和广告销售直接整合在一起，打造了一个集成记者、编辑、销售和技术开发的数字新闻团队。

（三）整合互联网传播平台

在贝索斯之前，《华盛顿邮报》已经在互联网，尤其是社交媒体上，进行了渠道拓展的尝试，但总体来说，还是比较保守的做法。《华盛顿邮报》易主之后，在这一领域更是动作频频。

2014 年 1 月，Trove 的 iOS 版和 Web 应用版再次上线，7 月 Android 版上线，市场反应良好。2015 年 4 月，Trove 宣布上线 Apple Watch 版。同年 9 月，《华盛顿邮报》宣布将所有报道发布在 Facebook 的 Instant Articles 新闻阅读项目上。

《华盛顿邮报》还将其所有的原创视频放在 Apple TV 上，其视频 App 以原创内容为特色，包括来自《华盛顿邮报》获奖记者的深度阐释、分析和评论，以及当日的热门新闻[①]。而与亚马逊的合作，更是必不可少。一方面是在 Kindle 上进行免费发布；另一方面是向亚马逊尊享会员提供 6 个月的免费试用期。"通过免费接入，我们实现了和数百万全国范围内的没有订阅过《华盛顿邮报》的人相连接。"《华盛顿邮报》总裁史蒂文·希尔斯在一次谈话中表示。[②] 这种与亚马逊平台的整合使得《华盛顿邮报》收获了数千万的美国用户和国际用户。这既是《华盛顿邮报》追求全球化出版物目标的应有之义，也是贝索斯追求"新闻效应最大化"策略的必然举措。

（四）从报纸走向融合媒体

2015 年 5 月 7 日，《华盛顿邮报》宣布在弗吉尼亚州的莱斯顿开设一家卫星研发中心，这是一间促进合作与创新的现代化的软件开发工作室，它"在记者和销售团队中都嵌入了软件开发和设计人员，用来创造一种促进快速试验和

---

① "*The Washington Post* and Pandora launch Apple TV apps," http：//www.talkingnewmedia.com/2015/12/11/the-washington-post-and-pandora-launch-apple-tv-apps/.

② "*The Washington Post* Is Now Free on Amazon Prime," http：//www.wired.com/2015/09/washington-post-now-free-amazon-prime/.

发明创造的环境"①。

从某种意义上说，《华盛顿邮报》在媒体发展中坚持的技术战略使得《华盛顿邮报》已经成为贝索斯手下一家具有全新信息生产能力的公司。新闻编辑室与广告经营的融合从好的方面可以说是打通了内容与营销的内部架构，能够给用户提供更好的体验，但在实际上是否会影响这份报纸的权威性以及报道新闻的独立性依然是一个有待观察的问题。

四、《华盛顿邮报》的发展路径分析

《华盛顿邮报》近年来的发展路径是一条由注重内容到注重技术的转变之路。

（一）注重内容

1. 历史时期

从尤金·迈耶收购《华盛顿邮报》，将其理念定位为"第一使命是尽可能地接近真相"开始，《华盛顿邮报》似乎就走上了一条专注内容、坚持新闻理念的道路。这在 20 世纪 70 年代揭露"水门事件"的报道中得到了充分的体现。凯瑟琳时期的《华盛顿邮报》实际上是美国新闻界的标杆。在唐纳德接手之后，《华盛顿邮报》同样在新闻报道上取得了不俗的成绩，拿下了 20 多项普利策奖，在 2008 年评选的 14 个奖项中，《华盛顿邮报》更是独得 6 个奖项。

2. 互联网时期

即便是《华盛顿邮报》推出的互联网产品，也没有放弃自己在内容上的优势。2005 年，《Slate》网络杂志被评为仅次于《华盛顿邮报》《纽约时报》和《华尔街日报》的第四大媒体。《Slate》成功的一个重要原因就在于它一直坚持

---

① "*The Washington Post* opens Reston, Virginia software development office," https://www.washingtonpost.com/pr/wp/2015/05/07/the-washington-post-opens-reston-virginia-software-development-office/.

提供优质的原创内容。另外，《Slate》还有一群热心且不在乎个人名利的"匿名"写手，他们提供了大量富有卓见的文章。

《华盛顿邮报》对新闻内容的重视，在贝索斯时代也得到了延续。在新闻生产上，《华盛顿邮报》制作出的数字化新闻作品，让同行为之称道，《纽约时报》记者给出的评价是："《华盛顿邮报》之前令读者感到很无聊，但现在是一个令人惊讶的新闻组织，因为它创造出令人惊叹的数字化新闻阅读方式。"

《华盛顿邮报》坚持注重内容的原因在于报纸有这方面的优势，有一批具备专业精神的记者和编辑，树立起了良好的品牌效果，而这些是新媒体在短时间之内很难积累起来的，也是《华盛顿邮报》绝不肯轻易放弃的重要资源。

（二）注重技术

如果说《华盛顿邮报》一直秉承着重内容而轻技术的特点的话，那么，轻技术的意识到了贝索斯时代完全得到了扭转。首先，在新闻可视化方面，从2008年开始，《华盛顿邮报》数十名记者卧底两年，以可视化的方式揭露了美国情报局在"9·11"事件之后极度膨胀的内幕，反响强烈。但这段时期的可视化新闻一直是叫好不叫座，没能带来相应的回报。《华盛顿邮报》被收购以后，因为有了资本的注入，又开始大范围地采用可视化的方式，尤其是在财经报道方面，《华盛顿邮报》可以说一直处于行业内领先地位。①

其次，新闻游戏因为包含互动性，正成为一些大报新媒体团队的一个重要开发方向。《华盛顿邮报》在此领域的尝试主要表现为：一是建立"游戏"团队，推出一系列与读者互动的游戏化产品；二是在报道中引入在线小游戏，致力于开拓一种全新的报道模式。

在上述诸多探索之后，《华盛顿邮报》的关注度稳步上升。在短短的两年时间内，其数字业务的独立用户访问量增长了3倍，从2013年的2 600万增长到2015年的7 200万。2015年，《华盛顿邮报》的网站和客户端一个月吸引了

---

① 杭敏：《传统媒体财经报道中的信息图像可视化——以华盛顿邮报为例》，《新闻与写作》2015年第1期。

近 5 000 万名访问者，其中约一半的访问者是通过移动设备来访问的①。

（三）注重媒体内部资源整合与优化

上述内容、技术和平台层面的一系列改革是《华盛顿邮报》得以在媒介融合领域处于领先地位的关键要素。而这一系列外部要素在很大程度上依赖于《华盛顿邮报》在宏观层面的战略布局。亚马逊收购《华盛顿邮报》后在集团内部进行的一系列调整与改革，为它能够在短时间内扭转颓势，在媒介融合格局下成为先行者奠定了坚实的基础。《华盛顿邮报》内部的资源整合和优化可划分为人才培养、部门调整和品牌塑造这三个方面。

在人才培养层面，亚马逊收购《华盛顿邮报》后，一方面注重采编团队的专业性，另一方面在招募、培养数字化人才方面投入大量资金。贝索斯曾雇用大批互联网研发、制作方面的员工进入《华盛顿邮报》工作。此外，经过 3—4 年的建设，《华盛顿邮报》已经建成了它专属的智能媒体实验开发团队，这一团队的任务主要是负责开发用户评论意见收集、融媒体采写编辑与分发等一系列媒体融合技术。

在部门调整层面，《华盛顿邮报》改变了很长一段时期以来技术开发、采编和营销部门之间相互分离、界限分明的局面，实行多部门合作和定期交流机制。《华盛顿邮报》执行总编马丁·巴伦（Martin Baron）提出《华盛顿邮报》新时期的媒体运营需要打通各个部门之间的界限。② 同时，《华盛顿邮报》也要求编辑部的工作人员定期与营销部门沟通以准确把握市场动态和受众需求，以打造针对性更强的新闻产品。

而在品牌塑造层面，贝索斯接手《华盛顿邮报》后就为《华盛顿邮报》定下了做大、扩张的发展基调。在强调由都市报向全国化、国际化大报转型的同时，《华盛顿邮报》还在其内容领域上进行了扩张。在继续以政治报道为特色

---

① 张宸：《抛弃什么　保留什么　获取什么——〈华盛顿邮报〉执行主编马丁·巴伦关于纸媒转型的思路》，《新闻与写作》2015 年第 7 期。
② 孙彦然：《〈华盛顿邮报〉的媒介融合之路》，《新闻战线》2018 年第 6 期。

的同时，《华盛顿邮报》广泛关注社会、民生等与民众日常生活密切相关的领域。在新闻产品的呈现形式方面，《华盛顿邮报》不断调整字体、编排方式以适应当前读者碎片化的阅读方式和快节奏的生活方式。同时，在传媒业强调多领域融合的大背景下，《华盛顿邮报》却独树一帜，采取了将《华盛顿邮报》的运营与亚马逊网站相分离这一反其道而行之的举措。作为《华盛顿邮报》实际上的掌舵人，贝索斯不仅从未主动利用《华盛顿邮报》对亚马逊的经营业务进行宣传，还表示不对《华盛顿邮报》的新闻采写、内容呈现进行干涉。上述一系列举措不仅使外界对《华盛顿邮报》商业化的质疑不攻自破，更为重要的是树立起了《华盛顿邮报》在互联网环境下仍然坚持新闻专业主义，独立于商业资本之外的公正、客观的媒体形象，从而使《华盛顿邮报》得以在媒介融合的背景下脱颖而出，吸引更多关注量。

（蒋松、侯劭勋、李雪）

第二节　美国三大主流报纸融合战略比较

1992 年，全球第一家为客户提供在线网络服务的国际商业公司 Dephi 成立，随后越来越多的商业网络开始建立。1995 年 5 月，NFS（国际科学基金会）彻底失去了互联网中枢的地位，商业网络掌权信息传播，在美国这片技术革新的核心地，报业遭受了更为惨重的损伤。"变则通，不变则壅；变则兴，不变则衰；变则生，不变则亡。"作为感知美国报业发展趋势的风向标，《华尔街日报》早在 1993 年便启动了电子互动版，是全美第一家开辟网络版的报纸，但仅限于将纸质版内容搬到网上，以此挖掘网络用户新需求，力求抢占网络市场先机。直到 1996 年 4 月，《华尔街日报》才推出了其第一个网络版栏目——《金钱与投资》（*Money & Investing Update*），这意味着这家百年老报真正的网络版的诞生。因而，绝大多数报业研究人员视 1996 年为《华尔街日报》网络版的起始之年。《纽约时报》《华盛顿邮报》作为美国另外两大主流报业媒体，自是不甘落后，也在 1996 年推出了其各自报纸的网络版，自此开启了报业数字化探索之旅。

以 1996 年为起点，2016 年恰逢《纽约时报》《华尔街日报》《华盛顿邮报》三家报业媒体数字化探索 20 周年。在这 20 年中，多少传统报业媒体因固守不变而走向穷途末路，又有多少数字报媒体来去匆匆，而这三家媒体却越走越远。从某种程度上说，传统媒体是内容媒体，数字媒体是技术媒体或平台媒体，而数字报理应是内容、技术和平台的结合。所以说，在互联网时代报业媒体要想活着并活出精彩，既要有传统纸媒的高质内容，也要有数字媒体经营的技术和平台思维。虽同属传统媒体转型的问题，但各家的先天条件不同。基于各自先天条件，内容、技术以及平台三者怎样结合才能更有效地缓解传统媒体转型期的阵痛，或许《纽约时报》《华尔街日报》《华盛顿邮报》各自摸索走过的 20 年数字化历程足以告诉我们答案。"他山之石，可以攻玉"，从产业经济学的视角来回顾并思考美国这三大主流报业媒体 20 年数字化历程，对今后指导我国传统主流媒体的数字化经营管理也极具现实意义。

一、20 年数字化转型历程回顾

效率，是经济学的核心理念。媒介的本质在于信息渠道的增加和信息传递成本的降低。[①] 传统形态的大众媒体的出现，打破了低效的人际传播，为信息的批量生产及传播提供了可能。但 20 世纪末，各种国际组织趋于完备加之大规模的人口流动，各国各地区间在政治、经济、文化等各方面互通有无的信息需求更加旺盛。此外，信息全球化使用户对信息的对称性、即时性、精准性、交互性也提出了更高的要求，传统媒体单向灌输式的传播模式不再适合。而以网络技术为支撑的新兴媒体，改变了媒体出版资源稀缺的境遇，打破了

---

① 张宏、张璐瑶、吴丹恒：《媒介变革与产业经济效率》，《现代传播》2012 年第 3 期。

时空对信息传递的限制，自由开放的交互环境为信息的实时增添、更正提供了可能，更是满足了用户对信息足量、高质的需求。因而，各家媒体在技术革新推动下实施的各项报网融合战略，不外乎是围绕"效率"两个字展开的。

可以说，自 1996 年起，《纽约时报》《华尔街日报》《华盛顿邮报》都在为加速自身的数字化进程而努力。结合产品生命周期的相关理论，可以将三家传统媒体的数字化历程划分为四个阶段：1996—2000 年，传媒领域开始借助网络这一新媒介进行信息传播，但由于纸质版盈利丰厚且网络版前景未知等各种原因，在业务操作上仍主要集中在纸质版方面；2001—2005 年，计算机渗透到人们的生活、学习及工作等各个方面，用户不仅要求信息的质与量，更对信息获取的时效性提出了更高的要求，传统媒体试图在纸质版与数字版两者间寻求平衡，数字版得到强化；2006—2010 年，传统媒体在数字版的建设方面纷纷加强了与 Facebook、Twitter、MySpace 等社交网站的合作，伴随手机、平板电脑等智能移动端的相继问世，传统媒体更是加大了在移动端的研发投入，以求为用户提供更便捷的信息获取渠道，数字版开始由经营官方网站这一单一平台向联手社交网站、智能移动终端等多平台拓展，传统媒体在数字版方面的建设投入大于纸质版；2011 年以来，业内唱衰纸媒的呼声越来越大，传统媒体的数字化转型真正进入了"移动+社交"的时代。虽然可以从时间上对各传统媒体的数字化转型进行较贴切的阶段划分，但具体到各家在融合战略的选择上又有所不同。针对不同传统媒体在新媒体化历程中战略路径选择的差异，本书拟从资源学派的视角进行探讨。资源的有效配置能够使效益最大化，传统媒体立足自身的资源优势，并以此为出发点，会形成各自独具特色的转型模式，如"内容驱动型""平台拓展型""技术支撑型""资本经营多元型"等。本书将结合资源学派的相关观点，主要从内容、平台、技术以及资本运作等视角对三家传统报业媒体 20 年间的融合路径选择进行回顾与剖析。

二、美国三大主流报纸媒体融合策略分析

（一）内容驱动

资源学派认为，资源和能力是企业战略选择的基础，每个企业拥有的资源和能力是各不相同的，这种资源与能力上的差异导致了企业战略选择上的差异。历史与路径依赖性、因果模糊性、社会复杂性和小决策的重要性是形成不同企业资源与能力差异的四大主要原因。1996 年，《纽约时报》《华尔街日报》《华盛顿邮报》三家百年报业媒体不约而同地开设了数字版，开启了其各具特色的数字化之旅。纸媒的数字化转型并非要完全抛弃纸质版，而是纸质版与数字版协作下的联动发展。因此，本书将三家媒体在数字化转型中内容方面的努力细分为纸质版和数字版这两个模块进行分析。

资源具有稀缺性，有效的配置才能得到最大的回报。由于数字版发展前景的未知性，三家媒体在转型初期都是在确保纸质版这一核心业务运行的基础上，对数字版进行小规模的尝试；进入 21 世纪，网络在媒体中的应用得到用户的肯定，三家媒体开始将越来越多的资源倾向数字版的建设。此外，三家媒体数字版具体栏目的建设，也都是基于报纸本来内容资源的一种深挖与变革。《纽约时报》会兼顾政治、经济以及娱乐休闲等板块，而《华尔街日报》和《华盛顿邮报》则分别侧重经济、政治板块，这是三家媒体基于历史与路径依赖在转型中做出的必然选择。自 1896 年阿道夫·奥克斯收购《纽约时报》后刊出"刊载一切适于发表的新闻"这则"社训"起，《纽约时报》便确定了它作为一份全国性综合报的定位。自 1996 年开始数字化历程以来，《纽约时报》纸质版越来越向"精简""高端"的方向转变，网络版则通过自产或联盟的方式在提升原有报道话题质量的同时不断发掘新的题材，尤其是个人娱乐、休闲等软题材，并配合内容生产提供相应的电子商务服务，因此网络时代的《纽约时报》纸质版与电子版的读者得以同向增长。以财经报道见长的《华尔街日报》，在报道内容上主要侧重引导个体消费者的投资、消费。此外，作为一家针对高管级别

的专业财经报纸，为了保证内容的质与量，《华尔街日报》除了有道琼斯的强大数据支撑，还与美国消费者报告网站以及雅虎财经频道等共享数据资源，同时在全球 80 多个国家派驻了 2 000 多名记者。与前两家不同的是，《华盛顿邮报》在向数字版的转型过程中走了更多弯路。以诞生在美国首都华盛顿这一政治中心为豪的《华盛顿邮报》，将自己定位为以华盛顿为中心的地区性政论报，但其地方性报纸品牌的定位在数字时代越来越成为短板，限制了《华盛顿邮报》的发展空间。金融危机爆发后，《华盛顿邮报》家族没有在实际运营方面作出努力，反而拿巨资炒作其自家股票……2013 年，电商大亨贝索斯接手并经过一番改革后，《华尔顿邮报》转身成为全国性的专业政治报，加之贝索斯一系列的数字化转型策略，打破了《华盛顿邮报》原有的选题及受众群局限，使其数字版读者量及数字版广告收入都得到了正向提升。

本书认为，在当下网络内容复杂的大环境下，纸媒如果想转型成功，那么就要做到印刷模式和数字模式的有效结合，但内容是根本。历经百年历史积淀，《纽约时报》的品牌知名度、美誉度以及用户忠诚度都得到了极大的提升，数字版付费订阅是其理想的状态，但网络时代，综合报的定位使《纽约时报》的内容稀缺性大打折扣，不想放弃付费墙模式的《纽约时报》，在主打数字版业务的同时选择了兼顾发展纸质版。《华尔街日报》作为一份提供商业决策的高级专业财经报的地位是不可动摇的，它拥有着大批的忠实用户，无论纸质版还是数字版，用户都愿意为其付费。从利润最大化的角度来看，数字版的生产与传播成本远远低于纸质版，因而《华尔街日报》将重心放在数字版的建设上。《华盛顿邮报》现任掌门、电商大亨贝索斯同样看好数字版付费订阅，虽然目前贝索斯几乎将所有的精力都放在了数字版的建设上，但鉴于《华盛顿邮报》数字版一直采用免费浏览模式且集团现阶段的主要任务是恢复元气，因而选择了一种较保险的平衡策略，即一边通过优化免费数字版吸引用户和网络广告投放，一边通过继续刊发纸质版获取订阅费和印刷广告收入。

（二）平台拓展

就平台层面来看，虽然三者都在 1996 年启动了网络平台，但主要就是丰富自家网络平台上的内容。直到 2004 年《华尔街日报》推出了手机阅读服务，才算开启了报业在移动端的探索。紧接着，《纽约时报》和《华尔街日报》便如猛虎一般开始了平台扩张战略，与 Facebook、Twitter、LinkedIn 以及 MySpace 等社交媒体平台合作，与其他报业媒体联盟共享内容与平台，此外更是加大了与手机、平板电脑、Kindle 等移动端配套的 App 的研发力度。《纽约时报》产品与技术执行副总裁金赛·威尔逊（Kinsey Wilson）称："《纽约时报》经常会成为平台早期实验的咨询对象，我们能做的是在不妥协商业利益的前提下，提前接触产品，争取机会影响产品日后的发展方向。"《华盛顿邮报》在易主前也做了简单的挣扎，如开设社交媒体账号并发送推文、开发适用各种移动端的 App 等，甚至推出了聚合性质的个性化社交新闻网站 Trove，并与 Facebook 联手开发了名为 Washington Post Social Reader 的社交阅读器，但当时格雷厄姆家族内部纷争严重且忙于巨资投资以托高公司股票等非实际运营活动，因而在平台拓展方面成效不大。直到电商大亨贝索斯掌权后，Trove、Washington Post Social Reader 等平台才得以物尽其用，仅 Washington Post Social Reader 这一款社交软件已有超一千万的用户。此外，《华盛顿邮报》与 Facebook、Twitter 等社交平台的关系也更加密切，还可以优先享用亚马逊的 Kindle Fire 平台。

目前，三家媒体仍在努力扩展平台，以求将优质的新闻内容实时呈现在受众面前，尽可能多地发掘并满足用户需求。但传统媒体转型不再热衷于新的 App 产品的研发，而是更多地运用 Facebook 或 Twitter 等第三方平台来提升对年轻读者的触及率，《纽约时报》更是关闭了 NYT Opinion 以及 NYT Now 等应用。他们越来越清晰地意识到，从文化或心理上培养年轻受众或许要比从产品上有效得多。此外，也大大降低了 App 开发的投资风险，最大化地实现了资源的有效配置。

（三）技术支撑

传统媒体是内容媒体，新媒体是技术媒体，传统媒体的新媒体化是借助技术使内容能够更好地送达受众并将受众需求反馈的一个双向过程，技术是这一过程中双方得以有效交互的保障。因而，本书将三家媒体数字化转型中在技术方面的努力分为内容拓展技术和平台拓展技术两个模块来分析。

为了保障内容的特色性和传播渠道的通畅性，建设自家的科技团队是必要的。但从某种程度上来说，技术研发是一种风险投资，高额的研发投入带来喜讯或噩耗的概率是不确定的，因而与其他新媒体技术公司合作或者直接与其他媒体共享内容和平台不失为一种保险而又有效的方法，三家媒体在技术投资方面也主要是朝着上述三个大方向发展的。不同的是，相比《纽约时报》在平台拓展方面的大手笔科技投入，《华尔街日报》更侧重于在内容方面加大技术投入。这一差异可以从资源的价值性来解释，《华尔街日报》作为一家提供商业决策的高端财经媒体，其专业的经济学报道水准、前瞻的行情预测能力等是其他媒体无法模仿也无法替代的。用户对《华尔街日报》的期待主要在内容的质与量方面，因而《华尔街日报》的技术努力重点放在数据的挖掘以及可视化的呈现方面，以求更好地提高工作效率、提升用户体验。2015年，《华尔街日报》视觉中心团队的规模已达130余人，在数据的挖掘与可视化呈现以及精准化推送等方面都做到了行业的极致。作为一份综合报，《纽约时报》的报道优势在主打平台概念的网络时代已不再那么突出，为了增加与新媒体竞争的筹码，《纽约时报》不得不重金拓展平台，增强与用户之间的互动性，以期将优质的内容以用户喜欢的方式传播出去。《华盛顿邮报》和前两者又略不相同，作为一份专业的政治报，其数字版采用免费浏览的模式主要是为了增加流量，进而提高数字版广告投放的议价能力。为了吸引点击量，《华盛顿邮报》在内容生产和平台拓展方面都加大了技术投入。在贝索斯掌权后，通过雇用新的技术方面的人才，设计了适合亚马逊电子产品的《华盛顿邮报》软件和网络版，这或许可以称得上是贝索斯为《华盛顿邮报》转型而付出的最大努力。

但正如前文所述，内容创新才是纸媒在当下网络内容复杂的大环境下突出重围的根本。近几年三家媒体都相应地减少了在平台方面的科研投入，转而将对用户体验数据的分析上升到了一定的战略高度，以期为用户提供更具针对性、互动性的信息服务。以《华盛顿邮报》网站为例，其多语种报道策略极大地拓展了它的国际用户规模。截至 2016 年 4 月，《华盛顿邮报》的国际读者已达 1 950 万。

通过前文对内容生产、平台扩展、技术研发三个层面的分析，可以看出《纽约时报》《华尔街日报》《华盛顿邮报》三家媒体都以收购、兼并、参股或战略联盟的形式来获取内容、渠道、技术等资源，此外还做出了减持非核心业务、剥离不良资产等战略决策，以此实现资源的优化配置，提高资本运营效率和效益，推动向新媒体化的转型。此外，三家媒体都通过开辟新板块来培养新的用户群并结合自家特色栏目为用户提供配套的电子商务服务。值得思考的是，无论是《纽约时报》涉足游戏行业还是《华盛顿邮报》涉足教育培训行业，这些都是媒体在数字化转型期间做出的跨界经营行为。在某种程度上，成功的跨界经营可以丰富企业的盈利结构，分散媒体转型过程中可能带来的风险。

本书认为，付费策略的不同是影响三家媒体在数字化转型过程中路径选择的重要因素。《纽约时报》和《华尔街日报》网络版都采用付费形式，但显然用户更乐意为《华尔街日报》刊发的内容付费，因而《华尔街日报》在数字化转型过程中选择将重心放在内容创新方面。《纽约时报》在报道方面的能力和水平是毋庸置疑的，但囿于其综合报的定位，始终无法在内容上做到像《华尔街日报》那样不可替代。为了吸引用户订阅和广告投放，《纽约时报》不得不借助技术在内容和平台两个方面同时施力。《华盛顿邮报》则略有不同，其网络版免费向读者开放，追求的是通过病毒式传播带来庞大点击量，进而提升在广告招标时的渠道议价能力。因而，《华盛顿邮报》致力于在保障其全国性专业政治报定位的同时，海量聚合内容、平台、技术及人才，全方位提升用户体验。

三、美国三大主流报纸融合转型的思考

（一）美国三大主流报纸融合转型的困境

《纽约时报》《华盛顿邮报》和《华尔街日报》作为美国报业中最久负盛名的三大主流报纸，其内容生产和营销模式在美国国内乃至全世界都具有重要的影响力。随着媒介融合成为传媒业在互联网环境下转型发展的主导逻辑，上述三大报纸也积极探索融合转型的方向，呈现出起步早、力度大的特点。它们在融合转型过程中既遭遇了技术开发、市场竞争等多方面的瓶颈，也开拓出了一些解决路径，对于其他媒体乃至传媒业整体的融合转型进程都具有重要的参考意义。

早在传媒业进入互联网时代之初，美国三大主流报纸就启动了内容生产上的调整，纷纷投入大量资金，以新兴的数字技术对其内容生产团队进行优化和改造并更新新闻产品的生产流程和产品形态。但是在转型初期，上述举措所取得的效果相较于投入的成本而言不甚理想。以《华尔街日报》在新闻产品视频化中的尝试为例：该报早在 2007 年就成立视频产品部，并通过并购、合作等方式建立了一支专业化的视频生产团队。在经过四年的努力后，《华尔街日报》于 2011 年发布了"WSJ Live"这一包含新媒体大部分功能并支持视频点播的新闻产品形态并将其作为该报的一大卖点。但是该产品推出后收益始终不够可观，且视频的更新频率越来越低。2015 年，"WSJ Live"正式结束运营，这标志着《华尔街日报》在新闻产品视频化中的初步尝试遭遇滑铁卢。《纽约时报》在其融合转型进程中也始终保持着对新兴媒体技术的关注并一直致力于探索这些技术应用于新闻生产的可能性，因此《纽约时报》被业界称为"采用新兴技术进行新闻报道的先驱"。近年来，随着 VR/AR 技术成为热点领域，《纽约时报》也尝试在新闻生产中融入这一技术：2015 年，它与谷歌公司合作推出硬纸板 VR 眼镜，为报纸读者带来沉浸式的阅读体验；2018 年，《纽约时报》App 推出 AR 新闻。虽然《纽约时报》的上述尝试引起了社会各界的广泛关注，但是却难以

转化为其新闻内容的转载传播数据，与基于社交媒体平台的新媒体相比，在产品的竞争力方面具有明显差距，难以显著提升媒体在互联网空间的存在感。从美国三大主流报纸在融合转型进程中所遭遇的上述尴尬局面来看，仅仅在技术研发和产品更新上进行投入而缺乏与之相匹配的营销模式将难以打通媒体内容传播到受众的"最后一公里"，使融合转型真正为专业媒体带来经济和社会效益。此外，虽然《华盛顿邮报》《纽约时报》和《华尔街日报》在内容转型的探索上具有很高的热情，但是它们在内容生产方面的尝试仅仅是将新兴技术作为促进内容升级的辅助手段，而没有将它真正融入新闻产品的生产思维中，形成系统的内容生产机制。这也是三大主流报纸在融合转型进程中遭遇困境的重要原因。

（二）美国三大主流报纸融合转型带来的思考

传统媒体和新媒体并不是"冰火不容"的取代关系，而是基于有效资本运营下的内容与技术、平台的创新式融合。在这个过程中，技术和平台通过提升用户体验，来增强用户对这一信息获取渠道的辨识度，而优质的内容才是收获用户忠诚度的终极武器。因而，传统媒体的新媒体化转型是一个环环相扣的"链条"，内容、技术、平台以及有效的资本运营是"链条"上的四个"齿轮"，彼此借力才能推动整个"链条"的运转。当然，"齿轮"越大，"链条"的运转就更为高效，这就涉及如何让"齿轮"尽可能地实现最大化。《纽约时报》《华尔街日报》《华盛顿邮报》这三家优质报业集团经过百年沉淀，其齿轮与同时期其他报业媒体相比已足够大。但新媒体时代用户对新闻内容的质与量、送达渠道等都提出了新的要求，这就需要对原有的"齿轮"基于原形进行适当的"留、去、转、增"，这也是传统媒体新媒体化的转型重心。

留。《纽约时报》全国性综合报的定位没有丢，借助这一优势，它迅速将网络版的触角延伸到全国乃至全球。同样，《华尔街日报》《华盛顿邮报》两家在转型过程中专业性媒体的定位也没有丢。

去。缩版并减少传统新闻采编人员的比例，这是三家媒体在转型期时循序渐进地坚持做的事情。此外，《纽约时报》为应对金融危机还采取了出售房产的策略；为了减持不良资产，《华盛顿邮报》也曾将经营状况不断恶化的《新闻周刊》出售。

转。在传统媒体新媒体化转型过程中，内容的篇幅、语言的风格、呈现的形式、送达受众的渠道等都要进行观念以及技术上的转换。历史上，《华盛顿邮报》以地方报自居，且以深度、严肃、客观等风格赢得了无数忠实拥护者。但新媒体时代的读者是跨越时空的，而且更喜欢阅读短小、风趣、可视化的内容。为了适应用户的新需求，《华盛顿邮报》开始了向全国报乃至国际报的转型，在内容的写作风格、呈现形式、送达渠道等方面也有了极大的转变。

增。"增内容、增平台、增技术、增投资品类"，这大概是所有传统媒体在新媒体化转型过程中耗资最大的一块。为了适应用户需求，传统媒体在向新媒体化转型时，既要明确自身定位，保留并突出品牌的特色内容，同时还要扩大选题范围、不断开设新栏目，这样才能吸引更多的用户。此外，优质的内容如果没有好的呈现平台，便无法送达用户，而技术又是新媒体时代内容生产和呈现的保障。转型若要成功，三者缺一不可。但同时兼顾内容、平台与技术三者，如果企业自身资源不够强大的话，难免因耗资、耗时、耗力而见效甚微，更有甚者会前功尽弃。为了提高传统媒体新媒体化转型过程中资本运营的效率与效益，从风险规避与效率最大化的视角来看，通过收购、兼并、参股或战略联盟等形式来获取内容、渠道、技术等资源，不失为最优的资源配置手段。

此外，传统媒体在新媒体化转型中都会遇到电子报应该付费还是免费的困惑。长远来看，付费是未来媒体发展的方向。付费能增强媒体的版权意识，激发新闻从业者的工作斗志，进而为受众的学习、工作以及生活提供更多优质的内容。并且，这些个性化、精准化的优质内容在信息冗杂的当下是值得用户为之付费的。相反，如果媒体选择用免费的方式来赚取流量进而提高与广告主的议价资本，那么超量的广告会直接影响用户的阅读体验，加之目前用户的信息接收渠道多样，势必会造成用户逃离的现象，而流量的减少使得媒体的渠道议价能力减弱，不得不以更低价的广告位来吸引广告主。如此恶性循环，媒体便失去了存在的价值。因此，"要把数字模式与印刷模式结合起来"，找出获取更多数字收益的途径和方法，这是纸媒转型能否成功的"密钥"。

当然，并不是说所有数字媒体都适合付费模式，或者更确切地说，在现阶段并不是所有数字媒体都适合付费模式。用户只会为足够优质的内容付费，当下，大多数数字媒体版权意识淡化，内容抄袭成风。即便用户在嘈杂的信息网中能发现值得付费的内容，也很难找到真正的内容作者。或许，在传统媒体的数字化转型过程中，内容、平台、技术和资本这四个"齿轮"要想更好地协作，"润滑剂"也是不可或缺的。报业经营者要增强数字版内容的版权意识，整个传媒行业要强化自律意识，政府部门应对传媒行业的经营管理进行严格监督和规范……只有清除锈渍，"齿轮"间才能更好地彼此借力，"链条"自然会高效运转！

（张姣姣、王学成）

第六章　广播电视媒体融合案例

案例 5　芒果 TV：媒介融合中的"独行侠"

关起门来搞"独播"的"芒果 TV"已经跻身中国网络视频行业第四了。虽然与背靠"BAT"资本的三大视频网站尚无法比肩，"芒果 TV"在网络视频业有了立足之地。这家湖南广电"孕育"出的被国家新闻出版广电总局评为"行业融合样板"的新媒体，让许多传统媒体看到了希望。他们跃跃欲试，也望而却步。高成本、高风险的创新举措不是谁都有勇气、有能力尝试的，而"芒果 TV""敢为天下先"的背后，是多方因素给予它的力量，是一场几经权衡、摸索的周密布局。

2014 年 5 月，在几乎所有传统媒体都在寻求与商业视频网站合作之际，湖南广电反其道而行，启动了"芒果 TV 独播战略"，宣布湖南卫视电视节目的网络版权不再分销给其他视频网站。芒果系的自立门户无疑是一条全新的传统媒体转型之路，也让"芒果 TV"成为主流视频网站中最独树一帜的存在——横跨新老媒体的平台。

2017 年 4 月，"芒果 TV"用"国内主流视频市场第一个实现盈利的综合性视频平台"的突破交出了满意的答卷。从目前来看，"芒果 TV"赢得了当时看来生死未卜的"赌局"。而"芒果 TV"手中最大的筹码，就是它浑然一体的"生态圈"。

一、"芒果 TV"的前世今生

作为湖南卫视优质资源（电视剧、综艺节目等）的网络播放平台，"芒果TV"的名称在 2008 年正式启用。2014 年，在互联网视频网站迅速崛起、竞争激烈的背景下，湖南卫视旗下的新媒体平台"金鹰网"与"芒果TV"融合，形成全新的"芒果TV"，成为湖南卫视旗下唯一的互联网视频平台。作为一个独立品牌，"芒果TV"为用户提供的服务主要有两个：一是独家提供湖南卫视所有栏目的高清视频直播点播；二是提供各类影视剧、综艺、音乐等娱乐内容。而此时，无论对于传统媒体还是新媒体，"芒果TV"都还是一个"异类"。对于传统媒体来说，湖南广电"不为他人做嫁衣"的设想是美好的，但"自制节目+自营平台+独家播出"意味着向其他网络视频网站出售、分销版权的收入会有所损失，意味着跨界新媒体将迎接一系列颠覆式的挑战，意味着自产自销会有难以估量的成本投入；而在"以技术拉动平台"起家的网络视频网站看来，当时的主流是以科技汇集资源做大平台，湖南广电凭一己之力"以内容拉动平台"的设想，实在太过颠覆。

2018 年 6 月，"快乐购"重大资产重组正式获批，湖南广电旗下的快乐阳光、芒果互娱、天娱传媒、芒果影视和芒果娱乐五家公司整体作价 115 亿元打包注入快乐购。此时，芒果TV成功借壳上市，成为国内 A 股中首家国有控股的视频平台。[①]

二、"芒果 TV"的圈地运动

结合现阶段"芒果TV"取得的成就以及对其诸多举措、节目的综合考察，本书拟搭建由核心、内圈、外圈三部分组成的"芒果TV"生态圈模型（如

---

① 21世纪经济报道：《芒果 TV 借壳成功！将成 A 股首家国有控股视频平台》，https：//m.21jingji.com/article/20180621/herald/50feb82ebbc59948050cc21d9ea9c401.html。

图 6 - 1），分析"芒果 TV"生态的全
面布局。

与单个的企业相比，生态圈的构
建关注的是纵向的深耕和横向的扩张，
力图使得整个体系的核心竞争力共同
提升。图 6 - 1 便是基于分析"芒果
TV"内部、外部环境中较为关键的几
个因素后所建立的简易模型，以此一
探"芒果 TV"内外部存在的机遇和挑
战，以及其是如何抓住机遇、应对挑
战来适应视频网站这样一个大生态的。

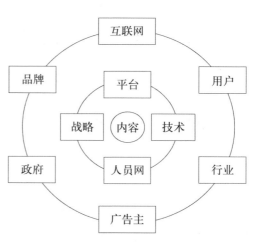

图 6 - 1 "芒果 TV"生态圈模型

（一）核心——内容

开"以优质内容拉动平台建设"之先河，"芒果 TV"最核心的价值就在于
其内容，这也是其立足于长视频生态的终极武器。

1. 移植：芒果"基因"保驾，卫视内容护航

建立自家新媒体视频网站或许在很多电视台的计划之中，而走出"独播"
这步棋的底气，却不是谁都有的。2014 年前的湖南卫视，或者说时至今日的湖
南卫视，在卫视频道中的地位，仍是无法撼动的。王牌综艺娱乐、优质电视剧
资源的多年积淀，让湖南卫视成为地方台中少数突破地域限制、在全国范围内
存在巨大影响力的卫视。"超女快男"等选秀综艺、《爸爸去哪儿》等亲子综
艺、《快乐大本营》……诸如此类的优质 IP 均是湖南卫视乃至"芒果 TV"的王
牌和底牌所在。

由表 6 - 1 可见，在 2013 年上半年省级卫视综艺栏目视频点击量前十名中，
湖南卫视独占六席。正是在这样一种势头之下，将这些具备良好口碑的优质资
源全部注入"芒果 TV"并自制 IP 成为只此一家的稀缺资源，是给初出茅庐的
"芒果 TV"的最大加持，使得这个新兴视频网站在一开始就自带光环。芒果 TV

率先试水《花儿与少年》网络独播，获得外界巨大关注，点击量迅速飙升至千万级，其"独播效应"在实战中得以印证。

表6-1　2013年上半年省级卫视综艺栏目视频点击量前十名

栏　　目	所在频道	上季度播出期数	视频点击量/次
《快乐大本营》	湖南卫视	22 期	937 685 896
《非诚勿扰》	江苏卫视	51 期	880 117 761
《百变大咖秀》	湖南卫视	25 期	706 429 737
《我是歌手》	湖南卫视	13 期	602 607 534
《中国最强音》	湖南卫视	15 期	579 359 724
《天天向上》	湖南卫视	24 期	431 364 185
《非你莫属》	天津卫视	63 期	291 634 891
《中国好声音》	浙江卫视	1 期	250 875 895
《我们约会吧》	湖南卫视	49 期	244 466 940
《男生女生向前冲》	安徽卫视	59 期	234 793 224

资料来源：CMMR 中国电视网络。

2. 开创：自制内容发力，深耕综艺节目

卫视资源打响品牌后，如何延续"芒果系"的内容优势是当务之急。近些年来，"芒果 TV"致力于自制内容板块，重点仍在于延续卫视一脉相承的综艺性。

2017 年，《爸爸去哪儿 5》、《明星大侦探》系列、《妈妈是超人 2》等网络自制综艺均在网络上取得不同程度的成功。这些节目相比电视综艺，无论是从形式、话题还是场景、语言设计上，都显得更大胆、开放，已初步具备网络特性。以《明星大侦探》为例，每期一个神秘谋杀案件，以社会热点问题为主旨，极具感官刺激性和话题性，这是电视综艺无法突破的。另一方面，虽然

"芒果TV"的综艺在很大程度上借鉴了国外综艺的成功案例，但是"芒果TV"在综艺行业已极具先机意识，其对国外综艺的本土化改造取得了国内观众的认可。因此，从某种意义上来讲，这些节目的网络独播已经是"芒果TV"自己的产品。以优质内容带动流量的芒果式发展之路至此已经十分明确。

3. 传承：定位青春，聚焦快乐，生产情怀

从其一路发展来看，无论是老牌的湖南卫视还是新生的"芒果TV"，所有的节目都冠以"青春"和"快乐"之名，环环相扣，自成体系。比起"口号式"的价值观宣扬，"芒果系"很大程度上确实将情怀融入了内容，紧跟年轻群体的潮流时尚形式。

除去迎合当下年轻人的口味，"芒果TV"在弘扬主旋律上也颇下了一番功夫。《我爱你，中国》《我的青春在丝路》《赶考路上》都聚焦社会现实，宣扬社会担当。以青春为主题，同时贯穿公益精神、人文精神、情怀与使命，也为其制作精良的IP增添了深度和价值。

（二）内圈——"芒果TV"的内部建设

"芒果TV"现阶段取得的突破，与其内部的战略布局、平台运作、技术革新、人才储备亦是分不开的。

1. 战略："差异性"与"多样性"的权衡

（1）从"独播"到"独特"。如果说优质内容IP是"芒果TV"的核心和本质，那么"独播"便是这种本质最直接最主要的外在表现。"独播"战略的提出，是湖南广电基于自身实力和外部大趋势做出的另辟蹊径的选择，也是迎合"分众化"趋势的创举。放弃其他商业视频网站大而全的资源汇聚战略，将目标聚焦年轻女性受众，将稀缺资源打造成自己独有的优势和特色，借湖南卫视在传统媒体已经积累的声誉和粉丝群进行"粉丝迁移"。但是这种策略只对湖南广电这样的具备"一呼万应"实力的媒体才具有可实践性，其他传统媒体基本望尘莫及。

另一方面，"独播"战略虽然保证了"芒果系"资源在市场上的一家独大，

却也意味着"芒果系"的内容"走不出去"。放弃成熟的分销渠道等于错失了争取其他平台的用户的机会，同时丧失了因出售内容网络版权而获得的收益。因此，比起绝对的"独播"，芒果 TV 也在寻求更多样的分销渠道。2017 年，"芒果 TV"作出妥协，将《快乐男声 2017》《变形记 2017》等部分综艺节目和电视剧与其他视频网站进行联合播出；同时加大了对优质电影、电视剧等资源的版权投入，在保证其差异性内容优势的同时，纳入多样性元素，一定程度上缓解了"独播"所带来的经济损失和内容单一化问题。

（2）从"单向"到"双向"。"芒果 TV"对湖南卫视的反向输出似乎让人看到了传统媒体的一线生机，但是在节目类型的选择和改版上，这种反向输出模式仍有很大的发挥空间。

网络自制综艺《明星大侦探》在网络上引发热议，于是其复刻版《我是大侦探》登陆湖南卫视，开始尝试网络平台对卫视的反哺计划。网络节目搬上电视，必然要进行一番"改造"，娱乐性的台词、极度刺激的情节被一一剔除，华丽的明星阵容也随之黯然失色，这档高投入、精心制作的兄弟节目高开低走，最终以豆瓣评分 6.0 分草草收场，而《明星大侦探》四季豆瓣评分的均值高于9.0 分。网络特色、话题尺度，这些都是选择节目反哺时需要考虑的因素。可以说，这是一次不太成功的尝试，却是一种充满潜力的模式。

（3）深挖 IP 价值。如何让手中现有的 IP 资源实现价值最大化，也是"芒果 TV"着手在做的事。近年来，它在产业链衍生方面颇费了一番心思。《爸爸去哪儿》同名大电影和手游相继面世，《快乐大本营》独家花絮打包为《揭秘大本营》，《歌手》打造年度音乐盛典……现象级综艺节目仍存在巨大挖掘价值。2018 年暑假，"芒果 TV"更是打造了为期 5 天的"芒果青春节"线下活动，线上线下全方位开发 IP 资源。正是这样一种打包式的开发，让"芒果系"的产品浑然一体，增强了用户对产品乃至品牌的黏性。

2. 平台：扁平化架构

传统的企业要在互联网行业立足必须要突破其内部原有的层级机制，把网站真正变成一个"平台"。在某种程度上，"平台"是指在平等的基础上，由多个主体共同建立的、能够实现共享共赢的生态系统。电视领域的"平台"，是将电视台内部的各传统机构进行整合重组，重新建立扁平化、高效化的组织结构，结构中的每个部分都与节目生产绑定，最后形成完整的利益生态共同体。①

也就是说，一个团队全权负责一款节目生产、宣传、播出乃至后续网站维护、互动的全过程。从某种意义上而言，这实现了"制播合一"，让团队不再受体制的束缚，在责任意识和创新意识的共同作用之下，节目创作呈现出新的活力和生机。

3. 技术：克服传统媒体的短板

目前，"芒果TV"正在大力开发和应用VR、云直播、云计算、多屏互动等前沿技术，力图实现内容与技术的融合与创新。值得注意的是，"芒果TV"的"一云多屏"不仅可以实现内容多屏分发和互动，还能够为不同用户提供个性化服务与体验。

2015年湖南卫视跨年演唱会，"芒果TV"玩转"O2O"（Online to Offline）概念。《歌手4》更是率先引入VR全方位多视角记录的技术，对经典节目进行了大胆创新。"芒果TV"在这一次尝试中所取得的成功，也预示着视频平台要想留住用户，必须不断在技术上刷新用户的观看、互动体验。

4. 人才：专业团队确保节目质量

"芒果TV"的节目制作班底（包括舞台布景等）均来自湖南卫视的团队，过硬的传统媒体制作能力也成为"芒果TV"的天生优势。其人员的专业能力在湖南卫视多年的实践中得到广泛认可，而观众的口碑极具说服力地印证了他们的专业性。

（三）外圈——"芒果TV"的外部环境

"芒果TV"通过自我建设，以内容为圆心、以内部建设为半径为自己画了一个"圈"。但是其"圈地为王"的格局，绝不是"画地为牢"的封闭。它所

---

① 俞敏武：《"芒果TV"与互联网思维》，《当代电视》2016年第1期。

面临的机遇与挑战，和外界社会环境始终是不可分割的。或者说，内圈之外，还有外界种种因素相交织为它形成的一个生态外圈，在给予它养分的同时，也不断对它提出新的要求。

1. 互联网：消费的符号化、象征化

消费的符号化、象征化已经成为互联网时代的重要特征，消费者对精神产品的需求早已经超过消遣娱乐和消磨时光，体验某种"情境"、寻找某种"意义"成为越来越多人追求的个性与独特。而"芒果TV""青春"和"快乐"所传达的价值观和情怀，无形中契合了年轻观众的精神境界，给了观众审视自己内心的感觉。比起销售文化产品的成功，"芒果TV"的特别之处在于抓住了互联网环境下人们内心的"虚无"，成功"贩卖"理念，这也与互联网时代的用户思维相契合。

2. 品牌：芒果"站台"的两面性

"芒果TV"最天然的优势，无疑是湖南广电这座巨大的靠山。湖南卫视多年来打下的半壁江山，"芒果TV"可谓"坐享其成"，享的是内容资源、明星资源、人才资源，更是无形中的品牌效应。湖南卫视在大众中的知名度和认同感让"芒果TV"在一开始就备受关注。

但是，目前的"芒果TV"很显然深陷过度依赖湖南卫视的窘境，一旦离开湖南卫视的优质资源，其生存或将举步维艰。而当湖南卫视的影响力在新媒体面前逐渐失去主导性优势之际，要谋求长远发展，"去卫视化"更是势在必行。如何将其自身的内容生产力从传统媒体中剥离出来，发展壮大自身实力，关系到"芒果TV"之后的持续发展。

3. 政府：国企的"爱"与"痛"

作为国企体制下的网络视频平台，"芒果TV"与其他商业网络视频平台相比，自然少不了政策支持和文化红利，这也为其生存和发展提供了坚实的基础。作为湖南广电旗下的视频网站，芒果TV拥有从IPTV（交互式网络电视）到OTT（互联网电视）的全牌照，在渠道上占尽优势。

但是体制内的种种约束，也让它面临着更多的挑战。虽然芒果TV已经成

功上市，成为 A 股首家国有控股的视频平台，但这仅仅是个起点，意味着面临更严格的市场监管和更频繁的政策风险，这对于时常"脑洞大开"并且在综艺领域"偏科"严重的芒果 TV 而言，或许是更沉重的责任与使命。如何带着"镣铐"继续起舞，"芒果 TV"任重而道远。

4. 用户：目标用户群与互联网用户群的高度契合

在几大主流视频网站中，"芒果 TV"的年轻特质最为明显，25—30 岁年龄层的女性用户占比过半。差异化定位于年轻女性市场之所以能让"芒果 TV"在激烈竞争中杀出一条道路，是因为该核心用户群与当下互联网用户群高度重合，互联网用户转换率大大提升。另一方面，20—30 岁的年轻女性是目前消费能力最强的群体，也正是这些年轻的女性为"芒果 TV"的品牌文化做了最好的"背书"。

5. 行业：竞争与合作

目前，网络视频行业已基本形成以爱奇艺、腾讯、优酷土豆为代表的寡头格局，"芒果 TV"虽暂居行业第四，但是无论在资本、技术、行业影响力、用户数量、内容体量上，它与前三者的差距仍是巨大的。而后方，又有头条系和 B 站的穷追不舍。因此，与其说是向前三者发起挑战，在如何保住第四的前提下稳中求进才是"芒果 TV"所追求的，其核心发力点仍是发挥已有最大优势——开发优质原创内容。

从"独播"到"独特"战略的转变已经可以看出，在开放时代下，完全封闭式的自我发展显然是不可能的，与竞争对手间的合作仍旧必不可少。因此，芒果 TV 已经开放部分独播内容的版权给爱奇艺、腾讯等平台，开启分销渠道。此外，《歌手》节目的音乐原声带也独家授权给 QQ 音乐。

三、"芒果 TV"融合发展的思考

如果说开设网络平台是广电行业适应互联网时代的必然要求，那么开设什么样的网络视频平台或许有多种选择。但反观上述"芒果 TV"一次次的改革与试错，又不得不承认：或许当下这条路，是"芒果 TV"必然的选择。

最初，"芒果 TV"的成形与各大电视台的探索大同小异——将电视台的内容转移到网络上，而这种"内容搬运工"的叠加模式在原生网络视频平台的集大成面前，显然不堪一击。后来，"芒果 TV"也学习过原生网络视频网站网罗各种新闻、娱乐、体育、电影电视资源的做法，但问题很快显现，在技术和资源汇集方面，传统媒体转型而来的"芒果 TV"根本不是原生网络视频网站的对手，毫无竞争优势。而对于湖南卫视而言，优质的资源只能以大大低于其价值的价格拱手让人，反而让商业视频网站赚得盆满钵满。如何弥补技术上先天的不足？如何让自己的内容发挥最大的价值？如何具有无可替代性？唯有垄断自身的资源，在优质内容上做到独家，方有"以小博大"之可能，于是有了今天的"芒果 TV"。虽说是夹缝中求生存，但是"芒果 TV"的反击也显露出它的信心和底气。

"芒果 TV"以原创优质 IP 为核心的优势和短板都显而易见，但是，生态圈式的结构也给予了它一定的抗打击性和稳定性，内、外圈如同双重堡垒层层庇护、多项互补，即使存在问题，短期内若不出意外仍难以攻破它的防线。敏锐的先机意识、优质的内容、雄厚的背景、创新的理念、内部结构的不断革新、外部资源的充分吸收，在厚积薄发、步步为营之下，最终造就了一个独一无二的"芒果 TV"。

内容为王是"芒果 TV"取得目前成功的最大原因，但也是其最大的隐患所在。对于以内容为王牌的"芒果 TV"而言，单靠网络综艺是远远不够的。要保持自身的差异和竞争力，内部的 IP 资源必须足够丰富，而显而易见，现在"芒果 TV"以综艺为主力的内容支撑不起整个平台的持续发展。

近年来，新兴视频网站迅速崛起，B 站、抖音在 UGC 模式的推动下势不可当，专注 PGC 模式的"芒果 TV"在内容供应上以一己之力显然无法与之抗衡。网络综艺中，行业巨头爱奇艺、腾讯先后入局，凭借《偶像练习生》《创造101》等爆款综艺后来居上，掀起了新的"全民参与"风，"芒果 TV"的综艺强项也逐渐式微，显现出内容单一、容量不足等问题。《快乐大本营》《天天向上》等老牌综艺在网络综艺崛起的大环境下渐显疲态，《爸爸去哪儿》《歌手》等新制作的综艺也陷入新意不足的窘境。另外，网络自制剧匮乏、网络大电影缺位也是"芒果TV"不得不正视的问题。当"芒果TV"赖以生存的综艺内容逐渐失去优势，如何发掘其他内容板块（诸如自制网剧、二次元）的价值、找回其在网络综艺上的强劲地位，是"芒果TV"应该思考的问题。"成功是可以复制的"这个观点强调只要按照固定的模式去操作就能取得成功，却忽略了时机、内部因素、外部条件等诸多差异，这也是为什么其他卫视尝试效仿湖南卫视却都以失败告终，而这些诸多因素中相当规模的深受年轻人喜欢的优质原创内容，仍是制胜关键。当然，这不是说其缺陷和问题无足轻重。恰恰相反，严密性意味着"牵一发而动全身"，大格局之下的每一环都显得至关重要。"芒果TV"当下最基本也最根本的任务，仍然是加强原创内容的竞争力，找回其最原始的优势所在。

此外，打通内外圈的界限、增强内外联动或许是增强其生态圈韧性和灵活性的方式。例如，将用户从外圈向内圈引入，加强UGC模式，一方面有利于提高用户参与度，增加用户黏性，另一方面也在一定程度上弥补了平台内部专业人才的流失；将互联网思维（用户思维、流量思维、跨界思维、极致思维、大数据思维等）更深入运用到平台每个阶段的战略和改革之中，在内容上争取做到极致，在技术上不断运用大数据，在营销上兜售参与感与体验感，以"免费"赢得更高质量的"收费"，赢得用户的认可。总之，内外的平衡以及由内而外的完善仍需要周密的布局和仔细的落实。

最后，对于大多数传统媒体而言，"芒果TV"的模式虽然不具备可复制性，但是其中某些方面仍具有深远的借鉴价值。互联网思维的运用、技术的更新、"内容为王"这三点，对于互联网冲击下深陷泥淖的传统广电媒体而言，或许是突围之前必须突破的难关。

（范嘉琳、张谦）

案例 6　融合视角下阿基米德 FM 和喜马拉雅 FM 的比较分析

随着新媒体不断发展兴盛，传统媒体受到的冲击也愈发强烈，尤其体现在用户及广告的流失。相较于报纸和电视的生存危机，传统广播业依托车载广播似乎还有生存空间，但是伴随着移动互联网音频的不断发展，传统广播媒体也面临着竞争与转型。阿基米德 FM 是传统广播媒体运作的新媒体端，也是传统广播向新媒体融合转型的一次尝试。根据易观发布的 2020 年 3 月移动音频应用活跃用户规模数据，阿基米德 FM 位居第六，在启动次数和使用时长上分别位于第九和第八的位置，与喜马拉雅 FM 仍有较大差距。因此，尽管传统广播媒体已经开始了转型之路，但却仍然难以与移动互联网音频平台分羹，更难做到在传统媒体时期的一家独大。基于此，本书引入新结构经济学中的要素禀赋与比较优势，对比阿基米德 FM 与喜马拉雅 FM 的比较优势，以期提出媒体融合转型升级的策略。

一、研究对象及理论框架

2014 年上海东方广播中心推出的阿基米德 FM，是由传统广播工作者开发并运营的移动音频客户端。

喜马拉雅 FM 成立于 2012 年，2022 年 3 月向香港证券交易所提交上市申请，招股书显示喜马拉雅全月活跃用户有 2.6 亿，在中国在线音频应用中排名第一，可以说是国内发展最快、规模最大的在线移动音频分享平台。

根据林毅夫提出的新结构经济学理论，经济发展的本质是产业结构的不断变迁，而产业结构由要素禀赋结构决定。通过对一个国家或产业中的要素禀赋的分析可以说明经济结构的不同及其变化的原因，以及为什么发展过程本身是一个经济结构不断调整与变动的过程①。一般而言，要素禀赋包括劳动力、资

---

① 林毅夫：《新结构经济学的理论框架研究》，《现代产业经济》2013 第 Z1 期。

本、土地、技术、管理、企业家才能等，不同的产业有不同的要素禀赋结构，也就有不同的比较优势。因此，如果一个技术密集型产业希望向劳动密集型产业转型，就必须首先发展自身的劳动要素，将其发展为比较优势，缩小与劳动密集型产业之间的差距。只有当一个产业具有另一个产业相似的要素禀赋结构时，才能实现产业的转型升级，而要缩短两个产业要素禀赋结构之间的差距，就必须充分利用现有要素禀赋结构所决定的比较优势。

在新结构主义的分析中，"ECVSE"，即"资源禀赋"（endowments）—比较优势（comparative advantage）—企业自生能力（viability）—符合比较优势的产业发展战略（strategy）—经济发展（economic development），是基本的理论框架[1]。本书基于新结构经济学的要素禀赋与比较优势概念，将两者引入传统广播媒体转型的研究中，可以发现传统广播媒体拥有广泛的政府资源、媒体内容资源，而移动互联网音频平台拥有广泛的用户资源和市场资源，两者的要素禀赋结构和比较优势存在差异。因此，通过对阿基米德 FM 和喜马拉雅 FM 进行要素禀赋分析，本文得出两者的比较优势，以期为传统广播媒体的融合转型提出建议。

二、基于要素禀赋的阿基米德 FM 与喜马拉雅 FM 的比较优势

（一）阿基米德 FM 的比较优势

阿基米德 FM 作为 SMG（上海广播电视台、上海文化广播影视集团有限公司）旗下的互联网新媒体，虽然披着新媒体的外壳，但是其内在体制以及运营人员几乎都是由传统媒体转来的，因此也有和传统媒体一致的禀赋结构，包括政府资源、内容资源以及政治资源，这三个层面形成了阿基米德 FM 的比较优势。

---

[1]　韦森：《探寻人类社会经济增长的内在机理与未来道路——评林毅夫教授的新结构经济学理论框架》，《经济学（季刊）》2013 年第 3 期。

1. 政府资源优势

根据中共中央网络安全和信息化领导小组办公室于 2017 年出台的《互联网新闻信息服务管理规定》，通过互联网站、应用程序、论坛、博客、微博客、公众账号、即时通信工具、网络直播等形式向社会公众提供互联网新闻信息服务，应当取得互联网新闻信息服务许可。阿基米德（上海）传媒公司获得采编发布服务、传播平台服务的许可资质以及互联网视听节目服务许可证，阿基米德网站（www. ajmide. com）和阿基米德 App 取得了由上海市互联网信息办公室批准的互联网信息服务许可。

反观喜马拉雅 FM，其获得的许可证包括网络文化经营许可证、广播电视节目制作经营许可证等，但是并未获得开展互联网新闻信息服务活动的相关许可。具体而言，喜马拉雅 FM 只能作为平台方，通过入驻东方新闻、中国之声等具有采编权的官方账号进行新闻信息的传播，喜马拉雅平台自身无法进行新闻信息的采编与发布，但阿基米德却有这一优势。

2. 内容资源优势

阿基米德 FM 拥有丰富的内容资源优势，这些内容包括社区化广播频率资源、本土及联动资源以及主播资源。

（1）社区化广播频率资源。阿基米德 FM 是传统广播转型新媒体的成果，其在保留传统广播要素的基础上进行了新媒体的创新，因此，阿基米德 FM 也将传统广播频率频道资源转移至移动电台客户端，并且进行了延展。传统广播电台由于地理位置、频率限制而存在区域局限性，并且难以实现与听众之间的双向互动，但是阿基米德 FM 突破了这一局限性。一方面，阿基米德 FM 本身作为 SMG 的一员，拥有上海本土的广播频率资源，同时接入了中央广播频率，用户可收听到 CNR（中央人民广播电台）的多个广播频率；另一方面阿基米德FM 也突破了地域局限性，可以通过更换所在城市切换广播电台，收听当地电台的节目，从而满足全国各地用户收听不同地区电台的需求。

不仅如此，阿基米德 FM 还通过广播节目的社区化，实现了听众与主播之间的互动。阿基米德 FM 在把传统广播频率移植到新媒体端的同时，也将每一个频率细分为不同的节目，为每一个节目设置一个社区，用户可以在这个社区内互相交流，发表评论，主播也可以随时看到用户的评论反馈，与听众进行互动交流。以 FM93.4 上海新闻广播为例，用户可以在电台分类中看见该频率，当点击该频率时，页面会呈现出这一频率下不同时段的不同节目，如直通 990、海波热线、民生一网通、周末来打卡等。这些节目也有自己独立的社区，在直播时间段，用户可以进入直播间与主播进行交流，同时也可以直接进入社区进行内容的发布，包括文字以及音频。

尽管喜马拉雅 FM 在电台频率资源上与阿基米德 FM 基本一致，也都涵盖了省台、国家台，甚至增加了网络台，但是喜马拉雅 FM 的广播分区与传统广播的功能相差无几，只是在提供直播收听的基础上增加了回听以及预约节目的功能，缺乏互动性，而这一点与喜马拉雅 FM 本身的定位有关，作为一家商业电台公司，其本身不拥有传统广播频率的资源，只能做中介方进行转接，因而也就无法像阿基米德 FM 一样实现主播与用户的互动，这也就形成了阿基米德 FM 的比较优势。

（2）本土及联动资源。阿基米德 FM 立足于上海本土，同时也与全国各地的广播电台进行联动，成为全国广播平台的桥梁，实现平台化发展。

上海作为直辖市，本身拥有非常多的人口及行政资源，截至 2020 年 12 月，上海市 16 个市辖区共有 107 个街道、106 个镇、2 个乡，并且每个市辖区都有自己的融媒体中心以及微信公众号，几乎每个街镇也都有自己的微信公众号平台，发布与街镇相关的内容，因而也就提供了众多的内容资源。

阿基米德 FM 借助自身的渠道人脉优势与上海众多街镇形成了合作，普陀区、松江区、静安区、浦东新区等多个辖区的多个街镇都在阿基米德 FM 开设了街镇-家园电台账号，阿基米德 FM 为这些账号提供广播节目，同时将这些街镇发布在微信公众号平台的内容搬运至阿基米德 FM 对应的街镇-家园电台账号。自 2020 年年底开始，阿基米德 FM 开展了针对街镇-家园电台的常规内容运营，每日筛选街镇优质内容上传至平台，并且通过智能音频进行语音转换，使得在阿基米德 FM 内呈现的内容兼顾文字、图片、声音等融媒体特征。此外，阿基米德 FM 还针对优质内容进行二次编辑与传播，通过对优质内容的改写编辑，将其生成短消息，转化为音频，形成每日上海街镇日记，上传至学习强国平台，在凸显上海街镇特色的同时也体现了阿基米德 FM 的平台化特征。

不仅如此，2019 年 10 月，上海开放大学与阿基米德 FM 共同打造了"开大有课"电台，上线了涵盖文史、艺术、计算机、健康管理等多个方向的在线课程①，为用户提供轻量化、碎片化、结构化的线上学习内容。此外，上海教育电视台也以"绿叶台"的名字在阿基米德 FM 内设有分区，提供医疗健康、教育、心理等多方面的内容，是市民接受终身教育的又一重要途径。

阿基米德 FM 不仅立足上海，而且还发挥长三角政治地理与文化优势，做到了辐射全国。在长三角区域一体化发展背景下，2020 年，经国家广电总局批复同意，长三角之声广播调频开办，东方都市广播调整为长三角之声广播，"长三角之声"在 FM89.9 正式开播。这也是全国第一家由地方电台开设的区域性广播，其定位是权威的长三角一体化发展最新进程和政策发布平台、便利的长三角民生服务平台以及精致的长三角品质生活平台②。用户可以在阿基米德 FM 收听到这一广播频率，并且也可以通过长三角之声找到与长三角相关的城市电台，形成长三角各省市电台的联动。此外，在 2020 上海广播节上，在上海市卫生健康委员会、江苏省卫生健康委员会、浙江省卫生健康委员会、安徽省卫生健康委员会、中国医师协会健康传播工作委员会以及上海广播电视台的支持下，阿基米德传媒与相关健康促进、疾病预防与医疗机构共同启动了"长三角公共卫生（网络）电台"项目，同时阿基米德传媒特别联合上海市精神卫生中心、上海市疾病预防控制精神卫生分中心等共同推出了"守护天使电台"③，这是国内首个区域性的公共卫生网络电台，阿基米德作为独家音频支持方，形成了自身的资源优势。

---

① 澎湃新闻：《"开大有课"电台上线，首批上线 100 门课程涵盖多个领域》，https：//baijiahao.baidu.com/s？id＝1648726264374679736&wfr＝spider&for＝pc。

② 央广网：《全国首个区域性广播"长三角之声"28 日将在上海开播》，https：//baijiahao.baidu.com/s？id＝1681623356785542015&wfr＝spider&for＝pc。

③ 上海人民广播电台：《就是今天！长三角公共卫生（网络）电台正式上线》，https：//mp.weixin.qq.com/s/pkYQ0－G2qucTQ6LeOAtUgw。

另外，阿基米德 FM 还充分发挥了 SMG 在全国广播电视集团中的地位优势，与全国省市级广播电台机构形成了合作。根据阿基米德 FM 官网的介绍，目前已经有湖北、贵州、上海、江西、辽宁、新疆等近百家省市级广播电台正式入驻阿基米德 FM，这不仅意味着阿基米德 FM 拥有这些省市级广播电台的节目与频率资源，同时也意味着阿基米德 FM 纳入了更多省市级广播电台的主播资源，可以为自身生产创造更多音频节目和直播内容。而地方广播电台之所以愿意入驻阿基米德 FM，是因为阿基米德 FM 为地方广播电台提供节目入驻、社区及管理后台、直播互动系统、活动发布系统、基本数据系统等一系列服务，并且提供及时的运营指导及培训服务，地方广播电台只需要搬运自身内容，而不需要自己搭建后台，省去了诸多麻烦。更重要的是，阿基米德 FM 设计并践行了 100% 让利分账的模式，即每个省市级广播电台自己的营收归自己所管[①]，阿基米德 FM 不会抽取任何分成，当把这一模式应用至电商，便可以为地方广播电台创造更多盈利，也能在最大程度上做到供给端的留存。

通过本土资源和地区联动资源的使用，阿基米德 FM 形成了自身丰富的内容比较优势，而这些内容资源则是喜马拉雅 FM 所欠缺的，但是这些硬消息内容与人们的日常生活密切相关，因此在音频市场上能够为阿基米德 FM 创造更多竞争优势。

（3）主播资源。如前所述，阿基米德 FM 不仅有上海广播电台的主播资源，同时也吸纳了地方广播电台的主播资源。主播们不仅为节目服务，而且也可以在阿基米德 FM 内开设个人账号。入驻阿基米德 FM 的主播大多经过专业的学习与培训，无论是在文化素质抑或是专业能力上都能经得住考验，因而其生产的内容也有所保障，传统广播电台的主播也在长久的职业生涯中积累了众多听众，因而也能够转化为阿基米德 FM 的听众资源。但是，目前来看，阿基米德 FM 并没有积极利用主播资源，笔者随机检索了上海人民广播电台的秦畅和海滨两位主播，发现他们虽然在阿基米德 FM 拥有个人认证账号，但是并未发布任何

[①]　王海滨：《做一个让资本青睐的广播》，《中国广播》2016 年第 11 期。

内容。

阿基米德传媒每年也会举办声音盛典，从节目和主播两个维度进行评选，2020 年的主播维度分为财经主播、书声主播、新闻解读人、成长陪伴主播以及跨界主播，来自全国不同广播电台的主播及节目获得了这些奖项。由此也可发现，阿基米德 FM 拥有广泛的主播资源，但是这些主播资源更多还是在内部创造价值，并未突破节目，这与传统广播媒体的体制机制存在关联。因而，阿基米德 FM 尽管拥有专业的主播资源，却未能发挥最大的价值效果。

3. 政治资源优势

与政治相关的信息往往都需要非常严格的采编发布标准，因而这也是阿基米德 FM 的比较优势所在。一方面，阿基米德 FM 依托 SMG 获得了新闻信息采编发布许可，能够制作、发布、传播与政治政策相关的信息内容；另一方面，阿基米德 FM 本身从东方广播中心的一个新媒体部门演变而来，其工作人员有传统媒体工作经验，自然也积累了相关政治资源。2020 年 12 月，上海人民广播电台、青春上海、阿基米德和话匣子联合制作并播出了"展望'十四五'，创造新奇迹，展现新气象——2020 对话区委书记"系列节目①，阿基米德 FM 也是播出平台之一，每天中午配合《市民与社会》节目的播出，阿基米德 FM 进行同步的图文直播，并且用户在直播过程中也可以随时发表评论，同时阿基米德 FM 还会发布与当日直播内容对应的帖子与视频，形成资讯矩阵，从而让用户对该期的内容形成全方位的了解。

（二）喜马拉雅 FM 的比较优势

喜马拉雅 FM 作为国内商业音频平台的巨头，从产生到发展都遵循互联网公司的脉络，因此在禀赋结构上也形成与阿基米德 FM 不同的结构，包括产品资源、市场资源以及人才储备资源，在这三个方面形成了自己的比较优势。

---

① 人民资讯：《上海人民广播电台推出"2020 对话区委书记"节目》，https：//baijiahao. baidu. com/s? id=1685771442982624834&wfr=spider&for=pc，2020－12－11。

1. 产品资源优势

喜马拉雅 FM 的产品资源优势体现在差异化内容以及产品设计思维方面。喜马拉雅 FM 在内容的分类上涵盖了小说、儿童、相声小品、评书、人文、国学、历史、情感、教育考试等 26 个分类，而且在每个分类下还有更细致的划分，虽然阿基米德 FM 也有丰富的分类，但是二级类目下的内容则不够丰富，且更多是把传统广播频率的节目划入二级类目，因而无法像 UGC 资源丰富的喜马拉雅 FM 一样能够提供多样化的内容。PGC 内容也是喜马拉雅 FM 的招牌，从马东的付费音频节目《好好说话》开始，喜马拉雅 FM 逐步推进了 PGC 布局，在播客发展背景下，喜马拉雅 FM 也同步吸引了一大批优质的媒体人和节目入驻，包括看理想、有文化电台、丁太升等，以维持喜马拉雅 FM 内容的深度以及品牌影响力。

另外，在有声书市场，喜马拉雅 FM 提供言情、悬疑、都市、科幻等多种类型的有声小说，能够满足不同用户的收听需求。根据易观发布的《2020 年中国音频产业生态发展分析》报告，无论是从性别抑或是年龄，有声书已经成为绝大多数用户群首选的音频内容类型，喜马拉雅 FM 无疑是有声书市场的巨头[①]。2020 年 4 月 23 日，喜马拉雅在第三届"423 听书节"期间与中信出版社、广西师范大学出版社、香港联合出版集团等 26 家出版机构达成了战略合作，既解决了自身侵权困境，也能通过与出版机构的合作创造更多优质内容，扩大影响力。

在音频市场竞争不断激烈的情况下，声音本身作为一种陪伴型媒介往往在人们空闲的时候发挥其作用，因而音频市场的场景化尝试一直是音频平台的重点内容。阿基米德 FM 曾在音频分类下加入了场景分类，如带孩子、跑步、刚起床等，但是目前已经无法找到直观的场景分类入口，只能在内容分类中的出行分类中找到晚高峰、早高峰等分类。但是喜马拉雅 FM 不仅在线上实现了音频场景化，而且也在线下布局场景。线上通过在推荐栏中加入助眠专注的分类，

---

① 易观：《2020 年中国音频产业生态发展分析》，http://www.199it.com/archives/1043371.html。

线下则通过推出实体产品、与宝马互联驾驶系统实现对接等方式，构建线上线下的场景化音频生态圈。

2. 市场资源优势

市场资源优势主要体现在盈利、市场规模与用户量方面。目前阿基米德 FM 的盈利主要来自三个方面，分别为用户权益（VIP）、阿基米德 M 店以及广告，在盈利上并没有形成自身的优势，这跟阿基米德 FM 的传统媒体属性有关，但是喜马拉雅 FM 已经有了较为多元的盈利方式，包括内容付费、用户权益、贴片广告与声音流广告以及商城。从用户权益对比来看，阿基米德 FM 的用户特权为 12 个月 188 元，用户可获得身份特权、签到特权、直播间特权以及专属福利；喜马拉雅 FM 的用户特权为 12 个月 367 元（活动期间 179 元），享受免费听书听课、免声音广告等 6 项功能特权，以及相关福利特权。从这个角度而言，喜马拉雅 FM 用户权益提供的内容更丰富，而这也是由其本身丰富的内容资源所带来的优势。

在电商层面，阿基米德 M 店是阿基米德 FM 推出的电商平台，每个节目都有一个自己的 M 店平台，可以带货，商品种类涵盖吃穿用等方面。而喜马拉雅 FM 除了自己的商城售卖相关周边产品以外，主播个人频道内也有店铺，可以上架喜马拉雅自营商品，也可以链接至京东等电商平台，这种电商模式不仅为喜马拉雅本身带来盈利，同时也能为 UGC 创造利润。内容付费也是喜马拉雅 FM 的重要盈利方式之一，尽管用户权益内提供了不少 VIP 有声书资源，但仍有一部分内容需要在 VIP 的基础上进行二次付费才能收听，这部分内容也极大地强化了用户黏性，而阿基米德 FM 在这方面则处于劣势。

在市场规模和用户量方面，喜马拉雅 FM 优于阿基米德 FM。相关新闻显示，2019 年喜马拉雅宣布其用户量已超过 6 亿，而 2017 年阿基米德的用户量仅为 2 300 万，虽然阿基米德一直称自身的各项指标均位于全国前 10% 之列，但这中间的差距仍然非常大。此外，在品牌知名度层面，喜马拉雅 FM 也高于阿基米德 FM，喜马拉雅 FM 通过"423 听书节""123 狂欢节"等活动，打造了"内容消费节"，不仅为自身创造了营收，同时也提高了喜马拉雅 FM 的知名度。

喜马拉雅 FM 还通过与明星艺人进行合作，包括邀请易烊千玺作为代言人，推出易烊千玺的《青春 52 问》、张艺兴的《晚安电台》等明星节目，吸引粉丝的注意力。

3. 人力储备资源优势

根据看准网信息，喜马拉雅 FM 目前员工数是 500—999 人，而阿基米德 FM 则是 20—99 人，喜马拉雅 FM 在员工体量上的优势十分明显，并且笔者调查发现，阿基米德 FM 员工以上海本土员工居多，这也是本土传统媒体招聘的特征之一。根据相关数据，喜马拉雅 FM 招聘实习生岗位的薪资是 150—250 元/天，而阿基米德 FM 则是 100 元/天，在薪资上就难以吸引在校生。喜马拉雅 FM 是典型的互联网企业，而阿基米德 FM 则由传统媒体转型而来，内部体制层级清晰，权力高度集中，而当下的求职者更偏好互联网公司扁平化的管理模式与氛围。

三、传统广播融合转型中的问题分析

阿基米德 FM 和喜马拉雅 FM 有着各自不同的比较优势，但是从用户规模与知名度而言，阿基米德 FM 并未能完全发挥自身的资源优势，在运用禀赋优势进行内容生产与创作时存在问题。

（一）缺乏音频化内容采编团队

如前所述，阿基米德获得了新闻信息内容采编发布与传播平台的资质，但是却没有发挥这一优势。目前阿基米德平台的新闻内容大多来自上海人民广播电台，主要将上海人民广播电台发布在微信公众号的内容搬运至阿基米德 FM，同时利用智能音频进行语音形式的转换，随即便结束了这一传播过程。而阿基米德本身没有自己的内容采编团队，尽管有相关运营人员负责微信公众号内容的撰写，但是阿基米德 FM 客户端的内容则更多来自外部平台，只需要进行文字转音频的简单操作。

而音频平台的内容有其自身的特色，书面化的语言并不完全与口语等同，因此如果直接将书面内容转化为音频会使得内容本身价值大打折扣。尽管对于音频平台而言，使用智能音频的方式可以大大提高效率，但这其实是一种狭隘的媒介融合，对于听众而言，主播口播的现场感以及情感共鸣远比智能语音更有吸引力。

（二）缺乏互联网企业的营销宣传意识

虽然阿基米德 FM 自身在政府资源和政治资源方面存在比较优势，但是并未能将这一优势进行拓展，缺乏互联网企业的营销宣传意识。传统媒体一贯以优质内容为自身的亮点，认为好内容自然可以吸引更多用户，但是在互联网时代，信息量成指数增长，如果只有好内容却没有配合的营销宣传手段便难以吸引用户。

正如前文所说，喜马拉雅 FM 已经通过"423 听书节""123 狂欢节"等活动打响了自身在有声书市场的品牌，甚至由喜马拉雅开启的这些活动也已经被复制到其他音频平台上，如蜻蜓 FM 等。反观阿基米德 FM，其最近正在宣传 M 店项目，但是除了小程序与微信公众号入口，在其他平台渠道上却缺少宣传，因此尽管自身商品优越却也难以达到理想中的效果。更遗憾的是，阿基米德 FM 本身就是渠道与平台，但是在首页内容中却也无法看见相关推荐信息，并且进入渠道后也只有通过点击【我】界面的【M 生活】才会跳转至微信小程序 M 店，用户并不能直接在客户端内进行商品的选择与购买。

（三）未能充分利用自身资源优势

阿基米德 FM 的资源优势包括丰富的内容资源、社区化广播频率资源以及主播资源，广播频率由于进行了社区化的划分，每个社区都能有一定的活跃度与互动量，这也是阿基米德 FM 的比较优势之一，但是比较优势中的主播资源，阿基米德 FM 却未能充分利用。

正如前文所说，阿基米德 FM 的主播资源其实不局限于上海人民广播电台，也包括各地方台的主播资源，而目前除了完成日常的节目录制外并没有发挥主播个人资源优势。与喜马拉雅 FM 不同，阿基米德 FM 没有大量的 UGC 主播，但却有非常多的专业主播，如果能够将专业主播资源转化为平台的一档档独特的节目，便可以与喜马拉雅 FM 的 UGC 主播进行竞争。这不仅需要完善体制机制改革，同时也需要转变主播思维。互联网时代做好自己的节目固然重要，但也需要打磨主播品牌，形成主播带节目、节目与主播相辅相成的态势。

四、传统广播媒体融合转型的路径

根据新结构经济学的要素禀赋与比较优势，一个产业要想发展就必须根据自身的禀赋结构所决定的比较优势去选择合适的产业，进而不断缩小与对标产业之间的禀赋差距。而在媒介融合不断深化的当下，传统广播媒体的转型升级路径也需要深耕融合之道，进行"广播+"的融合实践。

（一）广播+优质内容，打造品牌项目

随着媒体融合不断走向深化，传统广播媒体的融合之路也需要进一步创新发展，借助"互联网+"的概念，进行"广播+"的创新实践。具体而言，广播行业不仅需要深耕频率频道，做大做优传统广播节目与频率，同时也需要进行内容创新，打造自身品牌节目。

广播节目的优势在于其伴随性特征，听众可以随时随地收听，相较于视频，广播可以调动更少的器官来获得信息，让听众可以在不同场景收听节目与接收信息。当下众多传统广播媒体已经拥有了丰富的节目资源，如阿基米德 FM 就涵盖了经济、民生、音乐等众多类目的频率与节目，但在节目资源丰富的当下，传统广播媒体还需要打出知名度，打造品牌项目。如"芒果 TV"推出的原创声音互动陪伴真人秀《朋友请听好》不仅是一档广播节目，通过 FM105.4 新宁人民广播电台进行电台直播，同时也会在剪辑制作后同步在"芒果 TV"上播放，实现多元制作与分发。该节目播出后在互联网平台上掀起了讨论热潮，可以说

这档非传统的广播节目真正实现了传统广播与电视综艺，以及网络互动的深度融合，为传统广播媒体的内容制作与媒体融合提供了成功范本。

在此基础上，传统广播媒体可以根据自身情况，借鉴广播+视频+网络互动的思维，在做好广播内容的同时，结合视频以及网络互动的形式，推出多样化的内容产品，也可以结合抖音等短视频平台，推出基于广播内容的多样化短视频内容。如动感101频率就在抖音上发布了明星录制广播的花絮视频，在丰富广播节目的同时也可以借助短视频引流至广播电台，打通广播与短视频之间的壁垒，培养一批新广播受众。

（二）广播+多元产业，拓展盈利模式

传媒产业的转型升级之路离不开市场、人力资源、技术和资本这四大要素的支持。目前传统广播媒体转型升级的困境正在于这四大要素的不足，而这些却是互联网音频企业的优势所在。但是传统广播媒体不应当直线对标四大要素，因为互联网企业已经将这四大要素禀赋进行了充分的瓜分，传统广播媒体可以"曲线救国"，通过进入其他产业来获取自身不足的要素。

以浙江日报报业集团为例，其自2000年6月成立后便采取了"一媒体一公司，两分开一本账"的管理制度，实现了采编业务与经营业务的分开，并且在此后的发展过程中重视资本运作，投资房地产行业，与绿城集团共同组建浙江报业绿城投资有限公司；成立浙江新干线传媒投资有限公司，进行文化产业投资。这些投资举措为浙报集团的互联网转型打下了强有力的资金基础，同时也拓展了浙报集团的盈利思维与模式，浙报集团走出了一条不同于传统报业集团的发展道路。

传统广播媒体的发展也可以借鉴浙报集团的经验，以阿基米德FM为例，作为独立的传媒有限公司，同时又有着来自东方广播中心和上海人民广播电台的新闻媒体资源及党政资源，阿基米德FM可以将转型升级视野对准需要新闻及党政资源的产业，如教育行业、医疗行业、金融业等，这些行业需要较高的政治敏感度以及专业的新闻报道和舆论引导能力。尽管目前已经有传媒集团进

行了尝试，如上海文广集团旗下的东方明珠新媒体成立的产业投资基金，连接上市公司与产业基金，实现跨行业发展，但传统广播媒体的尝试仍不够深入。

阿基米德 FM 通过在自身客户端内嵌入医疗、教育等相关内容实现跨行业的合作，但在合作深度上还不够深入，仍然是承担内容搬运工的角色，因此如果未来传统广播媒体可以与其他产业进行深度合作，形成专业化的产品运营团队，不仅可以丰富自身的内容，同时也可以作为资本积累的重要途径。

（三）广播+精准服务，深耕听众需求

一直以来，广播凭借其即时、伴随的功能在车载场景下拥有强大优势，而在互联网新媒体的冲击下，越来越多的网络广播节目发展兴盛，且内容也更加多样化，有声书、播客、电台等一切与声音相关的内容都被互联网音频囊括其中，丰富多样的内容满足了各色人群的需求，为他们提供个性化的服务。在这样的背景下，传统广播媒体仍遵循着老路，自然难以与互联网音频竞争。

因此，在融合转型路径下，传统广播媒体需要深耕听众需求，将广播与精准服务相结合，发挥广播优势。传统广播媒体具有与生俱来的公信力优势，因此在提供服务时能够让听众感受到权威性与专业性，如在疫情期间，阿基米德 FM 就发挥了自身的平台优势，与上海市精神卫生中心共同推出了心理健康相关节目；2022 年则联合东方广播中心旗下 11 套广播频率，推出了 2022 "守望相助　共战疫情" 临时集中隔离收治点（方舱医院）上海电台，通过方舱医院广播系统和阿基米德 App 播出。在 4 月 23 日 "世界读书日" 时阿基米德传媒策划了 "读书之美——主播读经典" 活动，联合全国多个省市级广播电台，推出了 "蛤蜊讲故事" "全国主播读诗经" 等节目，既发挥了传统广播媒体的主播资源，同时也应时应景，满足了听众需求。

综上所述，作为传统广播媒体转型的成果，阿基米德 FM 具备政府资源和政治资源等优势，而喜马拉雅 FM 则在市场和产品方面具备发展优势，两者在资本、技术以及人才储备层面存在禀赋结构的差距。因此，传统广播媒体的转

型需要补足禀赋结构的差异，通过进入要素禀赋接近的产业为自身创造新的增长点，从而反哺传统广播媒体自身，不断改变禀赋结构，进而进入互联网行业建立自身的竞争优势。

（严亚楠、侯劭勋）

第七章　融合时代的自媒体

案例7　"吴晓波频道"：新中产阶层价值的重估

对于"新都市人"来说，报纸、收音机已慢慢淡出生活，取而代之的是微信公众号、各类新闻 App 和视频网站实时推送的信息，这些新鲜、快捷的信息通过活跃的互联网络到达千万个独立的终端，开启了城市崭新的一天。

《中国互联网络发展状况统计报告》① 显示，2020 年中国微信公众号数量为 162 万个，同比增长 65.14%。在这数以万计的公众号中，财经类媒体只是其中的一个分支，但其却因经济市场对信息时效性和专业性的要求备受关注。这其中，不仅有以"央视财经""中国经济网"为代表的传统财经媒体机构积极入驻新媒体平台，借势扩大自身市场份额及影响力，也有很多财经媒体人和个人专栏作家嗅到机遇，迅速构筑了忠实的用户社群。

根据第三方机构"新榜"结合腾讯微信公众平台数据进行的量化分析，财经类自媒体平台中，"吴晓波频道"从 2016 年到 2017 年，新榜指数稳定在 900+，在财富类分区个人榜单保持前十，活跃用户数持续增加，同时连续两年登榜"胡润中国最具影响力财经自媒体 50 强"，是财经频道中创办早、用户基数大、较有影响力的个人财经媒体。

---

① 产业信息网：《2020 年中国微信公众号发展现状及发展趋势分析》，https：//www.chyxx.com/industry/202107/962388.html。

一、产品定位：新中产

"吴晓波频道"的用户定位可以用"精准用户画像，服务于中产阶层，针对性开拓用户市场"来概括。市场经济的繁荣催生了社会阶层的更迭，所以我国中产阶层的兴起可以基本从财经媒体的萌芽和发展中寻到端倪。

《华尔街日报》曾对中国"新中产阶层"有过一个粗略的定义："以 30 岁到 40 岁左右的人为基础的一个强大族群，物质的丰富使他们内心深处有强烈的满足感，同时良好的教育基础和海外留学、工作的经验使他们保持强烈的进取心，他们追求生活品质，热爱健身、旅行，摒弃传统娱乐如麻将，加入德州扑克的大军。"[1]

2017 年，"吴晓波频道"发布了《新中产资产配置报告》。2018 年，经过对 10 万余人的调查和 100 多万条数据的分析，吴晓波及其团队又出炉了《新中产白皮书》[2]，大致从价值观、经济水平和职业三个方面确定了"新中产"的定义。"消费"是不变的主题。首先，中产阶层消费升级，注重收获感和自我满足感，从必需性消费，即满足衣食住行的生活所需转向了功利性消费和美好性消费。功利性消费也可从个人投资的角度进行理解，一部分人将自身储蓄用于知识付费，订阅杂志、海外镀金、进修，学习 Python、R 语言、UI 等技能，以提升自身在职场上的竞争力；另一部分人用于健康投资，马术、游泳、健身房，不仅锻炼了体魄，也提升了自身生活格调。而美好性消费，是中产阶层增长最快的消费部分，简单来说，就是花钱买幸福、买开心。调查表明，60%的新中产养成了一年远游一次的习惯，24%的家庭换上了日本智能马桶盖。财经新媒体的用户画像，都与吴晓波定义的"新中产"不谋而合，而综合"吴晓波频道"发布的内容、社群的运营以及产品的营销，都与"新中产"的庞大的消费

---

① 新华国际：《美媒：中国"新中产阶层"正崛起》，http：//news. sohu. com/20140317/
n396710687. shtml。

② 上海热线：《2018 年新中产白皮书》，https：//rich. online. sh. cn/content/2018-09/20/content_
9051639. html。

力和需求密不可分。

二、内容生产："专业"＋"原创"

作为目前较大的互联网财经自媒体，"吴晓波频道"的内容生产平台包括微信公众号"吴晓波频道"、同名爱奇艺视频专栏和"每天听见吴晓波"付费音频。截至2018年，"吴晓波频道"已积累280万中产阶层用户，常年维持在财经频道榜前五，且忠实用户转化率始终以稳定的增速增长。

笔者对"吴晓波频道"2018年4月至10月发布的文章进行统计，月发布文章数基本维持在130—150篇，均采用头条+4至5条副条的形式，月总阅读数最高达670万人次。从发布内容来看，"吴晓波频道"的推送坚持"贵精不贵多"的原则，坚持话题性、专业性、及时性和多元化的统一。

时下热议的话题常常能够制造爆点，引导舆论的方向，热点话题如果能够及时跟进并报道，可以快速吸引受众的注意，只要内容足够优质、特别，便足以引发大量读者的共鸣，从而刺激转发与传播。

例如，2018年9月24日"吴晓波频道"推出的头条图文《整容低龄化：再丑不能丑了孩子？》[1] 正是源于微博热搜"17岁女孩回应整容，称班中过半数同学割双眼皮"，这篇头条推文以低龄少女整容个例作为切入点，进而联系到中国医美复合式增长趋势，深入探讨中产阶层的"整容经济"及"医美风气"。不同于许多公众号及自媒体人一味对"微整"的口诛笔伐，"吴晓波频道"从心理学、投资学和法律等多个维度讨论了医美的兴起与归宿，在强调家长培养孩子"心灵美"、杜绝"千篇一律"的同时，理性地提出正规医美存在的合理性和投资的可持续性，客观地分析了时下"整容"的趋势与潮流。原文中"高净值人群对形象管理的需求会越来越高，无论男女都是如此"，给读者留下理智

---

① 吴晓波频道：《整容低龄化：再丑不能丑了孩子？》，https://mp.weixin.qq.com/s/yTt6iHWloRmh2hVKOmGiTg。

思考的空间，传达了辩证看待问题的态度，文章阅读量超过 10 万，成功叠加了用户间的讨论，扩大了热点内容的传播力。

在评价"吴晓波频道"推送内容的质量时，"原创"和"专业"是不可忽视的两个部分。从对 2018 年 9 月 6 日—10 月 1 日连续发布的 120 篇文章的统计分析可看出，78% 的文章均为原创，剩下的 22% 中，13% 为合作商定制的广告内容，同样以软文而非硬广告的形式推送。如 2018 年 11 月 2 日的推文《如果你承担了几个人的工作，升职加薪的为什么不是你》① 是吴晓波团队专门为推送"我的升职计划"大课程所做的广告推文，剩下的 6% 为周刊，还有少部分转载，系"吴晓波频道"与"秦朔朋友圈""昆仑风马牛"等其他自媒体大咖进行的内容互嵌。"吴晓波频道"的受众中，从普通读者到忠实用户的转化率远远高于其他自媒体，这与其一贯"坚持原创"的理念息息相关。

在原创文章中，超过半数来源于"巴九灵"，约 19% 的文章作者为吴晓波本人，其他来源于运营团队或专家团队。首先，吴晓波本人在财经领域具有丰富的经验，他从事财经媒体报道 20 年，积累了大量财经领域的实践蓝本，尤其在房地产投资方面获得了极高的声誉。《激荡三十年》（2018 年续写《激荡四十年》）、《浩荡两千年》、企业史类书籍《腾讯传》，成为考据改革开放以来经济跌宕与民营企业家发展的权威之作。其次，财经领域专业的写作能力和丰富的人脉资源为他在新媒体"吴晓波频道"的开拓方面铺垫了良好的基础。再次，"巴九灵"（"吴晓波频道"旗下运营团队的总称）团队的新媒体编辑、运营等均为具有财经领域多年从业经验的优秀人才，这保证了输出内容的专业性和及时性。最后，合作对象的专业性是合作文章的根本保障。在合作文章中，均邀请业界权威专家、学者进行采访，涉及法律、房产、股票、心理学、健康医学各个方面，是一个多元化的聚合体。

其多元化不仅体现在作者来源上，更体现在推送图文的内容上，由于"泛

---

① 吴晓波频道：《如果你承担了几个人的工作，升职加薪的为什么不是你》，https：//mp. weixin. qq. com/s/4l8_bVZ5yHdwZdDDuHlww。

财经领域"的定位，除了金融市场的大事小情，生活中的各个热点都可以与经济生活联系起来，这也就为"吴晓波频道"提供了丰富的写作素材和视频素材。其文章内容占比情况如图7-1所示。

笔者依旧选取2018年9月6日—10月1日"吴晓波频道"微信公众号连续发布的120篇文章，并在爱奇艺"吴晓波频道"2017年52期视频中间隔抽取13期为样本，统计情况如表7-1所示。

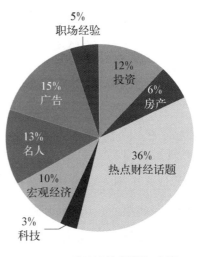

图7-1 "吴晓波频道"文章内容占比情况

表7-1 爱奇艺"吴晓波频道"样本统计

期　数	题　目	主　题	播放指数
20170111	2017年股市钱途在哪里？	股市	16 654
20170215	90后创业的真实日常	创业实录	18 503
20170315	没有中国，美国梦变白日梦？	国际视角	17 234
20170405	网红美食的商业秘密	创业实录	18 214
20170503	中国经济学界的良心	人物	20 518
20170524	打败柯洁的AI竟有死穴	互联网	20 915
20170614	中国还要再学日本30年？	经济政策	21 550
20170726	"假装生活"不如真心度假	思维方式	22 620
20170802	用"加法"找到你的成功机会	职场鸡汤	23 652
20190920	俞敏洪：不老的创业偶像	人物	24 868
20171011	智能手机十年进化史	历史（科技）	25 544
20171115	2018到底该不该买房	趋势预测	25 032
20171213	2017那些风口上的关键词	回顾	27 428

从统计的 120 篇公众号文章和 13 期视频中可以看出，图文及视频内容均围绕着"泛财经"领域，话题主要分为财经事件评论类、理财投资类、深度剖析类、人物类、软文类和定制广告类。其中财经事件评论类代表栏目《财经日日评》，罗列本周内政治、经济、民生等领域的重点话题梗概，并从财经的视角发表见解；投资理财类栏目《小巴学理财》，多针对房产、股票、债券等某一交易市场的重大现象进行解读，如 2017 年 9 月 30 日发表的文章《为什么中国人炒股总是赚得少亏得多》[①]，从本身制度性和散户市场的特点两个方面切入，结合心理学上"处置效应"的解释，指导股民正确理智博弈，成功获得 10 万以上的阅读数；深度剖析类栏目《思想食堂》与财经类专题报道形式类似，频道邀请资深财经领域专家着笔撰文，就自身最为擅长的领域发表见解，很好地满足了不同职业受众的阅读需求。软文类及定制广告类与微信商城"美好的店"链接，推荐书目及各种生活好物，是公众号盈利的重要来源之一。

三、经营模式

（一）线上开拓不同场景，流量变现

"吴晓波频道"用户引流与变现的主战场开设在微信，推出的产品与课程也与"财经知识""投资理财""职场经验"等新中产的硬需求密切相关，其搭建的生活场景与都市新白领的生活状态高度吻合，为读者营造了良好的体验感，激发了读者"提升自己""拥有更好生活"的消费欲望，从而成功吸引用户买单，实现变现。

目前公众号的长期付费产品主要有《每天听见吴晓波》《思想食堂》和《晓报告》。《每天听见吴晓波》作为吴晓波本人的付费音频类主打产品，上线最早，每天早晨 7 点左右更新一条 4—5 分钟的音频，针对近日来某种财经现象

---

① 吴晓波频道：《为什么中国人炒股总是赚得少亏得多》，https：//mp. weixin. qq. com/s/M5tSBPpR34pcieGC1o5OAw。

进行个人解读，同时会回答网友发布在留言板的热评问题，以互动的方式加强与忠实会员的沟通以及用户黏度。

截至 2018 年新年，为这项 180 元/年的产品买单的用户达到 17.8 万人，这批会员也是"吴晓波频道"最为核心的受众。《思想食堂》是线下思想人文大课堂，集结社会学家、历史学家、文学家和心理学家等各个行业的领军人物，定期开设课程及论坛，如北京中医药大学国学院院长张其成开设的"养生研究大课堂"及历史学家姜鹏的"从《资治通鉴》看帝王领导智慧"等；《晓报告》致力于以最优惠的价格，提供不同行业的白皮书等权威报告，为用户提供数据付费产品，指导投资理财方向。

线下课堂、线上音频课与付费数据报告等多元化付费场景满足了不同职业、不同领域受众的需求。线下课堂提供了与专家学者近距离交流的机会，在讲堂现场还可以遇到志同道合的朋友，拓展人际交往圈；线上音频课极好地迎合了"新都市人"早晨利用碎片化时间了解今日财经要闻的需求，内容短小精悍，不受地域、时间的限制，起到了非常好的输入效果。"吴晓波频道"提供的付费内容基本建立在中产阶层的消费需求之上，且在不断进行调查分析，拓展服务内容，扩大受众群体。

（二）线上线下互动引流，为"知识付费"

这里值得一提的是吴晓波本人一年一度举办的特殊活动——吴晓波年终秀，共计 3 小时的个人秀时间，在回顾过往一年宏观经济态势的同时，对未来经济形势进行合理的预测并提供个人投资理财的建议，穿插明星大咖的分享与颁奖环节，提前 1 个月开售，票价从几千元被炒到上万元，现场座无虚席，一票难求。同时，线上亦开设直播端口。这种群体性的活动，不仅是对吴晓波个人形象的包装，更是对"吴晓波频道"这一自媒体品牌的认同。从表面上看，"吴晓波年终秀"是一个变现的成功案例，但实际上，这是个人品牌影响力的又一次升级。

（三）多元化营销模式：线上运营"美好的店"，电商与自媒体紧密结合

点击"吴晓波频道"，下方三大内容分区的最右面便是主打电商品牌"美好的店"，名字的由来源于吴晓波本人 2015 年出版的散文集《把生命浪费在美好的事物上》，"美好"二字因此得名。同时"美好消费"，即通过消费获得体验感和获得感，也与新中产消费观不谋而合。目前店铺内在售商品包括饮食、家居、旅游和健康等各个方面，虽价格不菲，但每一个产品的背后，都是用情怀来进行软文营销的。

其实"吴晓波频道"上线之初，和许多自媒体平台一样，选择硬性植入广告的形式。2015 年的头条文章下方就有硬广的身影，部分图文消息还插入了多条广告。虽然广告的内容，如珠宝、手表符合受众的消费能力和消费需求，但是不可否认的是，插入式广告的用户点击率和接受度均为比较低的水平，是广告中最为简单但最无效的一种方式。于是"美好的店"上线之初，"吴晓波频道"便摸索出了一套全新的营销方式——推广"匠人"形象，打造情怀理念。以"美好的店"售卖的"桂花龙井茶"为例，产品推文并非单纯的图文并茂的产品介绍，也没有与竞品进行大篇幅对比，而是塑造了老茶农"蓑笠披身、弯腰煎茶"的形象，坚守时令，两天两夜不眠不休，保证工序完备，只筛选上乘茶叶。这样的"匠心故事"搭配精心拍摄的照片与完美的礼盒包装，让读者在了解产品背后故事的同时，迅速产生了情感的共鸣，上线第一天便销量过千。这样的故事+产品的模式，推销的并不仅仅是冷冰冰的产品，更是一份情怀和理念，读者在获得物质满足的同时，也同样享受到了精神食粮，这便是"美好消费"的最终意义所在。

另一个经典案例是以吴晓波的姓氏命名的产品"吴酒"。原料来自吴晓波个人岛屿上的杨梅树，杨梅树每年量产，吴酒为保证原料的一致性，同样每年开售一次。其珍稀性加上吴晓波本人名人效应的加持，再加上"古法酿制、文人情怀"的噱头，迅速击中了忠实用户的内心，获得大量转发后，"吴酒"第

一次开售便以"35 小时内售空"的喜报完美收官。"吴酒"第二次开售前，吴晓波对销售概念进行了进一步升级，除了在线直播游览岛屿，让用户产生虚拟体验感和认同感，更推出"领养一棵杨梅树"的活动，参与的用户可以逃离城市喧嚣，免费游览岛屿，并获得免费参与线下活动等各种附加福利。在用户眼中，"杨梅树"已经不只是一个产品，更是一种生活理念的符号，购买吴酒、岛屿度假是自身生活品质的提高与个人满足感的实现。

（四）建立以价值观为基础的社群体系，维系活跃用户的忠实度

社群，是基于一定的传播媒介聚合到一起，进行信息传播、情感交流、文化和价值共享的群体。① 自媒体时代下的社群，是以自媒体平台为载体，以互联网为媒介，用户因相近的生活理念、兴趣而聚集，进行内容获取、思想交流、价值共享的群体。

"吴晓波频道"的目标用户集中在新中产阶层，包括企业家、公司白领、个体投资人、创业者等，他们的价值观和消费习惯基本相同，对信息的需求和接受水平基本一致，可大致划分为同一圈层。将受众精准定位，不仅有利于圈层内各用户之间的交流分享，同时也有利于价值观的传递和渗透，普通读者更容易转化为忠实用户，凝聚力也会随之加强。目前，"吴晓波频道"开设的特色书友会便是集结社群、交流经验的最主要形式。书友会按地域和城市进行划分，北上广等一线城市的书友会的规模已达上千人，成员根据兴趣的不同，划分出旅游、股票、文化、创业等分支，组内成员定期线下集会，平日里通过线上群组的交流维持信息互通，以公众号为主体的"社群经济"由此形成。

基于共同的价值观与生活理念，"吴晓波频道"依靠牢固的社群体系推动了多个众筹活动的成功实现。最具代表性的是众筹纪录片《我的诗篇》，该纪录片以富士康工人为原型，歌颂"中国制造"背后的大国工匠精神，50 万元的

---

① 金韶、倪宁：《"社群经济"的传播特征和商业模式》，《现代传播》2016 年第 4 期。

启动资金全部是社群用户众筹而来的；同样实现众筹的还有《国富论》的翻译和《腾讯传》的出版，每一个文化产品的落地，都有着数千名书友和读者的默默支持和信赖。

在维系书友会的尝试中，吴晓波同样将"共享与交流"发挥到了极致。以城市和地域为核心的书友会需要线下聚会的场地，吴晓波及运营团队就进行了"咖啡馆改造"活动，亚马逊公司提供了 Kindle 电子书的借阅服务，全国 100 余家咖啡馆同意参与改造活动，书友会的管理人员与咖啡馆经营者商榷改造细节与个性化的装修方式。在一次次的活动升级中，书友会的成员紧密团结，社群运营模式也在不断进行着创新。

四、点评

"吴晓波频道"是自媒体中财经领域的代表性公众号和媒介融合过程中出现的新生事物的典型代表，其以出色的精准用户定位、丰富的内容推送、多维度的商业运营与变现模式，不断扩大着自身的影响力，其在巩固和激活忠实用户的同时，吸纳新鲜血液涌入，奠定了财经板块的坚实基础。此外，其搭建的电商平台，突破了传统硬广的模式，在为用户提供优质商品的同时，吸引了更多价值观、消费观契合的用户加入，实现了滚雪球般的流量变现，在自媒体激烈竞争的市场环境下，为个人品牌的塑造及宣传提供了有价值的启示。

2019 年 9 月 27 日，全通教育宣布终止收购以"吴晓波频道"为主的"巴九灵文化"。自媒体发展如日中天，但我们也应该看到，其稳定的发展趋势尚不明朗，如何通过新型公众号向传统文化公司跨越，实现持续而长久的盈利是当下新型媒介正在努力探索的新课题。

（高唯、侯劭勋）

案例 8　罗辑思维：知识付费下的盈利模式融合

一、罗辑思维：知识付费下的盈利模式融合

依据盈利模式变化，可将"罗辑思维"的发展划分为三个主要阶段：从2012 年 12 月 20 日到 2013 年 8 月 9 日这段时间，"罗辑思维"的盈利模式主要以传统的广告收入为主，辅之以微信打赏；从 2013 年 8 月 9 日到 2015 年 11 月 18 日这段时间，"罗辑思维"开始步入探索期，除广告依然是其一大收入来源之外，还开始了诸多新的盈利模式的探索，例如"会员制""社群经济"等。而 2015 年 11 月 18 日至今，"罗辑思维"最终找到了一个稳定持续的盈利模式，那就是作为售卖知识产品的电商。

（一）第一阶段（2012 年 12 月 20 日—2013 年 8 月 9 日）

从社会环境上来看，自 2005 年以来，央视科教频道的《百家讲坛》栏目迅速蹿红。《刘心武揭秘〈红楼梦〉》《于丹〈论语〉心得》等系列节目引起广泛关注，到了《易中天品三国》时期达到最高峰。节目火爆带来的启示有两点：第一，以文化、知识的传播为基本诉求，具有浓厚的专业化色彩的节目的受众不再只是精英人群、术业专攻的人群，也就是说具有较强专业性的知识也可以颇受大众欢迎。这是对于节目内容的启示。第二，电视节目不一定需要炫酷的舞台、多人的表演，节目的核心与亮点可以是个人，个人的魅力成为提高受众忠诚度的关键因素。

一方面是知识型、文化类节目火爆的可能，另一方面是传统媒体读书节目普遍式微的现状，以 2004 年《读书时间》停播为标志，许多电视读书节目先后停播。这种看似矛盾但其实并不矛盾的现状给我们提供了一个新的思路：取"火爆节目"的精华，弃"式微节目"的糟粕。知识型、文化类节目的火爆说明"知识"作为内容本身并没有问题，而节目主持人的魅力成为关键；传统媒

体读书节目的式微主要是因为受众定位不明、互动性较差。基于此，又恰好赶上了微信公众号刚刚推出，中国自媒体行业开始快速兴起。"罗辑思维"的出现也是始于微信公众号这个强大的自媒体平台。

2012 年 12 月 20 日，"罗辑思维"微信公众号正式开通；12 月 21 日，知识型视频脱口秀"罗辑思维"在优酷正式上线，截至 2018 年 9 月 22 日，"罗辑思维"在优酷的视频播放次数为 5.1 亿次，粉丝数为 182 万，且与喜马拉雅 FM、蜻蜓 FM 等多个音频平台合作。

（二）第二阶段（2013 年 8 月 9 日—2015 年 11 月 18 日）

中国自媒体行业竞争激烈，自媒体平台层出不穷，按内容主要分为以微信、微博为代表的图文类，以优酷、秒拍为代表的视频类，以 YY、一直播为代表的直播类，以喜马拉雅 FM、蜻蜓 FM 为代表的音频类。众多自媒体都在瓜分受众的注意力以及受众的消费意愿。"罗辑思维"试图跳脱传统的以广告收入为主的盈利方式，并进行了一些大胆的新的盈利模式的尝试。微信支付、微信商城的兴起恰好迎合了"罗辑思维"对新的盈利模式的需要以及对技术的需求。

2013 年 8 月 9 日，"罗辑思维"推出付费会员制。会员分为普通会员和铁杆会员两种，普通会员的会员费为每人 200 元，铁杆会员的会员费为每人 1 200元。5 500 个会员名额在短短半日内售罄，总计入账 160 万元。2013 年 12 月 27日，"罗辑思维"进行了第二期会员的招募，24 小时内有 2 万人报名，总计入账 800 万元。

2014 年以来，"罗辑思维"开始经营微信商城，电商成为"罗辑思维"变现的主要方式，书籍是其主要销售品类。此外，微信打赏、广告收入、联合赞助商在微信商城卖月饼等也给"罗辑思维"带来了巨大收益。

（三）第三阶段（2015 年 11 月 18 日至今）

技术进步和社会变革将人类带入了信息爆炸的时代，互联网"知识学习"

成为数字时代自我发展的需要。随着人们消费水平的提升、移动支付习惯的建立、对知识产品质量的要求不断提升，知识付费成为可能。线上知识付费平台的兴起还离不开互联网用户的知识焦虑，知识付费平台为互联网用户提供了内容消费升级的新途径。

2015 年 11 月 18 日，"罗辑思维"的"得到"App 上线。2017 年 3 月开始，罗振宇宣布节目全面改版，仅在"得到"App 独家播出音频节目，其他所有音视频平台不再更新。

二、多元化的盈利模式

（一）创立初期传统的盈利模式

第一阶段的"罗辑思维"处于创立初期，这一时期的盈利主要源于广告，另外还有部分来自微信打赏。作为媒体必须要有内容，内容是媒体发展的基础也是媒体发展的开端；作为自媒体，又只能由个人或其小团队进行内容生产。起步阶段的"罗辑思维"没有知名度，没有影响力，只能通过大量并且持续的优质内容的输出，吸引受众或者用户的注意，打响知名度。"罗辑思维"在提高公司知名度的这一阶段，主打的是知识型内容的输出，知识型内容以及以知识型定位的自媒体在当时比较少见，这样的内容注定需要深耕，"标题党""无中生有"这样的传媒乱象很少会发生。除了优质的内容，"罗辑思维"内容的差异化给"罗辑思维"带来了大量的注意力。

在内容吸引注意力的情况下，基于"内容"的"广告"和"打赏"这两种盈利模式是"罗辑思维"第一阶段的主要盈利模式，而又以广告为重中之重，广告这一盈利模式与传统媒体没有区别。"罗辑思维"提供免费的内容，广告商投放广告，赚取广告费进行盈利。随着自媒体的发展，广告主在传统媒体上的广告投放量有所下降，在自媒体上的广告投放量显著上升。根据克劳锐公布的《2018 中国自媒体行业白皮书》，2018 年广告主在自媒体上投放的广告平均增加 40%。①"打赏"这一盈利模式类似于付费阅读，但付费阅读是必须先付费才能进行阅读，而"打赏"则是用户自主的行为，正是因为"打赏"是用户自主的行为，这个盈利模式就显得不稳定，且收入不高，因而只能作为一种附加的盈利模式而不能成为盈利模式中的主力。

（二）探索时期创新的盈利模式

在第二阶段，"罗辑思维"跳脱传统的盈利模式进行创新。在这一时期，"罗辑思维"在原有的盈利模式的基础上尝试了付费会员制、微信商场、众筹这三种新的盈利模式。

"罗辑思维"推出付费会员制，通过为会员提供增值服务并收取更多费用来获取利润，其关键在于让用户觉得"物有所值"。这种盈利模式从自媒体的角度来看是一种创新，几乎仅有"罗辑思维"一家；从报纸、网站等传统媒体的角度来看也发展已久。微信商城的推出为后期"罗辑思维"走上电商之路奠定了基础。微信商城里出售知识类节目中推荐的书籍以及一些具有罗氏烙印的精致商品。除此之外，"罗辑思维月饼"也是其盈利模式创新的表现，有许多学者从"社群经济"的角度对这次售卖行为进行了分析，尽管也有人对此进行质疑，但是不可否认的是"罗辑思维"确实在盈利模式上进行了不断的创新。"罗辑思维月饼"首先在群内发行，假设共 100 份，一份 1 万元，由会员认购，筹到 100 万元项目资金；然后把生产月饼的所有程序，包括财务顾问、生产、采购、销售、制作等摊开，由会员认领。最后月饼变现，挣到钱后，支付完参与会员的工资，留下 20% 做公益事业，其余的留给原始股东分成。②

这一阶段在盈利模式上的诸多创新确实也为"罗辑思维"带来了一笔不错的收入，但是有些盈利模式是不稳定的，有些盈利模式规模过小，不能长久持续地带来高收入。例如，"罗辑思维"的会员制只能定时定量地推出，并不能持久，至于"罗辑思维月饼"这样的营销活动更是不能时时刻刻都推出，只能

---

① 文化产业评论：《2018 自媒体行业白皮书》，https：//www.sohu.com/a/226533492_152615。
② 王卫明、刘文浩：《〈罗辑思维〉的社群经济新尝试》，《传媒观察》2016 年第 10 期。

是间歇性的，而且这类营销活动也并不能保证长久持续的盈利。而微信商城的好物推荐，盈利规模相对过小。

（三）电商时期稳定的盈利模式

"罗辑思维"在微信商城刚兴起时就创办了店铺，售卖众多产品，例如所荐之书、公开课以及一些周边产品。至此，"罗辑思维"的"电商"商业模式就显现了，"得到"App 的出现使得电商这个商业模式更加成熟。

一般的传媒公司会主要关注或重点解决生产商价值链和分销商价值链问题，"罗辑思维"也不例外，甚至将这两个价值链打通并且融洽衔接。在生产商这条价值链上，内容有两种来源，一是创造内容，二是获得内容。"罗辑思维"每日的微信推送以及"得到"App 上"罗辑思维"的专栏都属于创造内容。而获得内容指的是随着"得到"App 的上线带来的新一项的业务，即售卖电子书和课程。"罗辑思维"和其他制作知识型内容的团队合作并支付内容的版权费用，并与其分享广告分成、流量变现和内容付费，同时为产品和服务的买卖双方服务，在两者的交易中获得利润。换句话说，"罗辑思维"将一部分内容的生产外包出去。

"罗辑思维"的内容对于盈利来说有以下几个优势。

首先，知识型内容本身的范围很广，"得到"只是取其一瓢，但对于一家公司来说，"得到"知识产品覆盖的领域也可称之为广泛，"得到"首页上有人文学院、商学院、社科学院、科学学院等，包括心理学、社会学、艺术、历史和商业等多个学科领域。涉及的内容越是广泛，用户的数量和规模在某种程度上也会相应增长，这就奠定了用户愿意为内容付费的基础。其次，"罗辑思维"的内容特点正如喻国明教授所指出的：知识付费的主要内容类型为低频度使用的知识和内容、跨界度高的内容和知识、精粹度高的内容和知识，这样的内容相对应地可以吸引较高质量的受众[1]，而这些人也就是"罗辑思维"的用户定位。用户愿意进行内容付费并且有能力进行付费。第三，专业性知识不会在短

---

[1]　喻国明、郭超凯：《线上知识付费：主要类型、形态架构与发展模式》，《编辑学刊》2017 年第 5 期。

时间内被淘汰，因而同一书籍和课程可以进行长时间的售卖，这在一定程度上节省了成本。第四，知识型的内容随时会有更新，知识的探索和发展更是无穷无尽，这也就避免了做内容的自媒体"黔驴技穷"的困境。第五，"罗辑思维"的电子课程和书籍作为传媒产品，其边际成本几乎为零，尤其在互联网时代，一切都是以数据的形式进行传输，这更进一步节省了成本。

售卖知识型内容的"得到"App是可持续实现盈利的，而电商这种模式又使得变现更加方便快捷。另外，发展至今，"罗辑思维"公众号已经拥有众多忠实的、具有购买力和执行力的高质量受众。当回归媒体本位后，其影响力已经超出许多的传统媒体，完全可以"王婆卖瓜，自卖自夸"，即推荐好书、好物、好课并引流到自己的微信商城和"得到"App。结合两条价值链达成"自产自宣自销"的具有更大弹性、独立自主的可持续盈利模式，不需要依靠广告主就能生存和发展。无论是"得到商城"中的实体产品还是"得到"App上的课程，最终通过线上支付实现盈利。"得到"App的上线标志着"罗辑思维"自媒体电商的进一步成熟，而这一盈利模式也是目前"罗辑思维"在盈利模式探索上最为成功的模式。

（四）"罗辑思维"品牌建立后带来的其他收入

"罗辑思维"品牌建立之后，还带来了一些其他收入，包括商业品牌的赞助、跨年演讲门票收入。如与"有道云"进行长期的合作，实现了双赢。另外，"罗辑思维"2015年在水立方举行了一场《时间的朋友》跨年演讲，此后每年坚持跨年演讲，2018年售价36 000元的300张门票也很快售罄。

三、"罗辑思维"盈利模式的启示

截至目前，"罗辑思维"的盈利模式可谓是所有自媒体中尝试最多的，它的历史盈利模式包括广告、打赏、会员费、微信商城、众筹、"版权付费+应用分成"、品牌赞助、演讲收入等。"罗辑思维"的这些尝试也给其他的自媒体带来了一些启示。

（一）逻辑一：服务为核心，内容为基础，形成品牌效应

首先，这些盈利模式无论如何分类、如何解剖，始终逃不过"服务""内容""品牌效应"这几个关键词，始终都是以"服务"为核心、"内容"为基础，最终形成"品牌"，从而带来"品牌效应"。以"服务"为核心，即所有的盈利模式都围绕"服务"二字，广告和打赏这两种盈利模式得以成功源于优质的内容服务，会员费更是因为有了会员的身份才能享受更好的服务，微信商城提供了优质好物与便捷的服务，众筹是"罗辑思维"成员之间互相服务，"罗辑思维"则提供了服务的人员和平台，"得到"App上售卖的课程和电子书更是提供了可供受众碎片化学习的服务，所有盈利模式的成功都是源于"罗辑思维提供更好的服务"以及"用户得到更好的服务"。以内容为基础，即要实现所有的盈利模式，首先要做的并且贯穿始终的就是要提供优质的内容，只有保证优质的内容，才能实现这些盈利模式持续稳定的变现。例如售卖的课程和电子书、微信公众号每天的推送内容、每年的演讲内容等，内容都是基础。更好的服务和优质的内容形成了品牌，就能带来一系列的品牌效应，会有赞助和更多的融资等。而品牌形成之后又倒逼"罗辑思维"提供更好的服务和优质的内容，如此循环往复达到良性循环。自媒体可以不用像"罗辑思维"那样尝试诸多的盈利模式，但是无论什么盈利模式都要以"服务"为核心、"内容"为基础，最终形成"品牌"，从而带来"品牌效应"。

（二）逻辑二：从质量和数量上去发展自己的受众

创立初期，"罗辑思维"以提供"知识内容"为主，形成产品差异，吸引了大量的注意力，此时注重的是受众的规模；而随着"罗辑思维"持续不断地提供"知识内容"服务，它已不拘泥于受众的规模，即注意力资源的多少，而是将重心放在受众的质量或者说注意力资源的质量上。在探索时期的"社群经济""会员制"付费模式下，"罗辑思维"的受众此时已不再是受众，而是成员

或用户，以受众的高质量为前提。一改往日单向的从媒体到受众，此时"社群经济"下用户可以对产品和品牌进行反哺，是一种双向的联系。在经过以上对于经济模式和商业模式的创新和探索之后，最后寻找到"电商"模式，"电商"模式则网罗了所有的受众，从数量和质量上兼容了所有受众。在"电商"模式下，受众可以自己选择买或者不买，也可以自己选择买什么内容以及在经济承受能力范围内买心仪的产品，受众的自主权更大。没有了价格的门槛之后，受众在数量上不像"会员制"和"社群经济"那样得到扩大，但质量也不会有所降低，因为"内容产品"还在，核心竞争力还在。除此之外，"电商"模式还是一个比较稳定、可持续、可以形成闭环的商业模式。"罗辑思维"从一开始扩大受众数量再到提高受众质量，最后找到了一个既能扩大受众数量又能保持受众质量的盈利模式。

（杜伦慧、侯劭勋）

参 考 文 献

一、中文文献

（一）著作

［1］陈国权. 报业转型新战略 ［M］. 北京：新华出版社，2014.

［2］崔保国，杭敏，赵曙光. 传媒经济与管理研究前沿 ［M］. 北京：清华大学出版社，2012.

［3］范以锦. 南方报业战略：解密中国一流报业传媒集团 ［M］. 广州：南方日报出版社，2005.

［4］郜书锴. 媒介融合时代的国际传媒业 ［M］. 北京：人民日报出版社，2012.

［5］郜书锴. 数字未来：媒介融合与报业发展 ［M］. 北京：人民日报出版社，2013.

［6］胡正荣. 传媒管理研究 ［M］. 北京：北京广播学院出版社，2000.

［7］黄升民，丁俊杰. 媒介经营与产业化研究 ［M］. 北京：北京广播学院出版社，1997.

［8］刘宏. 中国传媒的市场对策 ［M］. 北京：北京广播学院出版社，2001.

［9］陆小华. 整合传媒：传媒竞争趋势与对策 ［M］. 北京：中信出版社，2002.

［10］邵培仁，刘强. 媒介经营管理学 ［M］. 北京：高等教育出版社，2002.

［11］杨公朴. 现代产业经济学 ［M］. 上海：上海财经大学出版社，2005.

［12］喻国明，丁汉青，支庭荣，等.传媒经济学教程［M］.北京：中国人民大学出版社，2009.

［13］喻国明.媒介的市场定位［M］.北京：北京广播学院出版社，2000.

［14］张蕊.中国网络经济发展理论与实证研究［M］.成都：西南财经大学出版社，2010.

［15］赵曙光，禹建强，张小争.中国著名媒体经典案例剖析［M］.北京：新华出版社，2002.

［16］［以］奥兹·谢伊.网络产业经济学［M］.张磊，等，译，上海：上海财经大学出版社，2002.

［17］［英］吉莉安·道尔.理解传媒经济学［M］.李颖，译，北京：清华大学出版社，2004.

［18］［美］布赖恩·卡欣，哈尔·瓦里安.传媒经济学［M］.常田玉，张海森，译，北京：中信出版社，2003.

［19］［美］罗伯特·G.皮卡德.媒介经济学：概念与问题［M］.赵丽颖，译，北京：中国人民大学出版社，2005.

［20］［美］迈克尔·波特.竞争战略［M］.陈丽芳，译，北京：中信出版社，2014.

［21］［美］杰伊·B.巴尼.战略管理：获取持续竞争优势［M］.周健，等，译，北京：机械工业出版社，2013.

［22］［美］克里斯·安德森.长尾理论［M］.乔江涛，石晓燕，译，北京：中信出版社，2009.

［23］［美］哈尔·R.范里安，约瑟夫·法雷尔，卡尔·夏皮罗.信息技术经济学导论［M］.韩松，秦安龙，姜鹏，译，北京：中国人民大学出版社，2013.

［24］［美］小艾尔弗雷德·钱德勒.企业规模经济与范围经济：工业资本主义的原动力［M］.张逸人，等，译，北京：中国社会科学出版社，1999.

（二）期刊

［1］安苏.都市报教育新闻微信公众号的运营——以北京青年报"教育圆

桌"为例 [J]. 青年记者, 2015 (12).

[2] 鲍丹禾. 对报业发展体育文化产业的思考——以北京青年报运营中国网球公开赛为例 [J]. 青年记者, 2014 (06).

[3] 蔡雯. 融合: 新闻传播正在发生重大变革 [J]. 新闻战线, 2009 (06).

[4] 翟真. 一体化战略在中国报业集团中的运用 [J]. 山东行政学院山东省经济管理干部学院学报, 2007 (01).

[5] 方洁, 颜冬. 全球视野下的"数据新闻": 理念与实践 [J]. 国际新闻界, 2013 (06).

[6] 方平凡. 党报集团上市路径选择及演变——以浙报传媒和粤传媒为例 [J]. 中国报业, 2012 (15).

[7] 高海浩. 用互联网基因构建传媒转型新平台——浙报集团: 做了什么, 还要做什么 [J]. 中国记者, 2013 (03).

[8] 辜晓进. 将新媒体与传统媒体的优势强强嫁接——《赫芬顿邮报》的成功之道 [J]. 新闻实践, 2013 (05).

[9] 郭丽. 平媒类上市公司的经营与发展——以浙报传媒、现代传播、粤传媒为例的分析 [J]. 新闻记者, 2014 (02).

[10] 杭敏. 传统媒体财经报道中的信息图像可视化——以华盛顿邮报为例 [J]. 《新闻与写作》, 2015 (01).

[11] 何崑. 媒体融合, 技术引领? ——南方报业的实践与体会 [J]. 传媒评论, 2014 (10).

[12] 胡泳. "报纸已死"还是"报纸万岁"(下)——以《赫芬顿邮报》和《纽约时报》为例 [J]. 传媒, 2012 (07).

[13] 胡泳. "报纸已死"还是"报纸万岁"(上)——以《赫芬顿邮报》和《纽约时报》为例 [J]. 传媒, 2012 (06).

[14] 华小波. 美国媒体如何应对新媒体冲击 [J]. 新闻与写作, 2016 (04).

[15] 黄楚新. "互联网+媒体"——融合时代的传媒发展路径 [J]. 新闻与传播研究, 2015 (09).

［16］贾金玺，马可.美国报业全媒体探索与启示——以《赫芬顿邮报》和《日报》为例［J］.中国出版，2013（10）.

［17］老骥.《北京青年报》：当心掉进广告陷阱［J］.青年记者，2002（02）.

［18］李彪."互联网+"时代传统媒体融合转型的做点［J］.编辑之友，2015（11）.

［19］李光.全媒体语境下传统报业转型策略探析［J］.编辑之友，2015（10）.

［20］李骏.《华尔街日报》的多元制胜之策［J］.传媒评论，2014（03）.

［21］李欣蔚，郭倩倩.从融合角度探索媒介的发展趋势——以浙江日报报业集团"传媒梦工场"为例［J］.新闻世界，2012（07）.

［22］刘根勤.新媒体企业的出位之路——大粤网执行总裁易海燕访谈［J］.新闻界，2013（19）.

［23］柳剑能."小红帽"发行：从渠道到服务的价值升级［J］.传媒观察，2005（01）.

［24］吕鹏.基于营利的变革：网络时代新闻业的创新与突围［J］.现代传播，2015（02）.

［25］齐峰.媒体融合认识误区与路径选择［J］.中国出版，2015（02）.

［26］乔平.广州日报报业集团经营转型之路［J］.新闻战线，2012（07）.

［27］秦新安.网络时代的财经报纸——华尔街日报的启示［J］.新闻大学，2010（03）.

［28］时亮.从北青传媒自身分析其股价下跌的原因［J］.今传媒，2012（04）.

［29］宋建武，黄淼，陈璐颖.平台化：主流媒体深度融合的基石［J］.新闻与写作，2017（10）.

［30］苏晓梅，李晶源，程静波，等.新媒体助推传统报业转型升级［J］.中国报业，2015（02）.

［31］孙宝传.新媒体发展战略——解放日报报业集团尹明华社长访谈录

［J］.中国传媒科技，2006（11）.

　　［32］孙玲.北京儿艺　文艺院团市场化的先行者［J］.中国报道，2011（11）.

　　［33］汤莉萍.金融危机下《华尔街日报》的广告突围战［J］.传媒，2009（04）.

　　［34］田科武.动因、方向、实践、展望：媒体融合的四个关键——《北京青年报》的实践和思考［J］.中国记者，2015（02）.

　　［35］田智辉，赵璠.《赫芬顿邮报》：互联网报纸的典范［J］.中国报业，2015（03）.

　　［36］万小广."新闻 2.0"的想象与实践——赫芬顿邮报的探索与启示［J］.青年记者，2012（19）.

　　［37］汪晓华，肖叶飞.传媒类上市公司并购重组绩效的实证分析［J］.东南传播，2015（09）.

　　［38］王冲.博客网站《赫芬顿邮报》的制胜之道［J］.新闻传播，2013（08）.

　　［39］王纲.报业集团全媒体转型的路径选择［J］.传媒，2012（02）.

　　［40］王一义.传媒控制资本　资本壮大传媒——做大做强浙报集团的探索与创新［J］.新闻战线，2008（04）.

　　［41］杨驰原，卢剑锋."LED 联播网"：全媒体转型的新路径——南方报业新视界传媒公司采访纪实［J］.传媒，2012（07）.

　　［42］杨晓白.步步为营——开启《华盛顿邮报》的贝索斯时代（上）［J］.青年记者，2014（31）.

　　［43］杨兴锋.以新一轮思想大解放推动南方报业新一轮大发展［J］.岭南新闻探索，2008（01）.

　　［44］尹明华.报业转型，借力数字化战略［J］.新闻记者，2007（01）.

　　［45］尹明华.产业发展：从想象到现实［J］.传媒，2010（09）.

　　［46］于都.整合：主流媒体的创新转型——访上海报业集团党委书记、社

长裘新［J］.军事记者，2014（04）.

［47］虞国芳.西方报业全媒体转型关键词［J］.传媒，2014（03）.

［48］禹建强.解读《北京青年报》的守业术［J］.传媒观察，2004（09）.

［49］喻国明.从规模经济到范围经济——现阶段传媒竞争策略的新趋势［J］.当代传播，2007（06）.

［50］袁丽娜.探索传统纸媒数字化发展之路——新闻集团个案分析［J］.出版参考，2010（08）.

［51］张宸.抛弃什么　保留什么　获取什么——华盛顿邮报执行主编马丁·巴龙关于纸媒转型的思路［J］.新闻与写作，2015（07）.

［52］张宸.亚马逊总裁贝索斯如何重振《华盛顿邮报》？——解析"合作伙伴项目"［J］.中国记者，2015（06）.

［53］张东明.深耕主业　多元开拓　加快转型　融合发展——南方日报、南方网融合发展的实践探索［J］.新闻战线，2014（11）.

［54］张辉锋.传媒业中的规模经济与范围经济［J］.国际新闻界，2004（06）.

［55］张丽芳，张清辨.网络经济与市场结构变迁——新经济条件下垄断与竞争关系的检验分析［J］.财经研究，2006（05）.

［56］张利平.新媒体时代传统媒介融合渠道与路径选择——以《华尔街日报》为例［J］.湖南大学学报（社会科学版），2013（01）.

［57］张晓红，李佳骐.向新媒体转身的果断与从容——解放日报报业集团的探索和思考［J］.新闻战线，2011（02）.

［58］章平，徐小淇.论《华尔街日报》数字化战略［J］.新闻传播，2011（08）.

［59］周新宇.寻找报业下一个可能的形态——上海报业新媒体的思考与布局［J］.中国记者，2011（12）.

［60］周燕群，程征.推进文化体制改革　落实媒体聚合战略——访南方报业传媒集团党委书记、管委会主任杨兴锋［J］.中国记者，2009（07）.

［61］朱春阳，谢晨静. 传媒业集团化 17 年：问题反思与发展方向——以上海报业集团组建为基点的讨论［J］.新闻记者，2013（12）.

二、网络资源

http：//stockpage. 10jqka. com. cn/HK1000/operate/

http：//www. huxiu. com/article/113984/1. html

http：//newslab. baijia. baidu. com/

http：//www. guancha. cn/AriannaHuffington/2015_05_26_320904_2. shtml

http：//renzhichu1987. blogchina. com/2505118. html

http：//www. newhua. com/2013/0418/210343. shtml

http：//36kr. com/p/48351. html

http：//www. journalism. org/2016/06/15/more-state-of-the-news-media-reports/

http：//digiday. com/

http：//www. tmtpost. com/user/280731

http：//www. aiweibang. com/u/289985

http：//news. qq. com/quanmp/quanmp. htm

三、外文文献

［1］Artur Lugmayr，Cinzia Dal Zotto. 2015. *Media Convergence Handbook-Vol. 2*. Heidelberg：Springer-Verlag.

［2］Arther W. Brian. 1989. "Competing Technologies，Increasing Returns and Lock-in Historical Events. " *Economic Journal* 16（2）：116－131.

［3］Ainara Larrondo. 2014. "News Production in the 'Post-broadcasting' Era：BBC Scotland's Move Towards Convergence. " *Media*，*Culture and Society* 36（7）：935－951.

［4］Garcia Avilés, J. A. , Meier, K. , Kaltenbrunner, A. , Carvajal, M. , Kraus, D. 2009. "Newsroom Integration in Austria, Spain and Germany." *Journalism Practice* 3（3）: 285 - 303.

［5］Josep Lluís Micó, Pere Masip, David Domingo. 2013. "To Wish Impossible Things: Convergence as a Process of Diffusion of Innovations in an Actor-network." *International Communication Gazette* 75（1）: 118 - 137.

［6］"Pew Research Center's 2015 State of the News Media Report." http: // www. journalism. org/2015/04/29/state-of-the-news-media-2015/.

［7］Nic Newman. "Media, Journalism and Technology Predictions 2016."

［8］Federica Cherubini, Rasmus Kleis Nielsen. "How news media are developing and using audience data and metrics." http: //reutersinstitute. politics. ox. ac. uk/sites/default/files/Editorial% 20analytics% 20% 20how% 20news% 20media% 20are% 20developing% 20and% 20using% 20audience% 20data% 20and% 20metrics. pdf.

［9］Felix Richter. "The Gradual Decline of *The Washington Post*." http: // econintersect. com/b2evolution/blog1. php/2013/08/06/the-gradual-decline-of-the-washington-post.

［10］D. B. Hebbard. "The Washington Post and Pandora launch Apple TV apps. " http: //www. talkingnewmedia. com/2015/12/11/the-washington-post-and-pandora-launch-apple-tv-apps/.

［11］"The Washington Post opens Reston, Virginia software development office. " https: //www. washingtonpost. com/pr/wp/2015/05/07/the-washington-post-opens-reston-virginia-software-development-office/.